吴晓波　张江润　著

中控30年

跨越鸿沟

清华大学出版社
北京

图书在版编目（CIP）数据

跨越鸿沟：中控 30 年 / 吴晓波，张江润著 . — 北京 : 清华大学出版社，2024.5
ISBN 978-7-302-64716-4

Ⅰ. ①跨… Ⅱ. ①吴… ②张… Ⅲ. ①自动化技术－企业集团－工业企业管理－研究－中国 Ⅳ. ① F426.67

中国国家版本馆 CIP 数据核字 (2023) 第 192574 号

责任编辑：宋冬雪
封面设计：艺海鑫
责任校对：王荣静
责任印制：曹婉颖

出版发行：清华大学出版社
　　　　　网　　　址：https://www.tup.com.cn，https://www.wqxuetang.com
　　　　　地　　　址：北京清华大学学研大厦 A 座　　　　邮　　编：100084
　　　　　社 总 机：010-83470000　　　　　　　　　　邮　　购：010-62786544
　　　　　投稿与读者服务：010-62776969，c-service@tup.tsinghua.edu.cn
　　　　　质 量 反 馈：010-62772015，zhiliang@tup.tsinghua.edu.cn
印 装 者：河北盛世彩捷印刷有限公司
经　　销：全国新华书店
开　　本：155mm×230mm　　　印　　张：20.75　　　字　　数：228 千字
版　　次：2024 年 6 月第 1 版　　　印　　次：2024 年 6 月第 1 次印刷
定　　价：88.00 元

产品编号：103691–01

谨以此书献给

为中国民族工业的自强自立而

奋不顾身的科技企业家们

一条看不见的鸿沟，横亘在大学科研和产业化之间，跨越它，是大国崛起的必由之路。

　　中控团队，是一群勇敢跨越鸿沟的先行者，是一支充满理想和激情的创业团队。他们冲出高校象牙塔，跳出舒适区，在游泳中奋力学会游泳，将探索未知的科学家精神与开拓市场的企业家精神相结合，走出了一条成功的中控创业之路。

　　"烈火计划"，一个听着就让人激情燃烧的事，事不寻常，必有缘由。2017年初，历经20余年的跌宕起伏，在改革开放的大潮中崛起的中控集团（以下简称中控）迎来了一场新的风暴。创始人褚健提出了旨在重新激发中控员工的创新、拼搏和奋斗精神的"烈火计划"，以迎接处于大变革中的新世界，重塑一个激情澎湃的全新中控。

　　凤凰涅槃，浴火重生。这是无数创业者的真实写照，是中华民族伟大复兴历程中无数奋斗者的真实写照，更是在推动中国经济进入创新驱动高质量发展新阶段的"科技—产业"之"架桥工"的真实写照。横亘于科技与产业之间的"鸿沟"曾是如此之深、之宽、之险，跨越如此深谷险壑，竟引无数英雄竞折腰。然而，"数风流人物还看今朝"，中控的30年发展历程就是这样一部真实的写照。

　　褚健在"烈火计划"中，赋予了Inferno（源自拉丁文的"炼狱之火"）以特殊含义：I，Innovation（创新）；N，Never Say No（绝不说"不"）；F，Fighting（战斗精神）；E，Execution（执行力）；R，Revolution（变革）；N，Number One（追求卓越）；O，Overall（全员

参与，全方位涉及）。经过公司三千多人的共同参与和长达数月的价值观大讨论，中控内部不仅对 Inferno 的含义达成了共识，还重新凝练了中控的核心价值观"为客户创造价值，坚持奋斗与创新，敬业诚信，追求卓越"。

回首 1993 年，面对中国流程工业自动化控制产业被国外企业全面垄断的局面，来自浙江大学的褚健、金建祥等青年教授和十几个二十来岁的年轻人一起，怀揣"振兴民族工业自动化"的初心，走出象牙塔创立了中控（前身为浙江大学工业自动化公司），踏上了创业的道路。面对强大的跨国公司，他们先后经历了创业初期的艰苦奋斗和站稳脚跟后的快速发展，并逐渐进入高端市场核心装置，与跨国公司同台竞争。创立 30 年来，中控始终坚持自主创新，从 0 到 1，从 1 到 N，服务了无数流程工业客户，为流程工业自动化控制系统的国产化做出了巨大贡献。当下，在新的公司价值观引领下，中控人正以全新的精神面貌，迎接数智时代的到来。

作为褚健 30 余年的同事和朋友，作为长期从事创新管理研究的学者，当接触到"烈火计划"时，我不能不为之动容而感慨、感动。与我此前研究华为、吉利、杭氧、海康、传化等公司不同，中控是一家由"大器早成"的一流大学一流教授"架桥工"所创办的科技企业。其充满激情而又坎坷的历程，书写着一类特别的新型中国创新型企业：从基于国外已有技术的"二次创新"起家，进而自主开发新技术，快速进入"超越追赶"新阶段，更是在科技与产业之间"跨越鸿沟"。这是一个非常契合"超越追赶的 C 理论"的另类案例，值得我们奋笔一书！

在与张江润女士的合作下，我们先后对超过 150 名中控员工进行了访谈,与褚健、金建祥教授等核心成员进行了多次深入的交流,查阅了中控历年资料,在此基础上结合"超越追赶的C理论"视角,深入案例又跳出案例,在更大的历史背景和广泛意义的维度看规律,力图在叙事中叙述规律。

本书内容共分为四篇,分别以"初心:走出象牙塔""决心:向上突破""雄心:凤凰涅槃"和"信心:构筑新格局"为主题,描述并分析了中控从"二次创新""同台竞争""超越追赶",到"国际一流"的不同发展阶段中的战略目标和主要管理举措,并以我本人和褚健的对话作为每一篇的核心提点和收官,如图0-1所示。而在各篇中每一章的结尾,均有一节从"超越追赶的C理论"视角进行的讨论和小结。

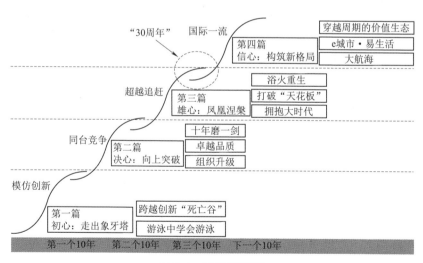

图 0-1 本书内容结构

中控30年的发展历史,是把一个个不可能变成可能的历史,是跨越了一个又一个鸿沟的历史。从科研到产业化，中控走出了一条独特的中控道路，一种中国模式。我们希望通过分享中控企业管理的优秀实践，为科研成果产业化，为科研和学术出身的团队选择创业模式和路径，为中国制造企业国产化，为工业企业的商业模式创新，提供企业管理方面的思考和优秀实践的借鉴。

在本书的撰写中，我们得到了从褚健、金建祥等创始人到一线员工 150 余位同人的热情支持，与他们进行了坦诚交流，也得到了浙江大学徐有智等前辈专家、南京师范大学文学院刘志权教授和清华大学出版社责任编辑宋冬雪女士的专业支持，在此一并表示衷心的感谢！本书撰写中可能出现的事实出入和不足，亦敬请各位读者批评指正。

当我坐在中控 30 年庆典现场的观礼台上时，不禁浮想联翩，感慨万千。

中国有一个美丽的神话：一对神鸟，雄鸟为凤，雌鸟为凰，在生活五百年后，集香木自焚，再从死灰中重生，之后不仅变得异常美丽，而且从此获得了永生。"凤凰涅槃，浴火重生"对创业者来说有特别的意义。它意味着在面对困难和挑战时，能够像凤凰一样在烈火中重新站起来，获得新生。

在西方，也有一个与火有关的节日——火人节 (Bruning Man)。1996 年，我在剑桥大学访学时第一次亲身感受到这一熊熊燃烧着木雕像的"激进的自我表达"仪式。事后方知正是在 1996 年，有 8000 人在美国参加了这个"沙漠中的乌托邦"，并首次有了主题：Inferno。

如今，火人节已成为科技创新创业者的盛会。埃隆·马斯克的那句"火人节就是硅谷"更是成为对火人节最流行的诠释。Inferno

不仅代表了一种自由的创新精神和创新文化，更表达了一种平等、奋斗、协作，以及敢于改变和否定的处世态度。一直以来，火人节因提倡冒险精神、奋斗精神而深受科技精英和科技创新型企业的推崇，当然，也受到了自称科技与产业"架桥工"的褚健的特别推崇。

从中国的凤凰涅槃到西方的火人节，这两个与火有关的故事和节日，皆因代表着奋斗、冒险、创新、浴火重生和不屈不挠的精神而成为人们心中的图腾——火，成为很多人所认可并力行的一种创业精神。

本书力图以深入浅出的方式，系统总结和阐述中控在不同发展阶段的战略选择、技术创新、产品创新、商业模式创新、质量管理和人才管理与激励模式，以及褚健作为创始人的"架桥工"式企业家精神。希望本书能给广大对科技创新型创业企业有兴趣的读者带来启发，更希望读者朋友们能够从中得到抓住技术范式转变的窗口期，实现企业的非线性成长，实现超越追赶的有效借鉴，还能因此书体会到奋斗在科技与产业之间的特别"架桥工"企业家精神Inferno。

谨以本书致敬那些走出象牙塔、浴火重生的"架桥工"！

吴晓波

于浙江大学求是园

第一篇

初心：走出象牙塔

"不坚持社会主义，不改革开放，不发展经济，不改善人民生活，只能是死路一条。基本路线要管 100 年，动摇不得。判断姓资姓社的标准，主要看是否有利于发展社会主义社会的生产力，是否有利于增强社会主义国家的综合国力，是否有利于提高人民的生活水平。计划多一点还是市场多一点，不是社会主义与资本主义的本质区别。社会主义的本质，是解放生产力，发展生产力，消灭剥削，消除两极分化，最终达到共同富裕。必须大胆吸收和借鉴人类社会创造的一切文明成果，吸收和借鉴当今世界各国包括资本主义发达国家的一切反映现代社会化生产规律的先进经营方式、管理方法。中国要警惕右，但主要是防止'左'。抓住时机，发展自己，关键是发展经济。发展才是硬道理。"

——邓小平南方谈话，1992 年

工业自动化，又称工业控制、工控，是指使用计算机技术、微电子技术、电气等手段，使工厂的生产和制造过程更加自动化、高效化、精确化，并具有可控性和可视性。20 世纪 60 年代，工控技术的出现和推广，带来了第三次工业革命，工厂的生产速度和效率大幅提高。工业自动化发展水平直接决定着一个国家的工业和科技水平，并影响其在全球分工中所占据的地位，因此，也被誉为制造业"皇冠上的明珠"。

改革开放以来，工控技术大大推动了中国制造业的自动化进程，为中国现代化建设做出了巨大贡献。但在改革开放初期，国产工业自动化控制技术和产品落后，市场被国外厂商所垄断，"皇冠上的明珠"被攥在外国人手里。

流程工业的核心控制系统 DCS（Distributed Control System，分布式控制系统）也面临着同样的窘境。

为了改变这种被动局面，20 世纪 80 年代，国家曾组织团队尝试过，很多企业也曾雄心勃勃地努力过，但都失败了。一时间"中国人做不出 DCS""中国工业自动化的冬天来了"的说法甚嚣尘上。

1986 年，褚健作为浙江大学化工生产过程自动化及仪表专业中日联合培养第一人赴日本留学。在日本留学期间，他的导师曾说过："日本能有今天，我们这代人做出了巨大贡献。"一句看似不经意的话，却深深地触动了褚健，他希望几十年后，自己也可以说："中国能有今天，我们这代人做出了巨大贡献。"

1989 年，褚健以优异的成绩博士毕业，选择回母校浙江大学任教。作为工业控制领域的研究专家和有着家国情怀的年青学者，褚健目睹国内工业控制领域万马齐喑的现状，再次想起了导师的话。他做出一个大胆的选择：创业！

他要走出象牙塔，把论文写在祖国的大地上。

第1章　跨越创新"死亡谷"

1993 年底，衢化集团公司锦纶厂 6500 吨 / 年的环己酮装置顺利开车。与以往其他项目不同的是，这套装置上安装了中国人自己的第一套 DCS——SUPCON JX-100。这标志着"中国人做不出 DCS"的魔咒终于被打破，也标志着 DCS 市场将迎来一个崭新的局面。

1.1　严冬中的鸿沟

DCS 时代来临

20 世纪 70 年代中期，随着全球经济的发展，炼油、化工、冶金、建材、电力等流程工业快速发展，生产装置逐渐趋于大型化。大型生产装置有着明显的优势，如生产效率提高、原料消耗减少、劳动力成本降低。但大型生产装置需要控制的工艺参数数量更多、条件要求更苛刻，对工艺流程的连续性和设备之间的协调性要求更高，对控制界面显示的要求也更集中。生产装置一旦因为控制系统的不稳定而发生停车，不仅会导致巨大的经济损失，严重的其至会造成爆炸等重大安全事故。当时已经普及的电动单元组合仪表已经无法应对技术革新的变化，迫切需要有一种产品或者系统能够解决工业生产的大型化、连续性和协调性问题。DCS 应运而生。

任何一项创新产品的出现，通常都是市场需求拉动和技术进步推动双重作用的结果。在流程工业用户对生产装置的控制提出新需求的同时，大规模集成电路也取得了新的突破，微处理器由 4 位发展成 8 位并得到了广泛运用，这让 DCS 的诞生从技术上成为可能。

1975 年，以美国霍尼韦尔的 TDC2000 为标志，第一台现代意义上的 DCS 诞生。同年，日本横河电机也推出了自己的第一款 DCS 产品 CENTUM。第一代的 DCS 虽然只有模拟量控制，但已经基本解决了大型流程工业生产过程的控制问题，表现出良好的操控性和可靠性，在流程工业控制领域迅速得到广泛应用。DCS 的出现，标志着工业自动化进入了一个全新的发展时期。

DCS 是以微处理器为基础，采用控制功能分散、显示操作集中、基于分而自治和综合协调的原则设计的新一代工业控制系统，其主要特征是集中管理和分散控制。在此后的 20 多年中，DCS 产品虽然在原理上并没有多少突破，但随着技术的进步、外界环境的变化和用户需求的改变，DCS 的设计思想逐步发展，前后共出现了三代 DCS 产品，如图 1-1 所示。三代 DCS 的区别主要在于控制站、操作站和通信网络技术的差异。

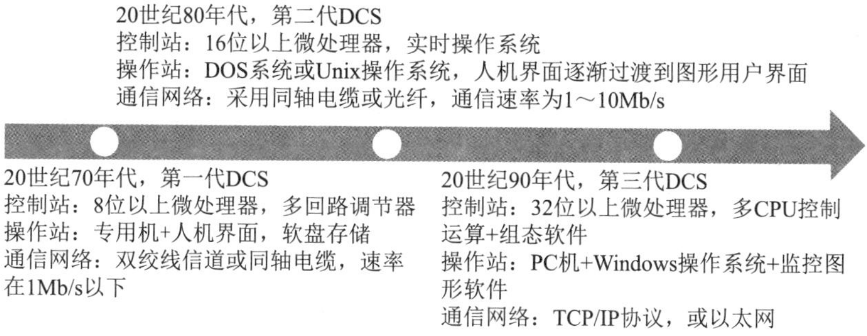

20世纪80年代，第二代DCS
控制站：16位以上微处理器，实时操作系统
操作站：DOS系统或Unix操作系统，人机界面逐渐过渡到图形用户界面
通信网络：采用同轴电缆或光纤，通信速率为1～10Mb/s

20世纪70年代，第一代DCS
控制站：8位以上微处理器，多回路调节器
操作站：专用机+人机界面，软盘存储
通信网络：双绞线信道或同轴电缆，速率
在1Mb/s以下

20世纪90年代，第三代DCS
控制站：32位以上微处理器，多CPU控制
运算+组态软件
操作站：PC机+Windows操作系统+监控图
形软件
通信网络：TCP/IP协议，或以太网

图 1-1　早期 DCS 发展历程

中国人搞不定 DCS

DCS 最早在 1981 年进入中国市场。当时吉林化学工业公司（今吉化集团）化肥厂在合成氨装置中引进了一套进口 DCS。该系统表现出良好的操控性和可靠性，提高了生产设施的效率和生产质量的稳定性，同时，物耗和能耗也有不同程度的降低。于是，中国在随后的 30 套大型化肥项目和大型炼油项目，也都采用了进口 DCS。DCS 产品在石油和化工行业的成功应用也带动了其他行业，在随后的几年，冶金、建材、电力、轻工等行业的新建项目，都纷纷提出使用 DCS 的要求。

面对中国这一庞大的市场，国外各大自动化公司的 DCS 纷纷涌入中国市场。虽然 DCS 可以大幅提高生产效率和生产质量的稳定性，但其昂贵的身价和惊人的维护费用，使得当时大多数企业只能望而却步，DCS 仅限用于一些大型企业的核心装置。

国家也曾想过发展国产 DCS，鼓励研究机构和企业参与技术与产品开发，但都没能取得大的突破。

其实，中国对于工业计算机控制技术的研究起步并不晚，1963

年，国家科学技术委员会就会同原机械部、石油部、化工部、电力部、冶金部等部门制订了国家自动化技术发展规划。次年，时任一机部上海工业自动化仪表研究所工业控制机研究室主任的陆廷杰先生提出了在我国发展工业控制计算机的设想，并组织有关人员开展研究，其间也形成了一些科研成果和实验产品，但由于无法解决产业化问题，最终没能得到大规模的应用。改革开放以后，国外先进的自动化产品大批涌入，对我国原来自成体系的自动化产业造成了巨大冲击，连被称为自动化行业"国家队"成员的上海自动化仪表厂、四川仪表厂和西安仪表厂也纷纷与美日等发达国家的自动化公司联姻，引进它们的技术或产品，这使得国产仪表迅速退居辅助地位。

DCS 诞生后，国家在"七五""八五"科技攻关中，也将 DCS 的研发置于相当重要的地位，曾投资上亿元，召集了一大批业内的顶尖专家进行攻关，推出第一套国产 DCS——DJK7500 的样机。然而，这套系统不仅耗资大、开发周期长，而且开发过程中没有及时关注技术的进步和工业需求的变化，导致最终产品推出时，技术上已经落后于当时的工业生产需求。加上没有很好地解决可靠性等问题，导致其最终和大多数科研成果一样，未能得到推广应用。而当时几家志在自主研发 DCS 的企业，在屡次尝试折戟后，也都基本放弃，转而选择代理国外品牌的 DCS。

面壁十年图破壁，DCS 国产化的坚冰始终无法打破。国内逐渐对发展国产 DCS 失去了信心。面对国外工业控制系统的冲击，业内悲叹：中国工业自动化的冬天来了！中国人搞不定 DCS！

1.2 另类"下海"——书生创业

产业报国的初心

时势造英雄。

1992 年，邓小平南方谈话明确坚持改革开放的路线不动摇，并提出"科学技术是第一生产力"，把中国改革开放推向一个新的高度，这令中国科技界的精英们为之振奋。之后，知识分子掀起"下海"创业热潮。高校、科研院所、国家机关的科研人员响应国家"产学研相结合"的号召，纷纷走向市场，要产业报国，发展民族的高新技术。

1993 年 3 月 18 日，浙江大学玉泉校区的石化大楼门前，浙江大学工业自动化公司（中控的前身）的牌子悄然挂出，褚健、金建祥、袁剑蓉等第一批员工和即将毕业的黄文君、潘再生、王为民等人参与了公司的成立仪式。自此，探索中国工业自动化控制领域自主创新的帷幕正式拉开。

拉开这个帷幕的人竟然是褚健，这是很多人万万没有想到的。为什么会是褚健？他为什么会选择这条充满挑战的创业之路？

褚健明明有更好的选择。在大家眼里，他头顶着诸多光环：15 岁的淳安县高考状元、中国最早的中日联合培养博士生、国家教委高校年轻学术带头人重点跟踪对象、高等学校第一个国家工程研究中心副主任、浙江大学最年轻的教授……

褚健是前途无量、潜力无限的学术明星，只要按部就班、循序渐进，不难获得各种头衔、荣誉和职务。而创业，尤其是工业自动化领域要创新创业，谈何容易？多少英雄已经折戟沉沙，褚健很可能会碰得头破血流，甚至赔上一世英名。

但褚健无所畏惧。他不满足于成为某个学科的权威，也无法无视国家工业自动化产业的现状：国外自动化厂商几乎一统天下，产品和服务的价格居高不下；国内相关领域的科研成果不够前沿，工业自动化产业市场化依然任重道远；国内自动化公司鱼龙混杂，只满足于做国外公司的代理，从事着低附加值的劳动；国内工业自动化行业哀鸿遍野，悲观情绪弥漫，这一切让褚健痛心万分。他想要建设中国人自己的工业自动化产业，打破国外厂商在中国流程工业控制领域的垄断；要挑战"中国人搞不定 DCS"的魔咒，把这颗制造业"皇冠上的明珠"掌握在中国人自己手中。

这样的想法，可能源于日本京都大学留学期间，他在心里埋下的那颗产业报国的种子。

留学期间，褚健在学业成绩和研究水平上，都得到了导师的高度认可；而日本高度的现代化文明也令褚健印象深刻。对他影响至深的桥本教授说过："日本能有今天，我们这一代人做出了巨大贡献。"这句话深深触动了年轻的褚健。褚健希望能为国家的工业自动化产业做点什么，希望在几十年后自己也可以说："中国能有今天，我们这一代人做出了巨大贡献。"

怀着振兴民族工业自动化的远大抱负，褚健义无反顾，走上了产业报国之路。

坚持自主开发 DCS

早在公司正式成立之前，褚健就在思考具体该怎么做的问题。

公司成立之初，虽然已经瞄准了工业控制领域，但是具体做什么产品、如何做，褚健还是有些迷茫。这时有人提出"项目工厂"的概念，这在当时比较流行。这个想法很快就被褚健否决了，他认为"项目工厂"实际上是利用别人的硬件和软件平台进行"二次开发"，相当于今天"系统集成商"的概念。这个业务做起来不难，因为不需要掌握硬件产品和软件产品的核心技术，不需要开发产品和生产制造。但是这样一来，就只能是一个工程服务公司，收取一定的服务费，无法形成自己的技术和产品，缺乏核心竞争力，更无法实现"振兴民族工业自动化"的初心和梦想。也有人提出做先进控制软件，但在当时，国内用户对软件还普遍缺乏认识，只愿意为看得见的东西花钱，不舍得花大笔的钱来购买看不见摸不着的软件产品。单独卖软件很难，最好有可靠的硬件作为载体。当然，公司内部也有人提议走贸工技^①的路线，实质就是做国外产品的代理商，挣快钱。当时国内不少公司已经有了成功的先例。"做现成的代理商还是做自主开发产品的生产商？"其实褚健心里早就拿定了主意，"如果我们不做自主创新，中国工业控制领域将永远没有翻身的机会"。

众说纷纭中，有人建议褚健去找工控所另一研究室的金建祥，说金建祥在这方面有一些探索，看看他有没有好的建议。那段时间，金建祥因为工作劳累导致气胸病，正在住院。褚健得知后，便立刻去看望了金建祥，之后又安排袁剑蓉等技术人员经常去看望他，请教该学些什么、做些什么。金建祥也非常乐意和这些虚心好学的年

---

① 指先做生意实现一定的原始积累，求得生存，然后开发新技术、新产品，并进行销售，找到新的利润增长点。——编者注

轻人交流，并在不知不觉中慢慢地"陷进"了公司，还拿出了自己之前给一个化工项目做过的 DCS 雏形，作为公司产品开发的基础。看到这个产品时，褚健隐约觉察到"这应该是个机会"，可以作为公司创业的突破口。于是，他们便快速组建了研发团队，开始着手 DCS 的技术攻关和产品开发。

1993 年 5 月，研发团队的几个年轻人带着尚处于开发阶段的 DCS 宣传模板，去南京参加由计算机杂志社和江苏省计算机所主办的国际计算机技术及应用交流展览会，一则为了介绍产品，扩大中控的知名度；二则也是为了了解一下国内工控领域的发展水平。会议云集了大批国内知名的计算机专家，他们有幸见到了当时中国 STD 总线（一种用于工业控制的标准微机总线）的著名专家。但这位专家的一席话犹如一盆冷水当头浇在这些年轻人身上："鉴于中国自动化技术的现状，中国人现在绝对搞不出 DCS，STD 总线和 PC 总线的工控机才是未来控制系统的选择。"

在当时，他们遇到的不是悲观的老调重弹，就是语重心长的善意提醒：20 世纪 80 年代，国家曾组织大量的人力、物力和财力，投资几千万协同攻关开发 DCS 都没能成功，就凭你们，能行吗？痴人说梦罢了。但是，中控这群年轻人信心不减，在他们看来："国外有，为什么我们自己就开发不出来呢？"有一次，研发团队到锦州化工厂参观一套国外的 DCS，发现板卡上的跳线很多，这说明开发设计定型后的产品做了非常多的修改。"没有什么神仙和皇帝，国外系统一样是一点点积累、不断完善做出来的！"中控自主开发 DCS 的信心更足了。这群刚刚走出课堂、意气风发的年轻人，把一切压力转化为动力，继续心无旁骛地潜心开发 DCS 产品和创新技术。他们这种踏实做事的作风，不仅为中控日后的发展打下坚实的基础，也成为中控企业文化非常重要的一部分。

做科研与产业之间的桥梁

选择走自主创新的路，褚健绝不是拍脑袋做的决定。当时国内确实积累了一些工业控制领域的研究成果，只是还没有打通产业化的道路。作为工业控制领域的研究专家，褚健对工业控制技术有自己的理解，他相信，这条路一定能走通。

20世纪末期，如何实现科研成果的有效转化一直是困扰全球的难题。随着科学技术的迅猛发展，科技竞争力成了国家综合实力较量的重要筹码，国家开始积极推进将科学技术转化为生产力。而大学在传统的教育和研究这两大使命的基础上，也逐渐衍生出第三个使命，即服务社会。各个国家都在积极寻找大学科研成果转化模式，以最大化利用技术发明人的潜力，有效弥补科研成果与产业化之间的断层，跨越科研成果产业化的鸿沟。早在1980年，美国国会就通过了《拜杜法案》，旨在解决由政府资助的发明被"束之高阁"的问题，也有学者将其称为科研成果与产业化之间的断层，即"死亡之谷"现象。三螺旋之父、国际三螺旋协会会长亨瑞·埃茨科威兹博士提出以大学、产业、政府为主要参与体的"三螺旋模型"，强调三者的互动对区域创新、产业发展和经济增长的螺旋式提升作用。这一理论一经提出就得到了世界各国的普遍追捧，并在科研实力雄厚的大学内部演变出不同模式。

研究表明，在新兴经济中，产业资本支持下的校企共同研发模式在科研成果转化效率上收到良好的效果。但资本往往是利润导向的，难以覆盖科研成果转化项目前期不确定性的阶段。以 128 公路模式和硅谷的发展为例，在 128 公路高科技产业园区和硅谷的发展过程中，麻省理工学院和斯坦福大学都发挥了极为重要的作用，但结果却截然相反。其中重要的原因是 128 地区的风险投资多是由大银行、财团、保险公司提供的，虽然它们有着很强的政府背景，但由于投资者没有专业技术和生产管理经验，难以规避不确定性带来的风险，为了尽可能降低风险，投资者对所投公司的选择慎之又慎，不愿意投资风险相对高的初创企业。而硅谷地区的风险资本家多是由懂技术、会管理的退休工程师或前任企业家组成，他们有能力鉴别创业者的素质和创新的价值，因此只要简单了解，不需要复杂手续，就可以做出投资决策。硅谷企业的资金支持和对科研成果的合作需求，为斯坦福科研成果向生产力转化提供了巨大的市场。加上创新的环境氛围和先进的技术转化支撑体系，"斯坦福—硅谷"校企合作协同发展模式成为世界范围内校企合作的典范。

中国改革开放以来，也先后出台了许多产业政策，以鼓励科研与产业的结合。1985 年，国家通过《关于科学技术体制改革的决定》，加快了科研与产业合作的步伐。1986 年 3 月，中共中央、国务院发布我国第一个关于高技术研究和发展的文件《高技术研究发展计划纲要》，自此，"863"计划正式启动。1988 年，与"863"计划相衔接的"火炬"计划，即《高技术产业发展计划》开始实施，其目的是促进高新技术研究成果的商品化，推动我国高新技术产业的形成和发展。邓小平也敏锐地洞察到，"高科技领域的一个突破，带动一批产业的发展"。他在 1991 年 4 月 23 日为国家科委召开的"863"计划工作会议和高新技术产业开发区工作会议题词："发展高科技，实现产业化。"这不仅为促进我国高科技产业发展提供了理论指南，也再次推动了科研成果产业化的热潮。

作为留日归国的博士，作为浙江大学最年轻的教授、博导，作为自动化领域的专家，褚健在化工自动化领域有着一定的科研和技术积累，熟悉自动控制的逻辑。日本留学的经历和作为学者的多年研究经验也让褚健深深明白："科技创新永远是企业发展的核心。"褚健成立中控的初衷，就是希望通过把工业自动化领域的科研成果产业化，填补中国工业自动化应用领域的市场空白。做科研与产业之间的桥梁，做技术转化的专家，既是褚健的理想，也是他核心价值观的体现。

1.3　弃易从难

第一款国产 DCS 呱呱落地

创业早期，中控面临资金不足、没有场地、没搞过产品、没有市场开拓经验、没有企业管理经验等一系列困难。在这样一穷二白的情况下，褚健放弃了走代理赚快钱的"捷径"，坚定走自主创新之路。没有场地，他们就租借了浙江大学石化大楼三楼的两间教室作为最初的办公场所。几套桌椅，几台 386 电脑（给软件研发配的是 486 电脑，价值 1.5 万元，而那时候工资才几百元，算是很奢侈了），就是他们的全部家当。从此，十几个人一头扎进那两间陋室，开始为他们心中神圣的梦想没日没夜地忙碌。尽管处在中国自动化寒冷的冬天，但对于这群年轻人来说，这同时也是温暖的春天，因为这是一段激情燃烧的岁月。"我们什么都没有，但我们什么都会有的。"

虽然创业过程艰苦，而且时刻面临生存危机，他们内心产业报国的激情之火却在熊熊燃烧。

这是中控的第一个梦想：开发出中国人自己的第一款 DCS 产品。俗话说，没吃过猪肉，也见过猪跑。但在最初，绝大部分人没有见过 DCS 实物，DCS 到底长成什么样，该具备哪些功能，这帮年轻人谁也不知道。于是，研发团队想方设法找来了一份外企产品的彩色宣传手册，并决定按照宣传手册上的图片样子和功能介绍，自己摸索着开发产品。根据当事人的回忆，当时外企产品的宣传手册中，有关操作界面的介绍大概有 18 幅图，而且不是英文版就是日文版。好在这帮浙江大学毕业的精英英文基础好，褚健又是留日博士，有扎实的日语功底，语言问题并不是障碍。关键是这 18 幅图背后的整套逻辑与程序，谁也没有做过。

从产品结构和组成来看，DCS 主要包括四大模块：（1）控制站，包括控制系统、卡件及网络的热冗余，这是 DCS 可靠性和可用性的核心技术；（2）操作站，早期国外厂商都是专门研发的小型计算机，价格高昂且无法替代；（3）实时监控软件，是操作工和工程师对设备进行远距离实时操控的人机界面；（4）组态软件，是根据生产流程和工艺对具体工程对象（包括操作站与控制站）进行配置的软件。除了硬件设备，组态软件也是技术的核心和难点。

因为有金建祥之前开发的硬件产品雏形，DCS 产品的硬件开发相对容易一些，难的是软件开发。由于完全没有通用软件的开发经验，褚健在与金建祥、潘再生等人反复讨论后，提出软件开发三步走策略：第一步是"模仿实现"；第二步是"模仿创新"；第三步是"原始创新"。按照这个策略，中控的第一版实时监控软件在参考国外产品的基础上，确定了首先实现"8 组 32 幅图"对应的功能。

当时，国外 DCS 的操作站都有各厂家自己的专用机。中控受技术和资金限制，没有条件开发自己的专用机，于是，他们做出了一个大胆的前瞻性选择：操作站的硬件平台选择用工业 PC（工业级个人计算机）替代。虽然相对于专用机，工业 PC 的可靠性较差、功能较弱、速度偏慢，但根据摩尔定律，未来这些问题都会大幅改善。事实证明中控这次的选择是正确的，几年后，随着工业 PC 性能的飞速提升，连国外厂商的 DCS 也都逐步采用工业 PC 代替操作站专用机，中控反而取得了一点先行优势。当然，中控当初的这一选择并不是出于无奈，更不是拍脑袋决定。要知道，褚健在读硕士期间曾研发过基于工业 PC 的计算机控制系统，对工业 PC 的局限性和未来发展潜力有深刻的理解。因此，偶然中其实有必然。

为了符合中控成立之初就想做一流自动化控制系统的企业定位，也为了给客户留下好的第一印象，中控在产品性能和功能满足使用需求的前提下，在软件界面设计、结构设计、磨具设计加工和机柜、操作台等方面，都尽量做到完美。就拿机柜来说，虽然当时资金严重缺乏，在员工工资只有两三百元的 1993 年，中控却选择了他们当时能找到的最好的机柜——12000 元一个的程控交换机柜，当时这让很多参观中控的客户都以为中控的产品是进口的。之后，中控又对产品机柜做了大量的改进，可以说无论造型、易于安装性、通风散热，还是可维护性，都达到了国际先进水平，绝不逊于外企的产品。

就这样，他们凭借化工自动化专业上所学的理论知识，加上外企产品的宣传手册，边琢磨边开发产品。而对于控制系统的整个后台运行机制，全靠技术团队的理解和思考。经过几个月的研发，随着衢化项目的落地，第一套国产 DCS——SUPCON JX-100 终于诞生了。

由于中国的工业发展起步大大晚于西方国家，因此，中国的科技制造企业在创业之初，基本都是走的边学习边应用、边模仿边创新的道路。然而像中控这样，照着宣传手册开发产品，连逆向工程都没有做却获得成功的，目前确实还找不出第二个。如果要盘点这一奇迹般的成功，褚健和金建祥坚实的科研实力固然不可替代，但技术、团结、信心、拼搏，缺一不可。而第一款 DCS 的研发团队，经过这段时间的摸爬滚打和历练，后来都成为中控不同业务条线上的中坚力量。

衢化锦纶厂

1993 年 6 月，刚刚成立不久、正在寻找市场机会的中控得知衢化锦纶厂一套工艺流程扩建改造需要 DCS 后，决定第一时间去向客户介绍正在开发中的 DCS。尽管当时正身患重感冒，褚健仍然不顾众人劝阻，亲自带队到衢化举行 DCS 介绍会，并坚持和大家一起全程参观衢化锦纶厂的生产现场。由于感冒没有得到及时治疗和休息，引发了急性心肌炎，褚健为此住了 5 个月院。

天道酬勤，衢化锦纶厂在全面了解之后，决定选用中控的 DCS 系统。对于衢化锦纶厂为什么会选择中控的 DCS，在时任衢化锦纶厂计量科科长的章全看来，主要有两个原因：一是中控的 DCS 是中文显示的；二是厂里当时预算不足，买不起进口的设备。在中控推出 DCS 之前，国内 DCS 的市场被国外厂商所垄断，不仅价格高昂，显示设备更是要么是英文，要么是日文，使用起来非常不方便。所以当他们看到中控的 DCS 每秒钟就能显示一满屏汉字，比专门的汉化软件速度还快时，一下子就被吸引住了。

在获得项目机会后，为了按时交付第一套DCS项目，负责产品开发的潘再生、黄文君、王为民等人连续一个多月住在项目现场。趁着客户停工检修的时间，他们几乎每天晚上都需要加班，去修改白天发现的程序问题。经过几十天的奋战，1993年12月，项目终于顺利投运。紧接着在12月底，中控组织召开了SUPCON JX-100的新品鉴定会。这标志着中控的第一款DCS产品正式落地商用。

通过使用中控的DCS，衢化锦纶厂的运行成本大幅下降，维护工作量也减少了很多。在总体成本低于常规仪表价格的同时，技术得到了很大提升。尝到甜头的衢化锦纶厂后来又顺理成章地使用了中控的第二套、第三套DCS。

JX-100这台第一套国产DCS的问世，意义重大。它让很多像衢化锦纶厂一样用不起进口设备的国内流程工业用户，可以使用国产DCS提高生产效率、降低生产成本。2010年，时任衢化锦纶厂计控中心副主任、党支部书记吴贵洪在关于中控的回忆录中写道："1993年，中控第一套DCS在衢化锦纶厂落户，我参与了这套DCS在我厂的安装、调试和投运，可以说我是看着中控一步步成长起来的。2003年开始，我厂从JX-100到JX-300X的几次扩容和升级改造，再到现在拥有10余个控制站，使用的全部是中控的DCS。我也先后多次前往中控科技园，深深感受着中控翻天覆地的发展变化，深刻感受到中控18年的艰苦创业，迈上一条将科技成果转化为产品、用优良技术和产品推动整个产业发展的道路。这也为我们衢化锦纶厂自动化控制水平的不断跨越带来了契机。衢化锦纶厂是中控 DCS 的'试验田'和'发源地'，更是中控发展历程的'见证人'和'受益者'。"

世界上第一台无纸记录仪 JL-20A

凡是制造业强国，都有世界领先的仪器仪表和自动化企业。

记录仪作为工业生产过程中的常见仪器仪表，在很多生产装置中被广泛应用。20 世纪八九十年代，工厂大量使用的记录仪全部是基于机械结构的有纸记录仪，内部结构复杂、维护工作量大、运行费用高。金建祥在上海炼油厂实习时，被分配到了记录仪维护组。这可是个苦差事，每天必须伺候一大堆记录仪，不停换纸、加墨水，像个陀螺一样从早忙到晚，疲惫不堪。除了操作工人辛苦，记录仪所用的专用墨水纸不仅价格高，而且不容易长久保持，仪表本身的维护成本也相当高。所有记录仪操作工都非常渴望能有一种不那么累人和烦琐的记录仪。他们的辛苦金建祥看在眼里记在了心上。

1993 年，在中控成立后不久，一个偶然的机会，金建祥接触到了液晶显示屏。这一下子就激活了他早年的记忆和灵感：如果把液晶屏用于记录仪，是不是就可以取代机械式记录仪？很快，他的脑海里就出现了一份设计构想。金建祥迫不及待地找来了几个研发人员，组建了无纸记录仪开发小组。经过半年不懈的努力和尝试，1994 年底，中控成功研制出了世界首台无纸记录仪 JL-20A。

与传统的记录仪相比，JL-20A 无纸记录仪首次采用了液晶显示屏，并用芯片记录、保存数据，很好地解决了传统记录仪使用成本高、记录不易保存的缺陷。在后来的科技成果鉴定会上，专家们给予 JL-20A 无纸记录仪高度评价，并认为 JL-20A "系统可靠性好，性价比高，填补了国内空白。其中，中文显示和组态界面技术、仪表使用的自由输入的开关电源、智能信号调理技术、组态数据的CRC 校验技术、价格低廉的大容量存储器等方面，均达到国际先进水平"。

在无纸记录仪刚刚开始取代流程工业用户的有纸记录仪时，客户对这个新兴产品还充满了疑问和担忧。"没有纸怎么保存数据？这个电子的保存方法可靠吗？仪表坏了数据会不会丢失？……"为了打消客户的疑问和担忧，中控的销售人员拎着一台台仪表，冒着严寒和酷暑，穿梭在各个化工企业之间，给客户演示和讲解。他们用最原始的方法，让越来越多的客户从不信任到试用，再到欣然下单。

JL-20A 无纸记录仪的研发成功，不仅开创了一个自动化仪表的新时代，而且也为中小企业用户节约了大量资金和人力资源。以绍兴煤气公司为例，客户以 2 万元价格购买的一台日本进口打点记录仪，每天光花在纸墨上的费用就高达几十块钱，每年的纸墨成本超过 1500 元。加上其他维护费用，每台记录仪每年的使用成本超过七八千元。而客户只需要花 1 万元就可以购买一台中控的 JL-20A 无纸记录仪，不仅购置成本低，操作工人不用那么频繁辛苦地更换纸墨，同时还可以省去昂贵的日常维护费用和纸墨等耗材，可谓省时、省力又省钱。以当时有纸记录仪的社会拥有量 20 万台计算，如果全部用无纸记录仪替代有纸记录仪，每年光纸墨费用就可以节省数亿元。

JL-20A 无纸记录仪的研发成功，在世界自动化领域都具有里程碑意义，它代表着仪表技术又一次新的飞跃，是中控开创了无纸记录仪这一全新的产业。在 JL-20A 推出两年后，中控的无纸记录仪产品已经相当成熟时，国外才推出同类产品。如果说 DCS 的成功研发让中控摘取了"皇冠上的宝石"，那么世界首台无纸记录仪 JL-20A 的横空出世则让这颗宝石更加光耀夺目。

随着客户对无纸记录仪接受程度的提升，其市场前景也逐步明朗，很多仪表公司也看到无纸记录仪的市场和利润空间，纷纷投入无纸记录仪的产品竞争中。为了应对竞争，在无纸记录仪合同额突破 1000 万元之际，中控于 2000 年成立了仪表公司。此后又陆续推出国内首款万能信号输入的无纸记录仪 JL-26A、国内首款迷你型记录仪 JL-22M、国内首台彩屏无纸记录仪 JL-30B。而 R1000、R2000、R3000、R4000、R5000 等 R 系列无纸记录仪的推出，进一步丰富了中控无纸记录仪产品体系。

除了继续深耕无纸记录仪，陆续推出一代又一代技术领先的系列无纸记录仪之外，中控仪表公司还围绕流程工业展开仪器仪表的研究和开发，逐步推出第一代过程校验仪、C1000 调节仪、CXT 系列高精度智能压力变送器等一系列数字化、网络化的智能仪表和以 C3000 为代表的过程控制器等，中控的仪器仪表产品体系越来越丰富。在 JL-20A 推出后的 20 多年中，中控已经形成从现场仪表到控制室仪表的产品体系，包括 SupField 系列现场仪表、MultiF 系列多功能智能仪表等。主要产品涵盖压力仪表、流量仪表、物位仪表、智能二次仪表、安全栅类仪表、气体探测仪表及工具仪表等，并已建成国内先进的压力变送器、流量仪表、物位仪表生产基地及标定产线。如今，中控仪器仪表业务作为 DCS 控制系统的延伸和补充，与中控 DCS 一起，助力流程工业用户从工业 3.0 向"工业 3.0 + 工业 4.0"迈进。

JX-300 带来的动荡

中控的第二代 DCS JX-300，可以说是在销售部门的要求和催促下开发出来的。

计算机技术和通信技术是 DCS 的核心技术，因而 DCS 也是伴随着计算机技术和通信技术的发展而进步的。中控的第一代 DCS JX-100 是基于模拟信号开发的，操作站选用的是基于 DOS 系统的工业 PC 机。

1995 年，随着通信技术进入数字通信技术时代，以及 Windows3.0 操作系统的出现，国内友商和国外厂商纷纷推出基于 Windows 和数字通信技术的新一代 DCS。从用户界面来看，Windows 系统更先进、更友好、更美观。这让中控的营销团队和工程团队感觉到很大压力，当内部和外部双重压力传递到褚健和金建祥身上后，他们迅速决定研发下一代搭载 Windows 操作系统的全数字化、可任意冗余的 DCS。第一代 DCS JX-100 中的热冗余技术只解决了整个系统冗余，即所有的控制点或检测点都一律进行冗余。这不仅在资源成本上是很大的浪费，而且不易于维护。在第二代 DCS 的研发中，中控决定不仅要解决操作站实时监控软件和组态软件均采用 Windows 系统的问题，在控制站的冗余技术上，也要实现任意冗余技术，即根据需要实现卡件冗余，极大地增强系统的灵活性和可维护性。

1996 年，新一代 JX-300 刚研发出来就推向市场。由于 JX-300 采用了不少先进技术，加上新设计、新界面、新功能，这让 JX-300 的卖点很多，销售人员对这款产品极度推崇。销售团队甚至还对原先已打算采用 JX-100 的客户进行动员，建议他们改用 JX-300。看得出来，当时每个业务人员都希望借着新一代 DCS 产品大干一场。然而他们不知道，JX-300 看似顺利的开局背后，却隐藏着预料之外的危机。

由于 JX-300 还没有经过充分验证就全面推向了市场，随着几套 JX-300 在用户装置的投运，软件和硬件上存在的问题逐步显现，导致用户体验不佳，很不满意。就拿操作系统来说，在 JX-100 中，研发实时监控软件是基于 DOS 操作系统开发的，研发人员可以操作所有 DOS 的控制指令，所以研发的质量是可控的。而 JX-300 采用的是微软刚刚推出的 Windows95 系统，该系统主要面向办公室个人应用，虽然界面非常友好，但毕竟属于非实时操作系统，完全不适用工业控制对实时性和多进程的要求。加上 Windows95 系统的内核指令是不开放的，研发工程师无法像操作 DOS 指令一样操作 Windows95 系统的指令，这就导致了 JX-300 的实时监控软件与 Windows95 系统之间的衔接存在一些问题。

除了软件问题，JX-300 在硬件技术如通信、任意冗余机制上也存在不少问题。因此，在推出 JX-300 之后的一年内，不断有客户直接打电话要求更换和维护，有的客户甚至直接打电话给褚健本人，而且几乎每个电话都是十万火急，要求马上派人去解决。这些问题曾一度让褚健焦头烂额，用他自己的话说："有时候听到电话铃响就莫名紧张，不知又出了什么事情。"

在这种严峻的内困外扰局面下，中控上下弥漫着沮丧和悲观的情绪。有的人甚至开始动摇，对自主研发 DCS 产品的战略产生了怀疑，"代理跨国公司产品"的话题被重新提出。

如果说销售团队迫于业绩的压力，提出代理国外品牌，还可以理解，部分研发人员甚至也支持走代理跨国公司产品的路线，这让褚健感到震惊和恐惧。代理国外厂商的产品，是一条轻松但丧失自我的路。公司固然可以赚钱，但是，赚钱就要以牺牲学术和产业报国的初心作为代价吗？中控自主创新的梦想不能丢啊。

反复思考后，褚健顶着来自各方的压力，重新明确"坚持自主创新，绝不走代理路线"的战略目标，并且要求公司内部任何人都不许再提"代理"一事。当时的销售负责人面对来自客户和竞争对手的压力，在提出代理的方案没有得到公司的支持后，选择了离开公司；同一时期离开的，还有不少对自主创新缺乏信心的人。

"那段时间真是内外交困、四面楚歌，中控随时有关门歇业的风险，真是惨不忍睹！"中控进入了低谷期。

JX-300XP 带来转机

一路走来，1996 年至 1998 年那段时间大概是中控最艰难的时刻。

沧海洪流，方显英雄本色。任何企业的发展都不可能一帆风顺，大浪淘沙，淘走的是意志不坚定和理念不同者。但是，对于坚守者，要求"活"，不能只靠"梦想"维系。没有过硬的技术和产品，如何参与市场竞争？特别是像 DCS 这样涉及高效生产、企业安全运行的核心装备——工业过程的"大脑"，必须要有世界一流的先进技术才行。考虑到 DCS 是公司发展的命脉，中控研发团队在继续对外销售 JX-300 并解决好各种用户投诉和问题响应的同时，决心重新研发全新一代 DCS。

新一代 DCS 基于 Windows XP/NT 操作系统，在新的平台上，研发团队重新制定了所有的技术路线和体系结构，几乎全盘推翻了 JX-300 的技术和体系。与 JX-300 相比，新一代 DCS 的系统更加开放，采用了国际标准 IEC61131-3 图形化编程语言进行控制组态，采用工业以太网作为控制网络，通过研发控制站内部总线解决了在线下载问题，全面更新主控制器、兼容多种现场总线。

在研发团队的努力下，1998 年，中控全新一代、全数字化控制系统 JX-300X 诞生。自此，中控的发展开始步入新的轨道。之后，研发团队又在对 JX-300X 进行系列软件升级、功能增强和外观改进的基础上，推出 JX-300XP，该系统全面提升了行业适用性，成为面向中小化工企业成熟可靠的 DCS。

JX-300X 和 JX-300XP 表现出了优秀的性能和质量，得到了客户的普遍认可，并逐渐扭转了中控在市场上的被动局面。尤其 JX-300XP 的表现更加优异，凭借这款拳头产品，中控在中小企业市场上一路突破。2000 年，中控又针对大中型流程工业装置，推出基于网络技术的控制系统 WebField ECS-100。WebField ECS-100 除了能够支持 1 万个以上控制点的大型、高端项目，其可靠性也大幅提升。在 JX-300XP 和 WebField ECS-100 的支持下，中控的业绩蒸蒸日上。

开放式创新与产学研结合

在开发产品的同时，中控的研发能力和研发体系也快速提升。中控的创业团队作为高级知识分子团队，在学习、思考和总结能力方面有着天然的优势。中控研发部门在产品开发的过程中，不仅积极学习新一代的技术，也积极学习其他优秀企业的先进研发管理经验，总结提出"生产一代、设计一代、构思一代"的产品并发理念。在这种产品开发理念的指导下，中控的研发资源一直按照 5∶3∶2 的比例来配置，即 50% 的人负责适合当前市场的产品和技术的研发，

30% 的人负责未来 2 年产品的技术研发，20% 的人负责未来 5 年技术发展的研究，着重于前瞻性的技术研发。这样的技术资源配置，让中控在保证产品开发的同时，又能很好地兼顾下一代技术研究和储备。正是这样的持续投入和积累，让中控在技术能力方面逐渐缩小与跨国公司的差距，在部分领域甚至实现了局部领先。这也同时大大提高了中控的研发效率，让他们能够持续快速推出新技术和新产品。从第一台国产 DCS 到第一台无纸记录仪，从第一套 APC（先进控制软件）到第一个 MES（企业制造执行系统）项目，中控的产品体系从 DCS 延伸到仪器仪表，从硬件设备延伸到工业软件，再从流程工业控制系统延伸到企业管理软件系统，越来越完整，应用场景也越来越多样。而随着产品体系的完善，中控的业务也逐渐进入快速增长期。

在坚持自主创新的同时，中控也积极与高校、研究机构和产业链上下游企业展开开放式创新合作。2003 年 10 月 17 日，全国政协原副主席杨汝岱一行考察中控。其间，杨副主席还欣然提笔，为中控做了"教学科研与生产相结合的典范"的题词，鼓励中控在科研成果的转化方面做出更大的贡献。

从创新链条的视角来看，科研和产业都是创新链条上的核心元素，科研在创新链条的上游，产业在创新链条的下游。虽然高校、科研院所和产业界都是核心的创新主体，但因为分别处于创新链条的不同位置，所以，无论是创新的目标、创新的价值，还是竞争的视角都完全不同。处于创新链上游的高校、科研院所等科研界，其创新研究的核心目标是发明创造，科研界通常以自主创新为己任。受高校和科研院所考核机制的牵引，科研人员主要追求创新水平的先进性和原始性，更强调科技的引领作用，对其市场应用前景关注较少。而处于创新链条下游的产业界，其工作的重点则是对科研院所的研究和发明成果进行市场转化。通过技术创新、组织创新、管理创新，把科研成果通过要素组合，转化成可以服务于市场的具体产品或服务，从而实现其商业价值。产业界更关注产品和服务的市场竞争力和实用性。满足市场需求、被市场认同，从而实现自身的商业投资回报，是产业界追求的核心目标，技术是否先进有时并不是产业界考虑的重点。

从创新链条的分工来看，科研界是供给科研创新成果的源头，产业界则是吸纳转换科研创新成果以实现成果市场价值的主体。产学研相结合，就是要把上下游创新链条打通，让科研成果能够以形成最终产品为目标，为终端客户创造价值；同时，产业界可以发挥对需求侧和市场需求动态即时了解的优势，为科研人员带来需求信息、热点信息，或者关于未来发展方向的灵感。正如当初金建祥基于对生产线上"苦传统记录仪久矣"的了解，以及液晶显示器的出现，产生了研制无纸记录仪的灵感一样。从这个角度来说，科研实力强而又了解市场的人才尤其难能可贵。

从竞争力理论的视角来看，核心技术，或者说自主知识产权，以及强大的科技创新能力，是提高我国国际竞争力的关键。核心竞争力理论认为，企业是一个能力系统或能力的特殊集合，企业竞争优势的差异是由于企业能力不同造成的。邓小平发表南方谈话之后，国家提出把"以企业为核心、产学研结合的技术创新体系建设"作为国策，明确了企业在技术创新中的核心地位，是解放生产力的关键。我国早期受体制和机制的限制，在实践中出现大量产学研相互脱节现象，归根结底是没有把企业放在核心地位。

中控作为从高校走出的科研创业团队，其最大的优势就是与创新源头有着很好的合作，在产学研合作方面有着天然的优势。创业之前，褚健作为所在领域的学科研究带头人，看到了高校科研与产业界之间的断裂及由此导致的问题：一方面很多学术理论不能产生应有的经济价值，另一方面产业界创新缺乏源头学术理论的指导。成立以来，中控在充分吸收国外先进理念的基础上，逐渐形成了适应自身的创新发展体系。

在中控看来，企业的职责不仅在于提供产品和服务，更要在高科技层面对市场进行引导，通过纵向的调查研究找到需求点，通过跨行业、交叉学科携手优化技术工艺，让用户明白什么是最好的产品和技术。中控作为从高校走出来的企业，承担了产业化的核心角色。同时，中控在产学研合作中的很多优秀做法，也对众多中国企业起到了很好的示范作用。

除了应用层面的创新及产学研合作，中控还投入大量的资源，探索工业控制领域的基础技术和前沿技术，先后承担了很多国家课题，比如国家自然科学基金项目"SUPCON JX 集散控制系统中高级控制算法的实现技术"，国家"九五"重点科技攻关项目课题"开放式控制系统实时在线组态技术及软件""现场总线控制系统的开发"，国家"863"产业计划课题等，中控也因此被评为"863 计划成果产业化基地"和"国家火炬计划重点技术企业"。在这些课题的研究中，中控取得了多项重大突破，并沉淀了很多应用技术，如 Profibus 现场总线技术和 EPA（Ethernet for Plant Automation，基于以太网技术的新一代高速现场总线技术）等。这些技术在中控后期的产品开发和项目实施中发挥了巨大的作用。

在技术成果产品化生产制造方面，中控一直在积极探索新的模式。为了提高成果转化效率，中控在生产中心设立了生产技术部，专门负责协助成果转化。生产技术部的主要职责是审查成果的工艺性，并在审查合格后编制一系列工艺文件，保证产品生产过程的标准化，以及产品从设计开发到最终实现的高精准度。通常，中控一款产品从研发成果到实现产品化，需要 1~2 个月的时间，"而同业转化需要半年以上的时间"，这让中控可以不断快速推出多款软硬件产品。单从上市时间周期和速度来说，中控具有更大的竞争优势。由于成果转化的高效性，与同业相比，中控还节省了大量沉没成本和机会成本。在产品设计成熟后，中控还会进一步通过非关键环节外协合作的方式来组织生产，充分利用外部资源提高生产效率，为中控的快速发展奠定了坚实的基础。

1.4 C 观点：创新链与产业链

从"实验室"到"应用场"

产业是发展的重要载体，创新是引领发展的第一动力。当今新一轮科技革命和产业变革高速发展，新技术不断涌现，从"实验室"到"应用场"，促进创新链与产业链深度融合已经成为应对全球产业链重构的重要举措，成为我国全球价值链地位提升、实现经济高质量发展的关键所在。

创新链是由基础理论研究、应用开发、开发试制、商业化生产销售等多个环节形成的链式结构，以科技创新为核心，从创新需求出发，包含创新主体、创新过程与创新成果，至产业化扩散的全过程。创新链包含从创意到产品的整个过程，既有充满创造力与想象力的创意萌发，又经历着尝试多种可能性的试制开发试验过程，还需要跨越"死亡之谷"。创新链是一个高知识技术密集与高资本投入并行，充满较大风险的过程，任何一个阶段或环节的失败都会导致创新链条的中断。

产业链则是指各个产业部门基于一定的技术经济联结，并依据特定的逻辑关系和时空布局关系客观形成的链条式关联关系形态，是从原材料、中间产品到最终产品的生产过程所组成的上下游配套的链条。当下世界面临新一轮科技革命的深刻变革，全球产业链加速重构，产业链韧性面临艰巨挑战，需进一步推动产业链与创新链深度融合，围绕创新链布局产业链，实现创新链与产业链的高效对接，进一步强化企业技术创新主体地位，实现产业链带动创新成果工程化和落地应用的作用，如图 1-2 所示。

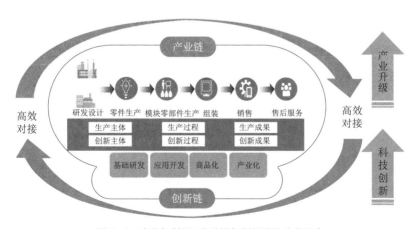

图 1-2　产业与创新：产业链与创新链的动态契合

打破束缚的"二次创新"

"二次创新"是指企业以率先创新者的创新思路和创新行为为榜样，以其创新产品为示范，跟随率先创新者的足迹，充分吸取率先创新者成功的经验和失败的教训，通过引进、学习和逆向工程等手段吸收掌握率先创新者的核心技术，并在此基础上进行改进和完善，开发并生产出具有竞争力的产品，参与市场竞争的一种渐进性创新。

基于经典的西方管理理论与中国的创新管理实践，本书作者团队研究出了"二次创新动态模型"这一基于发展中国家情境的从工艺创新向产品创新转变的创新规律，如图 1-3 所示。与线性的"引进—消化吸收—再创新"过程有本质的区别，"二次创新"要求从引进技术之初就开始创新，"创新"蕴含在"模仿"之中。"二次创新"使发展中国家企业摆脱路径依赖，打破"国外的月亮比国内圆"的思想束缚，走出"引进—落后—再引进"的恶性循环，最终走向原始创新。

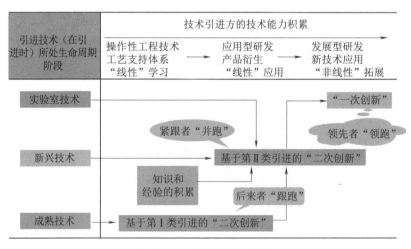

图 1-3　二次创新的动态过程

"二次创新"过程可以细分为三个阶段。第一个阶段是模仿中的学习，即引进本国或本地区尚不存在的技术，通过模仿、学习，以及充分利用本地供给要素的工艺创新（基于第Ⅰ类引进的二次创新）而逐渐掌握这门新技术，并达到提高产品质量、降低产品成本的目的。第二阶段是改进型的创新，即通过前一阶段的"第Ⅰ类二次创新"所形成的工艺能力，开始结合本国市场的需求，对引进技术进行一定程度的衍化产品创新（基于第Ⅱ类引进的"二次创新"）。第三阶段是"后二次创新"，即真正意义的"二次创新"。此时，技术的一方已经完全掌握该引进技术的原理并能灵活运用其满足市场的需求。在此基础上，能够运用自身形成的研发能力，开发运用或者再引进应用新兴技术，结合市场的新需求进行较重大的再创新，直至上升至能够自行通过"原始创新"形成新产品的商业化能力。

作为 DCS 领域的后来者，打破束缚的"二次创新"也在中控实现自主创新的过程中发挥了重要作用。在创业初期，为了快速获取软件开发能力，中控提出了从"模仿实现"到"模仿创新"再到"原始创新"的三步走战略，就是典型的"二次创新"过程。

建立现代企业治理体系

作为原创性科研成果的重要源头，高校科研在企业发展和产业创新中占据重要地位。然而，如何有效解决科技成果向市场转移的问题，将更多的科研成果转化为产业经济收入，反哺高校的科研和教学，是一直困扰全球各国政府和高校的难题。20 世纪 80 年代，美国出台了以《拜杜法案》为代表的一系列法律条文，对于联邦政府资助的发明创造，赋予大学和非营利性研究机构专利申请权和持有权，以鼓励大学展开学术研究并积极转移专利技术，促进企业发展和推动产业创新。

我国早在 1958 年就提出"要把学校建成教学、生产、科学研究三者结合的共产主义先进基地"，并开始学习苏联建立学生实习实践的工厂。当时的校办企业被赋予"产学研"结合的使命。改革开放以来，随着市场化浪潮在社会各个领域的涌动，国家、各地方政府和各大高校积极推进高校科研成果向市场的有效转移，促进科研人才在高校和市场的有效流动。1990 年，国家教委召开了第一次全国高校校办产业会议，并成立了行业组织——中国高校校办产业协会。1993 年 3 月，北京大学更是做出了一个轰动全国的决定——将约 600 米长的南墙推倒，改建为面积约为 25000 平方米的商业街。同年，清华大学提出创建清华科技园的构想，并得到教育部和北京市的确认和批准。之后，随着北大方正、清华同方等校办企业的上市，全国各大高校进一步掀起了创办企业并寻求上市的热潮。

从北京大学推倒南墙建商业街，到清华大学科技园走出国门，校办企业在国家经济社会发展中发挥了积极作用。随着越来越多的校办企业兴建，其种种弊端和负面影响也随之而来。产权问题、治理结构问题、创业者激励问题，以及由此带来的创新积极性和创新效率问题，是当时校办企业的核心问题。为了解决这一系列问题，2001年 11 月，国务院经济体制改革办公室、教育部等部门提交了《关于北京大学清华大学规范校办企业管理体制试点指导意见》，正式拉开了高校校办企业改制的帷幕。作为首批试点，北京大学拆掉了曾给其带来滚滚红利的商业街，重砌南墙。2018 年 5 月，中央全面深化改革委员会第二次会议审议通过《高等学校所属企业体制改革的指导意见》，要求高等院校所属企业体制改革要坚持国有资产管理体制改革方向，对高校所属企业进行全面清理规范，理清产权和责任关系，促使高校聚焦教学科研主业。

中控在创立初期，也面临同样的问题。褚健创办公司的初衷，一是振兴民族工业自动化，二是做科研和产业之间的桥梁，希望通过创办公司，有效利用社会资源和力量，尝试寻找一条可行之路，让想进的人能进得来，想出去的人能出得去，让员工不追求论文、教授职称评定等学术发展方向，而聚焦在产品研发、产业化和工程化等为产业界创造价值的发展方向。但事实上，学校体制内运行的组织架构和管理机制，不仅不能有效解决以上问题，反而因为管理层级较多，影响了企业研发效率和市场响应速度。为了更好地提升公司响应市场速度，提升中控的创新效率和市场竞争力，中控通过积极学习国内外优秀企业的管理经验，持续进行组织架构和管理机制调整，并逐步建立了科学现代的企业治理体系。

第 2 章　游泳中学会游泳

1994 年，淮南化工厂邀请中控参加其甲醇合成塔 DCS 改造项目的招投标，一起参加招投标的还有几家国外厂商。这是中控第一次参加投标活动，也是第一次与跨国企业正面交锋。凭借在衢化集团的成功示范，加上为客户量身定制的控制方案及价格优势，中控最终成功夺标。

2.1　放下身段

尊重有余，坚决不用

20 世纪 90 年代正是中国自动化产业的寒冬，DCS 的国内市场几乎完全被国外巨头垄断，中控根本无法打开一些大企业的大门。因此，中控成立之初，最困难的莫过于销售工作了。那时候还没有互联网，为了寻找客户，市场人员只能每天带着资料，到处去寻找化工厂。有时候甚至是远远看到排放蒸汽的工厂，就兴冲冲地跑过去，但常常是希望而去，失望而归。

　　为了拓展用户，寻找销售机会，褚健、金建祥也不得不放下教授身段，亲自去跑市场。一有时间和机会，他们就去拜访用户。一开始，他们觉得找浙江大学校友所在的企业，应该要容易一些。因为在他们看来，校友的身份应该有助于彼此间的交流。的确，初次见面时，对方一般都会对他们表示出极大的尊重，并热情接待他们。但当谈到使用产品时，对方往往会面露难色，表示对中控的产品不了解，毕竟流程工业控制事关生产安全，责任重大。在之后的很长一段时间里，他们去了很多企业拜访，其中有大型国有企业，也有浙江大学校友创办的企业，结果基本大同小异：那就是尊重有余，坚决不用。

　　其实，站在客户的角度，也不难理解。在当时的大环境下，行业内外普遍对国产 DCS 缺乏信心。而中控面对的流程工业行业，如石油行业、化工行业等，都是高危行业，安全是企业的头等大事。而 DCS 作为企业生产的大脑，对企业生产安全可谓"生死攸关"。万一产品稳定性不够，轻则造成停产的经济损失，严重的可能就是人命关天的安全责任事故。如果选择购买国外的产品，因为这类产品本身已经是全球一流设备，真出问题，也属于能力范围之外，企业多少可以免责。而如果选择购买中控这类国内小企业的设备，情况就完全不同了。万一出了事故，无论大小，责任都难以承担。所以很多企业决策人出于免责的考虑，都会优先选择国外大品牌厂商的产品。另外，选购国外产品，国外厂商一般都会安排用户企业技术人员出国学习和培训。当时，能出国参加学习和培训并增长见识，在很多人看来，都是非常难得的机会。对国外厂商来说，这也是一个大大的加分项。

"国外的月亮比国内圆"？

根据市场学的研究，市场的后期进入者在前期进入者的基础上进行创新再形成自己的特色，可以用更少的市场开拓成本、更快的速度来建立稳固的市场份额，获得后发优势。但是，后期进入者也有明显的劣势，那就是品牌认知壁垒。市场的早期进入者优先选定客户群体，通过产品的实际使用和配套售后服务，培养了品牌认可度和用户黏性，就意味着建立了市场进入壁垒，确立了竞争优势地位。后来者要取得成功，首先需要跨越上述壁垒。

中控创业选择进入 DCS 领域，自主开发和生产 DCS 产品而非直接代理国外品牌。从市场的角度来看，国内流程工业的领先用户经过十多年的使用，已经充分认同 DCS 的价值。中小客户虽然受价格限制还用不起 DCS，但也对 DCS 有了足够认知。一方面，这为开发国产 DCS 提供了相对成熟的产品市场；另一方面，国内用户也形成了对国外产品的品牌信赖，不敢轻易尝试国产产品。

1999 年，中控市场人员去参与浙江某炼化公司的一个项目招标。在进行技术交流的过程中，该公司仪表技术负责人说："我们此前使用了一套某进口品牌系统，这套系统从调试到使用，总共花了 3 个月时间，结果把所有卡件都换了一遍，最后才投入使用，厂家亏死了！"

中控市场人员听了客户的话，深感痛心。他们跟客户说："不是对方公司亏大了，而是他们赚大了。他们拿了一套没有经过严格测试和使用过的系统过来，在你们的生产装置上做了 3 个月的试验，你们浪费了 3 个月时间才投入使用，你们的损失有多大？你们为他们提供了良好的试验环境！如果这套系统换成中控系统，你们肯定就是两句话：

国产系统不能用！中控系统不能用！"

"国外的月亮比国内圆"。当时国内的石化企业对国产 DCS 极度不信任，不允许国产系统出一点点问题，却能容忍国外系统故障频频，哪怕多花费几个月的调试时间也在所不惜。

因此，如何让流程工业用户知道中控也有 DCS、中控也能生产 DCS，如何让用户相信中国人的 DCS 不比国外的差，这就是当年摆在中控面前的难题。

农村包围城市

一开始，中控雄心勃勃想着和跨国公司正面竞争，但理想很丰满，现实很骨感，市场拓展障碍重重。面对用户"尊重有余、坚决不用""国外的月亮比国内的圆"等根深蒂固的思维惯性，"初出茅庐"的中控，根本难以获得与占尽了先发优势的国外厂商同场竞技的机会。

虽然暂时遇到了困难，但坚韧的中控人并不气馁，他们坚信，"只要我们的产品是好的，就一定可以销售出去"。当时，国外的产品虽然有诸多好处，但也有一个致命的问题，那就是贵！并不是所有的企业、所有的装备都用得起国外的产品。通常，只有大型国有企业的新装置，才有机会采用国外的设备。大部分老企业、小企业和一些大型国有企业的老旧设备改造项目，一般是没有充足的预算购买国外产品的。

在了解到这些情况后，中控决定调整市场战略，走"农村包围城市"的道路，不与跨国公司正面竞争，而是在一些预算不足、跨国公司的价格做不了的中小企业和中小装置上进行错位竞争。同样质量和性能的控制系统，中控的价格只有国外厂商的三分之一左右。这对一些预算不足、资金有限的用户还是有吸引力的。

功夫不负有心人！在多次碰壁之后，中控终于迎来了第一个机会，以 38 万元的价格获得衢化锦纶厂 6000 吨环己酮改造项目，实现了国产 DCS 销售零的突破。

然而，一个项目并不能解决所有的问题。衢化锦纶厂之后，中控又开始为市场拓展的事情犯难。当时，中控的市场部想到的最省钱的办法就是邮寄产品资料，把产品和公司介绍通过信件发送给全国有一定规模的厂矿企业，可是效果并不好。于是，他们又将一些流程工业企业的技术人员请到杭州，给他们讲解自动化知识和 DCS 技术及应用课程，以主动了解和接近用户。有一段时间，中控还在《化工自动化及仪表》《石油化工自动化》等杂志上做过广告，希望企业的中层技术领导关注和选择中控的 DCS 产品，同样收效甚微。

但大海捞针还是有点效果的。广告刊登出一段时间后，中控终于迎来了第二个用户。1994 年，中控受邀参加淮南化工厂甲醇合成塔装置的 DCS 改造项目投标，并顺利夺标。

淮南化工厂

从工艺流程上看，甲醇合成塔催化剂反应分多个阶段，每个阶段的控制方案都不同。在使用 DCS 之前，所有控制点的控制操作完全依赖人工，有经验的操作工可以很好地掌握每个控制点的温度、压力和操作要求。如果改用 DCS，需要通过自动化系统实现对每个控制点的控制。以当时的技术水平和中控团队的行业经验来看，这个要求相对比较复杂。为了满足工艺流程中的控制需求，中控软件开发团队还专门开发了一套用户编程语言，用于开发控制方案。

项目投运十几天后，用户发现装置内压差不太稳定。为防止安全事故发生，用户紧急停产并通知中控技术人员到现场检查原因。接到客户电话，中控第一时间安排技术代表赶到现场，经过检查后发现，装置内催化剂老化得非常快。这套装置在使用 DCS 之前，投放一次催化剂可以生产 30 天，而用了 DCS 十几天下来，上面的催化剂就已经失效、结块了，下面的催化剂还没有反应。投放一次催化剂的成本大约要 20 多万元。原本可以用 30 天的催化剂，现在才十几天就不能再用了，而且系统内反应不稳定，随时都有意外风险。可以想象当时客户的情绪和中控代表的压力。好在经过多日反复的分析验证后，终于找到问题的所在：之前操作工手动操作时，因为扳动高压阀门很费劲，操作工操作的频率间隔比较长，这样催化剂正好可以充分反应。而改用自动化系统后，由于操作非常方便，加上温度显示数据比较小，读数精确度不够，从而导致操作工操作比以前频繁，因此就出现了下面的催化剂来不及反应，上面的催化剂快速衰老的问题。同时由于反应不稳定，也导致了系统内压力不稳定。

在调节了温度显示并明确了操作频率后，装置二次投运就非常成功。这次不仅运行稳定，原本需要 30 天投放一次的催化剂，在使用 DCS 控制后，投放周期可以延长到 40 多天一次，产品的质量也有所提高。相当于帮助客户把催化剂的使用效率提升了 33%，每年仅催化剂成本就可以节约 60 万元左右，客户非常高兴。

出现问题后中控的快速反应和项目的成功运行，让淮南化工厂充分认可了中控的服务速度和服务质量，并因此成了中控的忠实用户，不仅在后来的项目中多次采购中控的 DCS 系统，还帮助中控在行业内做了很多正面宣传。而中控 DCS 在淮南化工厂甲醇项目的成功应用，不仅帮助中控打开了 DCS 在甲醇合成装置中的应用，也让中控意识到产品和服务质量的重要性，意识到客户满意的重要性。此后，中控在所有项目中，都坚持把产品和服务质量放在第一位，把客户满意放在第一位。

对于中控这个新兴的工业自动化企业而言，早期衢化、淮化项目的成功合作，意义非凡。人们常说，发展可以解决一切问题。反之，企业如果没有发展，那么各种问题都会暴露出来。

创业初期，业务拓展的困难带给褚健的不仅仅是经济上的压力，因此而来的人心动荡、核心骨干流失，甚至内部矛盾重重，更让他感觉内外交困。在这样的困境中，衢化、淮化项目的成功更显得难能可贵。这不仅仅给了其他客户选择中控的信心和勇气，为中控此后的业务拓展打下了很好的基础。更重要的是，它极大地增强了所有中控人的信心。它让这群热血腾腾的年轻人觉得，"国货"不见得前途黯淡，自己辛苦开发出来的 DCS 系统并非没有市场，也能与国外品牌同场竞技。

当然，衢化、淮化项目也让中控人看到产品和质量的重要性。让这群"书生"明白，实验室的技术研究和市场化的产品开发与推广完全是两回事。光有好的技术研究，而没有真正适合的产品、不能真正解决客户的需求，是不会被客户所接受和认可的。从实验室的技术研究到能解决客户问题、被客户切实接受和认可的产品，还有很长的路要走，谈何容易。于是，他们更加义无反顾、全心全力地加大研发投入，希望用心做好每一款市场真正需要的产品，因为他们深知，只有这样才能赢得市场和客户真正的认可。

2.2 用户至上

工程是质量的最后一道防线

每个公司的创业期都是一段艰难的历史，但也是最好的历练机会。中控在国外自动化产品一统天下的时代背景下，硬生生一点一点地挤出市场份额，并像滚雪球一样慢慢做大，凭的是过硬的工程技术和服务。

对应于流程工业的复杂装置，DCS也是一套相对复杂的控制系统。对于此类产品，合同之后的工程服务对产品的功能和性能有着较大影响，可以说是产品质量的重要组成部分。而在中控工程部门内部有个不成文的规定：工程部门是中控产品质量的最后一道防线，工程人员要确保所有系统上线一次性投运成功。

其实最开始的时候，中控并没有成立专门的工程部门，工程项目都是由产品开发人员来负责的。对于一些定制化的产品方案，往往是边开发调试，边安装投运。为了确保项目质量，研发人员就驻扎在项目现场，有什么问题也方便就地解决，一步到位。就这样，一边拓展业务，一边积累经验、一边锻炼人才，中控的业务得以稳步发展。一直到1996年，中控才成立了专门的工程部门。

由于工程部要求高，接触客户业务场景机会多，因此，在工程部工作过的员工成长迅速，以至于很长一段时间，工程部成了中控各个业务条线的黄埔军校，为中控各业务条线输送了一批又一批高素质、高能力人才。中控的很多技术骨干和管理专家，包括多名现任的公司高管，在最初加入中控的时候，都是从工程部干起来的。

超越用户期望

创业初期，中控产品在性能、品牌影响力方面，与国外产品还有一定的差距，因此，价格和服务就成了中控打动客户的两个主要卖点。在褚健看来："一开始的时候，我们的东西质量肯定不如人家，功能肯定不如人家，性能也不如人家。唯一能做的，就是服务比人家好。如果服务都比不上人家好的话，我们就完了。"

服务一直是中控的核心竞争优势。可以毫不夸张地说，快捷、优质、及时、高效的工程服务在中控 DCS 与国外 DCS 的竞争中发挥了极大的作用。在工程实施过程中，中控人不仅仅满足于完成合同要求，而是始终坚持把用户利益放在第一位，为用户想得更多。DCS 作为复杂控制系统，早期很多用户，尤其是中控服务的中小用户，专业性和经验都相对不足，生产装置本身存在的一些小问题，他们自己可能看不出来。而中控的工程人员，大都是搞系统出身的，具有相当的专业性。很多用户没想到的问题，他们都会替用户想到，并帮助用户彻底解决问题。可以说他们一直用高于用户需求的标准来要求自己。

就以点检（定期对系统进行全面的检查和维护）为例：因工业现场环境恶劣，DCS 系统在使用一定年限（通常在 3 年以上）后，元器件容易老化、损坏，可能会导致系统通信不畅、信号偏移等故障。

为此，中控针对 DCS 系统故障发生频率较高且使用年限较长的用户，总结制定了一套详细的点检方案，其主要内容包括：DCS 设备分解、清扫、综合调查、功能恢复，DCS 软硬件的全面测试，DCS 设备的功能、动作确认，消耗品及性能劣化品的更换等，并将维护结果和处理情况以点检报告的形式提交给 DCS 用户。如果用户当前系统版本较旧，还可以对用户系统进行软硬件的升级。在 DCS 的服务中，点检是一种重要的预防性措施。通过点检，定期对系统进行全面的检测和维护，可以消除系统存在的隐患，保证 DCS 的长期稳定运行，解除客户的后顾之忧。

暴风雪也阻挡不了的脚步

中控一直都是从技术发展和客户需求两个维度进行思考的。"客户为什么用我们的产品，不用行不行，抑或是客户仅仅因为便宜而用？"

这种站在客户角度的思考，让中控能更好地理解客户，提供更符合客户需求的产品和服务，也使中控得到越来越多客户的支持和认可。在中控人的理念中，早期中控的产品性能有很多不足之处，但"勤能补拙"，可以用"以客户为中心"的诚恳与服务质量来争取得到用户的认可。就这样，凭借一流的服务，经过十几年的努力，中控的产品性能逐步稳定，市场也慢慢起来了，与跨国公司也有了一些正面竞争。"急用户所急"是中控一贯的承诺和作风。用中控人自己的说法："如果一个企业只是为了赚钱，那么或许它可以得到很高的利润，但它可能不会具有核心竞争力。而企业自身的价值，就是本着对用户负责的原则，将产品及用户服务切实落实到行动上，只有这样才能赢得用户的认可。"

暴风雪也阻挡不了中控人的脚步

2008 年初，连续 20 多天低温、雨雪、冰冻等极端天气，造成交通中断、电力中断、通信中断。火车——停开！汽车——停运！聚集在火车站和汽车站的人神情严肃，临近春节，大家的心却如同掉进了冰窖。困在暴风雪中的人群里，来自中控的项目工程师王伟强已经心急如焚。按照约定的时间，他要为冷水江钢铁公司送去两块卡件并投运开车。

"如果不送达，客户的项目开车就会推迟，导致的损失是巨大的。"王伟强思忖着，跳上了仅有的几路未停开的公交车，一站站地换乘过去。有些时候，他会拦下出租车，更多的时候他会搭乘摩的甚至三轮车，一路坎坷，一路囧途，来到了一个山脚下。摩的司机告诉他："我无法载着你爬山，冷水江就在山的那边，你翻过山就到了。"

王伟强毫不迟疑，踏出了攀登雪山的第一步。他背着一个背包，用防震膜包裹着的两块卡件安全地躺在包里。苍茫的山色，皑皑的白雪，狰狞的冰裂缝，王伟强每走一步都是挑战，有些冰封的路面容易打滑，一不留神就会摔下来，他只得四肢并用。好不容易爬上了山顶，下山的路却更加艰险。他将背包抱在怀里，几乎是一步三滑、跌跌撞撞下了山。顶着满头白雪，历经 12 个小时，王伟强终于将卡件送到客户手里。王伟强只记得客户的惊讶和感动，记得客户开车成功后的喜悦，而忘了自己一路上只吃了包子和饼干的肚子早已饥肠辘辘。

在中控，像王伟强这样的故事有很多很多。中控人这种始终把用户利益放在第一位的工程和服务精神，获得了很多来自客户的赞誉。安徽淮化集团在给中控的感谢信中说："贵公司的技术人员不厌其烦地根据要求修改程序以满足生产需要。年轻的工程师夜以继日，在工作环境艰苦和恶劣的条件下，勤奋工作，深深地感动了我们。"

2.3 情怀依然

企业是各种资源的集合体，资源的差异性是企业差异化竞争力的来源。人力资源作为企业的核心生产要素，对企业发展有着举足轻重的作用。"大凡成事，其源于势，而势源于人。为政为商，治事置业，唯以人本为尚。"（《孙子兵法·势篇》）这句话道出了企业创业"以人为本"背后的真谛。中控的成功，很大程度上也得益于中控的人才优势。

1993 年，中控成立后的第一件事，就是通过各种途径网罗人才，组建团队。在当时，中控的团队成员主要有两个来源，一个是浙江大学的毕业生，另一个是来自产业界的实践专家。可以说中控早期的团队，就是"学术"与"产业"的混编舰队。这两类人才的有效融合，既能从源头上确保中控对科研与创新的坚持，又能让中控深刻理解客户的场景和实际需要，从而在产品开发和服务中，能更好地针对客户需求，确保客户满意。这也许正是中控能成功跨越科研与产业之间的鸿沟的底层逻辑。

蓝图吸引，情怀留人

对于企业来说，发展是第一要务。而企业要发展，人才是第一要素、第一生产力，尤其是在科技创新型企业中。北京大学经济学教授樊纲曾说："科技创新中，人才是最大的生产要素，最重要的优势始终是'人'的优势。"

创业初期，为了构建中控的研发能力，吸引和鼓励更多年轻的技术人才加入中控"振兴民族工业自动化"的伟大事业中来，褚健给中控绘制了美好的蓝图："中国是最有可能把我们的梦想变为现实的地方，中控将努力打造一个更大的舞台，希望所有中控人都能面向未来，挑战自我，实现价值！"正是这样的理想和信念，让中控凝聚了一群志同道合的技术人才。而中控的研发能力就是这样慢慢培养起来的。

创业早期，虽然资金非常紧张，但在研发人才投入上，中控一点也不吝啬。1996 年，为了更好地满足产品和技术开发的人才需求，中控第一次进行大规模招聘：在公司原有 40 多名员工的情况下，竟一下子招聘了 30 名大学生，相当于一次性新增了公司原有规模 80%的新员工，而且还都是刚走出校园的大学生。纵观中国众多的创业企业，除了中控，恐怕没有哪家公司敢这么干的。

情怀吸引，文化留人

在研发人员招聘方面，中控可谓近水楼台先得月。创业的最初几年，由于租借了浙江大学的办公室，因此，中控的专业技术人才招聘，主要是面对浙江大学工业自动化专业的毕业生。每年到招聘季节，中控都会在浙江大学校内举办招聘会，介绍中控的创业理念和发展前景。为了吸引更多的专业技术人才加入，中控还面向浙江大学招聘一些即将毕业的实习生，这些学生在毕业前参加中控的实习，毕业后留在中控的概率就大大增加。中控现任高级副总裁俞海斌就是这样加入中控的。创业初期，因为资金紧张，中控没有办法给出很高的工资，就用"振兴民族工业自动化"的情怀来吸引志同道合的优秀人才。"与国内同类型企业比，我们的工资收入真不算高，真正吸引我们的，是公司产业报国的情怀，让我们觉得，自己做的事情是很有价值和意义的。"甚至也有海外归来的高学历人才，受中控产业报国情怀的吸引，放弃跨国公司的高薪，毅然决然地选择加入中控。从加拿大博士毕业回国的仲卫涛就是个例子。对于为什么选择中控，他的理由很简单：中控是最有可能实现自己梦想的地方。用他自己的话说："褚老师有浓浓的家国情怀、民族情结，高举自动化的旗帜，振兴民族工业自动化。而中控的平台非常好，给人归属感的同时，让人觉得英雄能有用武之地。"

产业报国情怀吸引人，特色文化留住人，中控因此聚集了一批来自高等学府的优秀人才，他们分布在中控的研发、生产、工程、质量等多个部门。很多人在中控一干就是 10 年、20 年，为中控的自主创新提供了很好的人力资源和组织能力支撑。

很多年前，有记者采访时问我："中控怎么留人？"我说要给员工们三样他们能够感受得到的东西。第一，作为中控一员，当别人翘起拇指夸"中控了不起，做了一件对国家、对社会、对自动化行业有意义的事"时，他有一种成就感。第二，给他们不高不低的待遇，比上不足，比下有余。第三，对于有本事、综合能力很强的人，给他一个平台、一批人、一笔钱，给他机会和空间，让他去不断拓展新领域。

中控的发展离不开核心技术，离不开人才，离不开所有员工的团结合作。

——《中控的精神与梦想》

褚健在中控集团 2010 新员工集训上的讲话，2010 年 7 月 22 日

栽下梧桐树，引得凤凰来

中控创业初期的技术部门招聘的专业技术人才主要是来自浙江大学等的应届毕业生，而其他部门的人才则大多通过社会招聘的形式，从产业界引入。

中控原党委书记裴峰就是通过社会招聘的形式进入中控的。作为中控社会招聘第一人，他放弃了自己在浙江省测试技术研究所这个很好的事业单位的职位，加盟在当时还一无所有的中控。吸引他来中控的，一样是中控"振兴民族工业自动化"的初心。

除了面向社会公开招聘，中控还有一批这样的员工：他们原本是中控的客户，在原来的企业有着稳定的铁饭碗。当他们想要离开国有企业的体制，寻求个人发展机会的时候，受中控文化和使命的感召加入了中控。

原武汉事业部总经理朱慧君当时在一家国企，已经获得总工办主任工程师职称。2003 年，她选择从国企辞职加入中控，之后便一直奋斗在中控的市场一线，直到 2020 年，才退居二线部门。当问到为什么要选择从国企辞职加入中控时，她表示，国有企业的工作习惯、工作压力与民营企业差别还是挺大的，辞职需要很大勇气，而她当时用过中控的产品，被中控的文化所吸引，感觉这是一个充满朝气的团队，自己有付出就会有回报。加入中控后，从武汉办事处团队组建，到攻下武汉石化第一个高端市场客户，签订中控第一个千万

吨炼油装置的项目合同，再到 20 多年后退居中台做管理工作，她感觉自己的人生变得更加有价值、有意义。在朴实的行为和语言背后，是她不甘平庸敢于挑战自我的勇气，是中控人踏实做事与努力坚持的情怀。

在衢化锦纶厂担任计量科科长的章全，在使用了中控的第一套 DCS 后，便受中控经营理念的吸引，于 1994 年加入中控。他从基层仪表销售工作做起，30 年来，为中控的发展做出了卓越贡献。

1998 年，中控原副总裁赖景宇作为甲方开始使用中控的产品，对中控产品的质量和效果印象深刻，对中控"振兴民族工业自动化"的理念非常认同，并于 2000 年选择加入中控。在他看来，当时国内流程工业企业主要使用国外的系统，对国外产品很依赖，但是国外产品的维护、使用周期成本都很高。中国确实需要一家这样的自动化公司，而自己也非常愿意和中控一起，为我国的民族工业自动化发展做出贡献。

就这样，在中控"振兴民族工业自动化"理念的感召下，越来越多来自客户方的产业界有志之士加入中控。以至于到后来，为了不影响客情关系，中控不得不出台规定：凡是客户方员工，必须经客户总经理批准和同意，才可以加入中控。

正是这群来自产业界人才的加入，给中控带来了客户视角的产品需求和实践经验，让中控在产品开发中，能够更多思考客户的实际应用场景，在项目交付中，更能及时解决现场的各种实际问题。可以说产业界人才的加入，在中控早期的发展中发挥了积极的作用。

"师徒配"团队与传承

如果说中控成功的原因之一是"学术"与"产业"的混编舰队，那么"师徒配"团队则是中控成功的另一个核心因素。根据水木清华校友基金会的研究，相较于其他的团队模式，"师徒配"的团队（特指由老师和学生共同组成的团队）模式更容易创业成功。原因包括两个方面：首先，"师徒配"团队中老师和学生具有天然的信任关系，成员间的认知冲突较少，不易解散；其次，师和徒在团队中分别担任不同的角色，分工明确。

在很多科技制造型企业里，研发部门都采用"师傅带徒弟"的人才培养模式。而大部分师傅在带徒弟时，都会有"教会徒弟，饿死师傅"的顾虑。在带徒弟的过程中，很多师傅都会给自己留一手，有些技术或经验的 know-how（技术诀窍）只有自己掌握，以确保自己不会轻易被超越和取代。这样一来，企业一些隐性的知识和经验，往往只存在于个别经验丰富的老师傅的脑袋里，甚至有些重要的技术工作严重依赖个别能人。这就导致企业的一些技术和经验，没法传承下来。一旦这些老师傅离开公司，就会导致这项技术或经验的流失。在一些非标准化的生产工艺上，这种情况尤为普遍。

中控创业初期的人才培养也普遍使用"师傅带徒弟"的方式，但与其说是"师徒配"，不如说是"师生配"，这也是中控作为有高校背景企业的独特之处。中控的创业团队主要是来自浙江大学化工自动化专业的老师和学生。有些师傅和徒弟在创业前曾是师生关系。徒弟本身就是师傅在浙江大学校园内一手培养的学生，师傅则既是学生的学术导师，又是学生的人生导师。中国人尊师重教，自古就有"一日为师，终生为父"的传统。老师和学生之间，有着深厚的师生关系和天然的信任基础：学生对老师有着天生的尊敬和信任，而老师则有着教书育人的情怀。这就使得中控的师傅们在带徒弟的过程中，心怀教书育人的情怀，对学生可谓毫无保留，知无不言，言无不尽；而学生也能始终保持尊敬，并投桃报李，形成良性循环，形成超越传统"师徒配"局限的"师生配"。

自成立以来，这种师傅带徒弟的模式在中控的人才培养中发挥了很大的作用。而这样的思想和行为也逐渐由一代一代的中控人慢慢传承下来，形成了中控人乐于分享、互相成就的工作氛围。在交流中，很多员工都说，中控的文化是非常轻松愉快又彼此信任的校园文化。很多员工对于曾经的老师，共事几十年来还一直以老师相称。中控"校园文化"一说，大概就缘于此。

人才培养中的"八仙过海"

中控的用人机制非常开放，在公司总体用人机制和人才方针的指导下，各个部门可以根据本部门的特点，制定部门内部的用人要求和人才培养方式。以早期的技术中心为例，技术中心根据公司业务对技术中心人才的要求，制定了对技术中心员工的基本要求。包括：（1）保持基本的人品：有责任心、敬业、勤奋、合作、诚信、正直；（2）善于动脑：对自己有长远发展规划并注重开发自己的独特能力；（3）充分利用所给予的机会；（4）了解公司经营状况及运作模式；（5）关注友商和行业发展现状；等等。技术中心还通过合理的机构设置及清晰的职业层次规划，为每位员工提供实实在在的发展机会，确保每位员工能各司其职，权责分明。明确的工作目标为员工自觉进步提供源动力，宽松的发展环境与严格的管理制度相结合，使技术中心保持思维活跃的同时又具有极强的凝聚力。

技术中心在资源配置上还注意持续优化，使管理宽度与管理深度相协调，给每个部门配备 6~8 名员工，资深员工与新员工配合有利于对新员工的"帮、扶、推"。在部门职责划分上做到权责明确。对于员工培训，技术中心提出"帮、扶、推"的三字精神。通常，新员工入职后，培训会分两个阶段进行，培训结束后对培训结果整体考核。第一阶段入职培训，包括三部分内容：公司概况、使命和发展战略，产品介绍，初级技术培训。第二阶段专业技术培训包括：形成学习型组织，项目中学习，资深或骨干员工的言传身教。

工程部门则根据工程用人需要，总结了一套工程新员工培养模式，并称之为"两个三边工程"。在新员工入职的前 3 个月，要求员工"边学、边干、边总结"。这期间，员工一边通过内部知识分享平台自己学习专业知识，同时工程管理部会成立专门的培养小组，每周对新员工的工作情况进行总结和指导。通过这种方式，快速让新员工全面了解和熟悉工作，使新员工在 3 个月内脱胎换骨、可以独当一面。在入职 4~12 个月时，要求员工"边干、边想、边总结"。12 个月结束后，员工需要进行总结和答辩。另外，为了确保导师对新员工辅导的效果，公司还把新员工的成长情况作为导师的KPI（关键绩效指标）指标，纳入对导师的考核。

人才管理中的放手与信任

回到 20 世纪 90 年代初，当时的中控还很小，条件也很艰苦，待遇更是不高，但这一切对很多中控早期的员工来说，并不重要。在这群刚刚走出校门、意气风发的学生看来，重要的不仅仅是为了钱，更是为了成就一番事业而奋斗。如果说加入中控是因为心中的信念，那么，留下来则是因为中控的文化。确切来说，是信任的文化。对于有能力的员工，中控会给予他们充分发挥的舞台。对于那些有创意和想法又肯钻研和坚持的员工，中控不仅愿意投入资金提供支持，更是给予员工充分的耐心和信任，允许员工按照自己的思路去试错。

在人才管理上，中控坚持"用人不疑，疑人不用"的原则，坚信给予员工最大的自主权，才会激发员工负全责的动力。用现总裁助理兼产品规划管理部总裁庞欣然的话说："留在中控的人，都不是只为了钱，更是为了做点事情。"庞欣然全程参与了中控第一款 SIS（安全仪表系统）产品 TCS-900 的产品开发。"我在中控经历了 SIS 的从无到有，到如今成为市场占有率第一名。整个过程我还是蛮自豪的。开发第一款产品，我们用了 10 年时间，一个人的职业生涯能有几个 10 年？能把 10 年投在一件事情上，把它做成了，而且还做大了，是一件很有成就感的事情。"

中控人就是这样，只要认准了、觉得对的事情，就认真去做、慢慢去做。从一页 PPT（演示文稿）、一个创意，变成一款成熟的产品，在做的过程中，员工感受到的是完全的信任，所以很多人愿意一直留在这里。很多人来了中控之后，就再也没有离开过。可能这也是他们所理解的"校园文化"的一种内涵。

2.4　创新 1.0

对于企业而言，长期主义是一种格局。从事任何事业，只要着眼于长远，躬耕于价值，就一定能经受住时间的考验。一个商业机会，不应只看它过去的收入、利润，也不能简单看它今天或明天的收入、利润，这些表面的数字很重要，但并不代表全部。真正值得关注的核心是，它解决了什么问题，有没有给社会、消费者和用户提升效率、创造价值。只要是为社会创造价值的企业，它的收入、利润早晚会兑现，社会最终会给予它长远的奖励。企业需要在不断创造价值的历程中，打造自己的护城河。在这一点上，褚健很早就表现出优秀企业家独有的战略眼光和长期主义精神。

中控创立的第一个 10 年，我们可以暂且称之为中控的创新 1.0 阶段。在此阶段，中控没有优秀的治理结构、科学的决策机制和管理能力。面对国际一流厂商的强大竞争力，中控有的只是一支优秀的创业团队，和他们心中"振兴民族工业自动化"的一腔热血。这是中控发展的基石，是中控事业最初的火种。在创新 1.0 阶段，中控一边通过技术和产品研发，以产品、价格和服务优势，站稳脚跟；一边通过品牌打造和企业文化建设，构筑自己的护城河。

品牌生产力与 SUPCON

马克思指出，以生产工具为标志的生产力的发展是社会存在的根本柱石，也是历史的第一推动力。从唯物史观来看，人类经历了三次生产力革命。泰勒的《科学管理原理》掀起了现代史上的第一次生产力革命，大幅提升了体力劳动者的生产力。"二战"期间，美国正是全面运用了泰勒理论，使得美国体力工作者的生产力远超其他国家，美国一国产出的战争物资比其他所有参战国的总和还要多。德鲁克开创的管理学（核心代表著作是《管理的实践》和《卓有成效的管理者》），把知识这一新的生产要素加入工厂生产中，掀起了第二次生产力革命，大幅提升了组织的生产力，让社会容纳巨大的知识群体，并让他们创造出应有的成果。而特劳特的《定位》则掀起了第三次生产力革命，大大激发了品牌生产力。品牌形象及其代表的产品质量、企业文化，是影响人们购买决策的关键因素。企业通过清晰的品牌定位，几乎可以立刻识别出企业投入中哪 20% 的运营产生了 80% 的绩效，从而通过去除大量不产生绩效的运营并加强有效的运营以大幅提升生产力。

对于一家立足长远发展的企业而言，品牌是至关重要的。在公司正式成立之前，褚健就意识到品牌对公司发展的重要性。一次在重庆出差时，他突然灵机一动，"SUPCON"一词闪入脑中。它是"super"和"control"两个英文单词的合写，意思是"超级控制""一流控制"。那时候，褚健已经有了朦胧的战略定位和品牌意识，决心要打造中国人自己的民族品牌，开创属于中国人自己的工业自动化事业。选择 SUPCON 作为品牌名称，还有另一层含义：它代表着中控的希望，希望中控能成为先进控制、先进技术的代表，希望中控所有的品牌都 could be super（能超级好）。

"SUPCON"的品牌名称很快得到大家的认可，但是作为中国的企业，还需要有一个响当当的中文名字，这样更便于传播。刚开始，使用了"SUPCON"的中文音译"视康"，但褚健总觉得这两个字不够大气，而且怎么看也不像做工业自动化的。一直到 1997 年，褚健在北京开会的时候，才突然想到"中控"这个名字，意思是要做中国最好的控制系统，中国的 NO.1（第一名）。自此，公司的中文名称才正式确定下来。

在明确了品牌定位和"做中国最知名的自动化公司"的战略目

标后，在这个战略目标的指导下，中控每一个技术细节、每一次市场拓展、每一个工程项目，都按照大公司的标准来严格要求自己。经过多年坚持不懈的努力，中控逐步在用户心中树立起了"中控"和"SUPCON"这两个工控界的知名品牌。后来，随着软件产品的推出，中控又创立了"AdvanTrol（Advanced Control）"，作为中控软件产品的品牌。

中控成立之时，中国的 DCS 市场几乎被国外品牌所垄断。中控品牌要发展，必须与这些强大的国际一流品牌竞争，在品牌林立的 DCS 市场中，找到自己的立锥之地。因此，中控品牌的发展，可以说是"与狼共舞"，在夹缝中求生存。

作为中控的掌舵人，褚健不仅为大家树立了品牌战略的目标，对于品牌战略的实施，也有着清晰的路径思考。他认为企业要实施品牌战略，其核心在于如何扩大这些品牌之下的产品和技术的市场占有率。为了实现"使中控和 SUPCON 成为中国最知名的自动化公司"的目标，中控制定了国内市场占有率的发展目标，并一步步落实实施。

当然，要树立品牌形象，产品和服务的质量也至关重要。中控自成立以来，一直坚持"把质量作为头等大事来抓"，坚持践行"技术引领、品质为先，为客户提供满意的解决方案与服务"的质量宗旨，坚持夯实质量基础、建设质量团队、实践先进质量管理方法，并持续改进。褚健曾不止一次在内部讲话中说过："我们做出好的控制系统，除了可以大幅降低产品价格，为很多企业省钱，还关系到产业安全、经济安全、民生安全。所以，我们做的很多项目，都是对国家、对社会有利的。"

有志者事竟成。在全体中控人的不懈努力下，"中控"和"SUPCON"的品牌慢慢深入流程工业客户的内心。1998年3月，褚健在做题为《我的心里话》的演讲时说道："'SUPCON'这一注册商标已逐渐成为工控界的名牌，这使我们真正开始注重品牌效应。我在1993年上半年，即公司成立不久，就开始考虑公司应该有一个注册商标，今后的目标是使这一商标成为知名商标。目前看来，我当时的设想已经开始看到效果了……我征询过不少同事的意见，在充分肯定优势的同时，能正确判断我们存在的问题和不足，由此得出我们应该努力的目标。中控的第一个奋斗目标是使公司成为中国最知名的自动化公司，我们第二步奋斗目标就是使中控成为国际品牌。"

文化初萌芽

企业文化是企业长期生产、经营、建设、发展过程中所形成的管理思想、管理方式、管理理论、群体意识，以及与之相适应的思维方式和行为规范的总和。企业文化是企业的灵魂，对企业打造内部凝聚力和外部竞争力都具有积极作用。优秀的企业文化可以增强企业的凝聚力、向心力，激励员工开拓创新、建功立业的斗志。企业文化首先会吸引具有相同价值观的人。所以员工对企业、员工之间的文化认同，是员工愿意共同努力、团结拼搏的前提。同时，对企业文化的认同，会凝聚员工的归属感、责任感和荣誉感，让员工把个人的成就感、荣誉感与企业的发展联系起来，愿意为了企业的发展而努力奋斗。在企业中，员工对企业文化认同度越高，企业发展的凝聚力和驱动力就会越强。

优秀的公司赚取利润，伟大的公司赢得人心。中控在成立早期，就非常注重企业文化的建设，提出"做中国最知名的自动化公司"的愿景、"振兴民族自动化产业"的使命和"敬业、合作、创新"的企业精神，并明确敬业是前提，合作是基础，创新是动力，效益是目标。褚健认为，公司之所以能成功，并不是因为某个人或某几个人多么聪明能干，而是在"敬业、合作、创新"企业精神的感召下，凝聚了一批有共同理想、目标和抱负的年轻人。

正如褚健在《我的心里话》中所说："企业也是有生命的，生命的本质在于精神，没有精神或失去了灵魂的公司就如木偶或僵尸，一个公司没有一个意志、没有一种信念、没有一股干劲或雄心，就缺少灵魂，一定不会有希望。"

在"敬业、合作、创新"中，中控强调敬业是前提。如果一个人不爱他所在的行业，就不会有长期目标，也就没有长期的责任意识。热爱自己的行业，并不是说大家都来自同一个专业，而是说大家有明确、一致的目标和理想。中控的员工有不同的专业背景，并不是都学过 DCS 或过程控制，但大家能在工作中做到兢兢业业、不怕苦、不怕累，就说明大家有敬业精神，热爱自己的事业。

独行疾，众行远。褚健认为，一个人单干永远不可能有出息，要干成大事，就必须与许多人进行有效的合作。他说："很多人认为我取得了很多成绩，很有才干。的确我也获得了国内不少很高的荣誉。但我心里清楚，不管是以前还是现在，我的成绩都是许多人共同努力的结果，我只起到了一定的带头作用。因此我特别珍惜合作，与所有人的合作。合作能为我们创造出一切。"

对于创新，中控有着深刻的理解。20 世纪 90 年代，中国科学院提出技术创新的概念，全国上上下下都对科技创新、科研成果转化非常重视。浙江省对高新技术企业的支持，为中控创造了大好的发展环境。中控早期还承接了"863"计划、"九五"计划、"十五"计划的多个重大创新项目。30年来，中控始终坚持技术创新为主导，认为一个公司要在现代社会中生存和发展，必须不断创新。褚健曾说："在这个不断发展和变化的市场中，什么事情都可能发生。重要的不再是跟踪，而是创新。我们的机会取决于我们能否不断地创新、创新、再创新。我们的命运掌握在自己手中，我们不会在市场竞争中败北，我们只会输给自己。"

通常，企业家在企业文化的形成中发挥着决定性作用。在中控，创始人褚健的责任感和为之奋斗的精神"蔓延"到了中控的每一个角落。正是这种强烈的责任感和为之奋斗的精神，吸引了当时国内工业控制领域很多优秀的人才。谈起当年的奋斗历程，中控原总工程师黄文君至今仍然会不自觉地变得神采飞扬，"和我们作伴的就是方便面、饼干、席子、被子。当时一点没有觉得辛苦，感觉还很好"。"公司之所以能有今天的成就，最关键的一点就是我们汇聚了一批非常优秀的人才。我们所说的人才，不仅仅是技能上的，更应该强调具有'敬业、合作、创新'精神的人才。"

校园文化

除了敬业、合作、创新、奋斗等文化元素，中控还有着明显的"校园文化"特征。中控的"校园文化"突出表现在两个方面：一是中控的上下级员工关系更像师生关系，一是中控人对学习的热爱。由于中控的创业团队有一些曾是褚健、金建祥的学生，他们之间的关系，不像是公司的上下级关系，更像一种师生关系。学生对老师的尊敬逐渐形成中控人对有知识、有技术、有能力的上级领导和老员工的尊敬和认同。很多人在走出校园、走上工作岗位后，受工作、生活的影响，往往学习的时间会越来越少。而中控在热爱学习的老一代中控人的引领下，形成了全员热爱学习的良好风气。中控不仅经常组织员工进行各类图书学习与交流讨论，各部门还根据部门工作特点，形成了各具特色的员工培训、学习和交流方式。在中控早期发行的《中控通讯》《中控家园》等内部期刊中，也时常能看到员工学习后的心得体会。

中控发展的事实证明，校园特征的企业文化在中控早期的发展中，发挥了积极的凝聚作用和驱动作用。创业早期，各方面条件都很艰苦，中控通过给员工传递一份"产业报国"的使命感，提供一个共同奋斗的平台，把一群高学历的知识分子凝聚在一起。这才有了中控几十年持续稳健的发展和如今令人瞩目的成就。从中国工业自动化的冬天，到中国自动化的春天，褚健和他的团队，做出了巨大的贡献，也留下了深深的足迹。

自动化的产业情怀

说到中控的企业文化，"自动化"也是一个不可或缺的元素。中控是随着改革开放的进一步深化而诞生的。中控的发展，代表着中国的自动化领域从研究到产业，从应用到开发，从理论到运用再回到理论的循环过程。中控的创业史，也是中国流程工业自动化控制发展的历史和见证的历史。从读书到创业，以褚健为首的一代中控人的命运始终与"自动化"紧密地联系在一起，褚健对自动化产业，有着不一样的情怀，创立中控的初衷，也是要"振兴民族工业自动化"。这是中控的历史使命，也是褚健的自动化产业情怀。

在中控现在所在的主办公园区——杭州滨江中控科技园建成后，褚健还专门开辟了一块地方，设立了"春晖自动化技术长廊"，主要用于收集自动化行业具有历史纪念意义的物品、资料、图片。"春晖"二字取自浙江大学周春晖教授的名字。周教授是浙江大学自动控制专业的老前辈，代表了浙江大学在自动控制行业的领先地位。另外，"春晖"二字，还寓意着中国自动化的春天来了，代表了老一辈自动化专家、科学家的研究取得了丰硕成果。

2.5　C 观点：科技企业家精神

学者企业家的二元精神

"学者"（scholar）一词作为一个社会学概念，有广义、狭义之分。广义的"学者"是指具有一定学识水平，能在相关领域表达思想、提出见解、引领社会文化潮流的人。狭义的"学者"，又常称为"专家"，是指追求学问、能在自己所在领域做出相应成就之人，即聚焦于专门的领域并从事专业学术研究的人。

"企业家"（entrepreneur）一词源于法文 entreprendre，意思是"敢于承担一切风险和责任而开创并领导一项事业的人"。创新理论鼻祖约瑟夫·熊彼特认为，企业家的本质是创新，其所从事的工作就是"创造性破坏"。"现代管理学之父"德鲁克在其《创新与企业家精神》一书中，首次将实践创新与企业家精神视为所有企业和机构有组织、有目的、系统化的工作。他认为创新是企业家的标志，创新是有目的性的，是一门学科，创新是否成功不在于它是否新颖、巧妙或具有科学内涵，而在于它是否能够赢得市场。

从学者和企业家两个词的含义可以看出：学者主要是研究所在领域的问题，探索新知识、新技术，并总结出一般规律，作为某一领域的专家，学者对所研究领域的认知较深，专业性较强；企业家是了解需求、发现问题、解决问题，以差异化的产品或服务解决用户问题、满足用户需求的同时，获取商业回报。由于所处的领域和看问题的视角不同、追求的目标不同，很多学者创业很容易陷入"重技术轻市场"的陷阱，导致学者和企业家之间有着深深的鸿沟，难以跨越。

基于近 30 年对大量中国企业样本的研究，本书作者团队发现，中国科技企业在市场竞争中激流勇进，其领导者的科技企业家精神往往具备了理性与冒险的"二元性"特征，在企业形象、战略导向、能力构建、文化塑造等许多维度都体现了互补性和包容性的特征，在企业发展的各个阶段都发挥了核心的内驱作用。

褚健作为曾经的高校教授、行业专家，从科研走向产业，成功跨越科研与产业化之间的鸿沟，身上有着明显的学者和科技企业家的二重性：既有学者的情怀和使命意识，同时又具有典型的科技企业家的创新和冒险意识。创业之前，作为有志向、有抱负、有情怀的青年学者，受产业报国使命意识的驱使，褚健决心走出象牙塔，下海创业；而在创业之后，真正驱使中控不断成功的，则更多的是他作为科技企业家的创新意识和冒险精神，让中控能够抓住不同时期的机遇，实现持续创新和发展。

新时代科技企业家精神

根据当代奥地利学派掌门人伊斯雷尔·柯兹纳的观点，企业家精神是指企业家在创新驱动下，既要承担市场不确定性带来的风险，又要具有捕捉市场机会的能力，以此获取利润的精神。

改革开放以来，中国涌现出了一批优秀的科技企业家。作为新时代构建新发展格局、建设现代化经济体系、推动高质量发展的生力军，他们各自带领企业在时代的长河中激流勇进。若总结他们身上的共性特点，可以发现，底线意识、竞争意识、共富意识、创新意识和使命意识几乎在每一位企业家身上都有所体现。具体来说，主要表现为摆脱"路径依赖"的强烈竞争意识，企业家与员工、全社会"共富"的共富意识，坚持领导企业走创新驱动高质量发展道路的创新意识，诚实守信的强烈底线意识，以及"使命共同体 + 利益共同体"的使命意识。

中控成立的时候，中国的 DCS 市场几乎是国外品牌的天下。而国内虽然也曾经做过这方面的尝试，投入大量的人力、物力和财力，投资几千万协同攻关开发，但都失败了。面对如此艰难的境况，褚健却毅然选择了走自主创新的道路。当时能够支撑中控开发 DCS 的，除了金建祥此前开发的一个工控机，就是一群年轻人的澎湃激情。作为工业控制方面的研究专家，褚健理解 DCS 背后的技术逻辑，虽然只有一个不很成熟的工控机，但褚健坚持把它作为打响中控品牌的第一炮。企业家的敏锐和冒险精神促使褚健快速做出决定：把全部的精力和希望都押在这个 DCS 雏形上。就这样，金建祥带领几个刚毕业的学生负责硬件开发，潘再生负责软件开发，走上了自主创新的"不归路"。

同时，新时代企业家的使命意识与共富意识也深深鼓舞着当时的创业团队。留学日本的所见所闻与当时国内自动化市场被国外厂家完全垄断的现状都让褚健这位"书生"有着深深的危机感与使命感。开始创业后，当团队中仍有人在做代理还是开发自有产品之间摇摆时，褚健毅然决然选择了自主开发产品这条路。他说："如果我们不做，中国工业控制领域将永远没有翻身的机会。"当有人讥笑他"痴人说梦"时，不服输的他只是倔强地回复一句："国外有，为什么我们自己就开发不出来呢?"正是褚健这样兼具竞争与冒险、创新与使命意识的科技企业家，在那个时代，以自己的青春和热血，书写出了"振兴民族工业自动化"的鸿篇巨制。

跨越长江黄河

吴晓波： 改革开放初期，中国出现了大量企业家创业。过去 30 年，
我们团队主要跟踪研究中国优秀企业的发展历程，总结它
们从追赶到超越追赶过程中的优秀管理实践，并提出中国
人自己的管理理论体系——C 理论。我们也很想了解中控
作为高校的科研团队创业有哪些优秀的实践。从基因上来
说，中控是不是会有一些不同之处？

褚　健： 我们当时对民营企业不了解，我们知道科研和产业之间有
一个鸿沟。一方面，很多学校的科研水平很高，发表了很
多高级别的学术论文，也有很多研究成果，却很难将其产
业化，研究成果无法实现其商业价值。另一方面，企业创
新和发展需要科研成果支撑，但是当时大学生很少，很多
企业科研能力较弱，所以企业的创新很难。我们当时不懂
销售，也不懂企业管理，市场在哪里也不知道。我们都是
搞科研的人，唯一的优势就是研发能力比一般企业强。所以
一开始我们就觉得应该发挥自己的优势，从技术上取得突破。
也正因此，中控创立 30 年来，一直坚持高比例技术投入。
从 1993 年成立到现在，中控每年都会有一个重大的研究
成果。

1996 年，我们已经有了一点进步，取得了一点成果，解决
了一些问题，比如冗余问题、可靠性问题、可用性问题。
我们的东西也慢慢被市场所接受。国家也意识到这件事的

重要性。"七五""八五"期间，国家投了很多钱，希望在大投入下把 DCS 系统攻克，但 10 年都没做成。当时参与技术攻关的单位包括上海自动化仪表研究所、重庆工业自动化仪表研究所等几家机械部正厅级研究单位，以及由民主德国援建的西安仪表厂，可以说都是当时最强的仪表研究单位，但都没做成。在看到我们的研究有了一些成果、有一些基础后，国家给了我们一个"九五"攻关项目。

也许这是我们创业与普通民营企业的不同吧。

吴晓波：根据我们的了解，20 世纪 90 年代初期，大学教授创业的情况并不多见。当时在很多人看来，干企业这种事情，好像并不是教授应该做的事情，教授应该聚焦科研。而你们能够坚持从科研出发直至走向产业化，你认为你们有哪些与众不同的地方？

褚　健：不居其位，不谋其政。如果我在学校，我就会思考学校的事儿，比如学科怎么发展、人才怎么培养、应该培养什么样的学生。如果我到公司，我就觉得公司应该考虑怎么占领市场、什么产品质量好、怎么服务到位、怎么树立品牌。如果你在公司，又想着要出科研成果，要做科研项目，那就错位了。教授就是教授，企业就是企业。

吴晓波：从创新的视角来看，科研和商业都属于创新链条，但处在不同的环节。通常科研处在上游，产业处在下游。从技术专业性方面来看，你跟社会上那些企业家确实存在不同。作为技术专家，你会不会比一般企业家能更好地处理上游技术与下游商业的衔接问题？

褚 健：前几天看了一篇文章，其核心观点是：中国存在科研界与产业界的概念，美国不存在这个概念。科研有科研的规律，商业有商业的逻辑，两者之间，有一个巨大的鸿沟。科研和产业像是长江和黄河，它们是不相交的。发达国家的科学研究就是为了社会的进步，市场、企业、技术都在一个主流上。我们现在就像是长江、黄河，两条合不到一起来。想要从长江到黄河，需要架起一座桥梁。我的优势就是本来就了解黄河，现在又在长江里。我本来就有技术基因，就可以把技术思路引入企业中。作为从高校走出来的创业者，我既明白科研的规律，又懂得商业的逻辑，这是我独有的优势，是我创业成功的秘密。所以我创业的初衷，就是要做科研和商业之间的桥梁。让科研的价值能更好地发挥出来，同时也解决了商业企业所需要的创新技术源头问题。

中控走技术创新的道路，是偶然也是必然。因为以前我们一直在学校从事教学科研，几乎不懂市场、经营、管理、制造、服务等，这些都是靠后来不断学习获得的。在发展过程中我们始终觉得，除了技术创新，我们没有其他任何优势，如果再没有技术上的创新，我们更是什么都没有了。

所以留给我们的路只有一条，那就是技术创新。

第二篇
决心：向上突破

目前我们在国内中小项目的争取上已经取得了很大成功,在早期的时候,我们采用的"农村包围城市"这一策略是相当成功和正确的。但随着我们实力的不断增强,如果把工作重点继续放在攻占小项目上已经不合时宜。只做中小项目,一方面经济效益差,另一方面公司规模很难扩大,不利于企业形象的提升。过去几年,我们已经在争取重大项目方面做了一定的工作,但力度还不够。今年对整个市场策略的调整,是在巩固中低端用户市场的同时,在重大项目上投入更多的精力,进一步挖掘市场潜力,为公司未来几年的发展打下良好的基础。争取重大项目意义非常重大。中小项目的用户要求较低,而重大项目要求高,所以拓展重大项目市场对我们通过外部压力提高自身素质、提升自身实力是大有裨益的。

——《展望 2002 年》,时任常务副总裁金建祥访谈录

2001 年,中国正式加入世界贸易组织(World Trade Organization,WTO)。

世界贸易组织与世界银行、国际货币基金组织并称为现今全球最具广泛性的三大国际经济组织,其主要职能包括:制定并监督执行国际经贸规则、组织各成员进行开放市场的谈判、建立成员间的争端解决机制。邓小平同志曾说过,"中国的发展离不开世界","关起门来搞建设是不能成功的"。基于这样的理念,中国开启了漫长的加入世界贸易组织的谈判之路,并于 2001 年得尝夙愿。中国加入世界贸易组织,不仅改变了全球的经济发展格局,带动了经济全球化,促进了世界范围内的产业结构调整进一步深化,也给改革开放以来快速发展的中国经济带来了新的变化。一方面,开放的全球经济市场为中国提供了更多引进外资的条件和机会,给中国企业带来了更多的国际贸易机会和更低价格的进口原材料,降低了某些企业的生产成本,从而提高了它们的竞争能力。另一方面,加入世界贸易组织,进口商品的关税将会大幅下降,外国商品进入中国市场的价格也随之下降,这意味着中国商品将面临更为激烈的竞争和挑战。

第 3 章　十年磨一剑

2007 年初，国内自动化业界传来了一个振奋人心的消息：中控获得中国石油化工股份有限公司武汉分公司（以下简称：武汉石化）"油品质量升级炼油改造工程"的项目合同。该项目包括 4 套装置，500 万吨 / 年常减压、190 万吨 / 年煤、汽柴油加氢精制、120 万吨 / 年延迟焦化和 6 万吨 / 年硫黄回收。中控中标该项目，标志着国产 DCS 首次进入 500 万吨级炼油装置，更标志着高端市场核心装置 DCS 被国外厂商全面垄断的时代结束了。

3.1　打磨利器

进军高端市场核心装置

创业初期，中控在中国自动化产业相对低迷之时切入市场，采取"农村包围城市"的市场战略，以"自动化技术、软件技术、网络技术"作为公司的技术主线，开发并集成高附加值的自动化技术和产品，致力于帮助中小企业、中小装置实现工业自动化，为中国中小流程工业企业的快速、稳健发展提供技术保障。凭借 JX-300XP、ECS-100 等 DCS 产品，中控赢得了国内化工、石化、电力和冶金等行业客户的普遍认可。在当时，很多跨国公司更偏好高端市场，这给了中控这样初创的本土小企业生存的机会和空间。

研发是中控的生命线。怀着"振兴民族工业自动化"的初心，中控自成立以来，对研发投入毫不吝啬，长期保持研发人数占公司人数的 25%~35%，研发经费不低于销售额的 8%。创业十余年，一款又一款 DCS 产品的推出，以及产品性能和功能的持续升级，都是中控自主创新的成果体现。到中国加入世界贸易组织的 2001 年前后，中控不仅打破了国外企业长期垄断我国流程工业自动化领域的局面，更是让 DCS 价格降为原来的三分之一左右。

然而，随着中控 DCS 在可靠性、功能、品牌知名度等方面不断提升，中控面临的竞争压力也越来越大。一方面，随着中国经济的发展，产业逐渐呈现集中化趋势，小项目越来越少，大规模项目越来越多。另一方面，跨国公司对中控的防范大大加强，甚至在一些大企业的项目招标中使用各种手段排挤中控。为了扭转这种被动的局面，在对未来的经济形势做了全面的分析后，2002 年，中控决定进行全面战略转型：在巩固好原来中小企业、中小装置的基础上，进军高端市场核心装置，争取在流程工业主流客户、核心装置上与国际一流厂商同台竞争。中控梳理了三方面的目标定位：一是在稳定现有市场的基础上积极争取重大项目；二是在立足国内市场的基础上拓展国际市场；三是在发展主业的基础上积极寻求新的增长点。这种以攻为守的战略选择，再次激发了中控人的战斗热情，给中控注入了新的发展动力。而武汉石化项目正是中控向高端市场核心装置迈出的第一步。

ECS-700：DCS 拳头产品

进军高端客户主流装置的战略决策，给中控的产品研发提出了新的要求。

客观地说，大石化、大化工、大化肥等流程工业自动化都在朝着大型化、联合化、一体化方向发展，中控原有的控制系统在软件性能、行业需求、配置灵活性、技术规范性、功能配置等方面，与很多大型生产控制的要求还有一定的差距。但既然公司提出进军高端市场核心装置的战略转型，那就应该有能满足高端客户核心装置的产品。在褚健心里，他一直坚信创新是企业的灵魂，是企业发展的原动力。企业要树立精品意识，要有打造精品的决心和勇气。时任董事长金建祥的看法是："在高端用户面前，更多的要靠实力、靠规范、靠技术来支撑。高端系统的研发是实现进军高端、战略重心转移的关键，务必取得竞争对手不具备的能力。"时任公司副总工程师谭彰也提出："从产品的适用性，到结构外观、软件功能、细节设计的品质、UI（用户界面）等，都需要一个高端产品、精品去支撑。"可见，中控人对产品的质量和性能有着一致的认识，都明白企业要赢得客户，需要靠产品的性能、功能和质量。在综合考虑公司战略发展和进一步满足大型生产装置的控制要求后，2005 年，中控开始策划研制新一代面向大型装置的 DCS：ECS-700。

为了确保产品能更好地满足客户的实际需求，中控的研发团队组织全面调研市场需求。他们不仅通过与市场部门、工程部门的紧密配合，走近客户，走访中石化 SEI（中国石化工程建设公司）、设计院，深入现场，研究大石化、大化工、大化肥等联合装置的应用需求，邀请中石化操作工讲解日常操作习惯等方式全面了解客户需求。研发团队在充分的市场调研和对国外同类高端系统深入分析的基础上，确定了产品的整体框架。在时任公司总设计师黄文君看来："在通过充分的市场调研和对自身基础技术的综合分析后，我们确定了新一代系统的研发目标：新系统要做模块化结构，不仅要在硬件功能上具有高可靠性、抗干扰能力强、功能先进、容错能力强、性价比高等优点；造型设计、外形品质等均要达到精品标准。并且在软件的稳定性、使用规模、环境适应性、行业适用性等方面，都要走在行业前列。"

中控对 ECS-700 的基本定位是基于海量数据的实时双向、点对点高速通信，任何时候都不能有数据碰撞或丢失（丢包）。其中，首先要解决的问题就是大型实时数据库和高速实时通信网络。说起来简单，但真正要开发高端控制系统，任务是十分艰巨和困难的，必须同时满足高安全性、高可靠性、高适应性、大规模化的特征要求。好在中控早在 2000 年就开始对控制系统的高端技术进行预研和储备，先后突破了多个自主可控技术，包括自主硬件、自主微内核、自主协议栈、自主控制算法、大规模网络与软件技术、现场总线一体化控制与管理、硬件复杂失效与诊断技术等核心技术，打破了产品规模化应用的障碍与性能瓶颈。在 ECS-700 的研发过程中，中控研发团队又进一步攻克了大型控制系统多人组态、在线下载和增量发布技术，大幅提升现场工程实施效率，降低现场实施的工程组态与管理工作量。为了满足超大规模项目需求,中控还突破了规模应用下的组网、数据处理、软件交互等关键技术,实现大型项目分域安全隔离与管理、信息网与控制网融合、多项目连接等核心功能,达到单域 4 万点、支持 16 操作域 /60 控制域的大规模应用能力。"新一代高端控制系统的研发过程,也是对一个又一个技术难题进行攻克的过程。"时任公司副总设计师裘坤说。2006 年,英特尔公司在测试中控的实时数据库性能后,给出其"并发数及响应时间等性能均处于国际领先"的结论,其中包括后来成为国际标准的 EPA(用于工业自动化的以太网)技术。

为了更好地满足高端市场对产品的需求,更好地服务高端市场,ECS-700 产品不仅在产品性能、功能、可靠性上实现了重大提升和突破,还通过与德国菲尼克斯公司合作,从产品外观设计上进行全面提升。用金建祥的话说,"为了提高产品档次,我们在新系统开发上的投入力度前所未有",目标是"我们要把中控的 DCS 打造成精品"。

经过两年拼搏奋战,2007 年 9 月,中控 ECS-700 大规模联合控制系统终于在上海多国仪器仪表展览会上正式亮相并推向市场。该系统完全针对大规模系统,I/O(输入 / 输出)点可达 50000 点以上,适合于任何重大工程,在当时可以说是中控成立以来取得的最大技术和系统的突破。从技术视角来看,ECS-700 全面吸取了中控 10 多年来在冗余技术、I/O 卡设计技术、多总线兼容技术、数据库和软件技术等领域的技术积累,其独立设置和冗余架构设计,大幅度降低了装置的误报警和潜在事故概率,提高了安全性、可靠性和可维护性。可以说它是中控厚积薄发,从量变到质变的代表。

随着产品的升级，中控逐渐在千万吨级炼油、大化肥装置、百万吨乙烯等国家重大工程领域取得重大突破，并逐步成为中石化、中石油的主力供应商，彻底打破了国外产品在中高端控制系统领域的垄断。从 2008 年 ECS-700 通过塔河石化项目首次进入中石化，到 2014 年中标世界级超大型煤化工项目中天合创，一路走来，ECS-700 取得了辉煌卓著的业绩。2014 年，以赖晓健、裘坤、谭彰、陆卫军、陈宇为代表的 ECS-700 开发项目团队，因为在产品开发中的突出表现，获得了 2014 年度"中控特别贡献奖"。

在打造精品产品的基础上，中控还提出了"行业研发战略"，即在基础型产品的基础上，针对不同的行业市场研发应用软件，规范工程和售后服务，推出专业化的行业解决方案，提供个性化的行业服务。中控每年会根据技术进步对产品进行技术升级和改进。就拿 ECS-700 来说，十几年来，中控持续对该产品进行打磨，累计投入研发费用已经超过数亿元人民币，可谓十年磨一剑。

3.2　守住安全防线

如果说中控 ECS-700 的开发是"十年磨一剑"，那么，中控 SIS（Safety Instrumented System）系列产品的打磨，更彰显了中控人的工匠精神。

对于石油、石化、化工等流程工业企业而言，安全是头等大事。在流程工业的控制系统中，通常会有 DCS 和 SIS 两套相互独立的系统。DCS 是负责过程控制的动态系统，其核心作用是通过对流程工业生产中的过程变量进行连续检测、运算和控制，保证生产装置平稳运行，并确保产品质量和产品性能符合要求。SIS 则是一套静态系统，其核心作用是通过对控制系统中的检测结果实施报警、调节、停机控制来保障生产安全。在生产运行处于正常状态时，SIS 会始终监视生产装置的运行情况，系统输出不变，对生产过程不产生影响。当工况出现异常情况时，SIS 将按照预先设计的逻辑进行运算，如果识别出潜在的危险，SIS 会直接执行预定程序，发出警告、主动干预并发出执行命令，使生产装置安全联锁或停车，防止事故的发生，降低事故带来的危害及影响。

SIS 的核心组成包括传感器、逻辑运算器和最终执行元件。通常，SIS 以分散控制系统为基础，采用先进、适用、有效的专业计算方法，提高机组运行的可靠性。在生产过程的监控和管理、故障诊断和分析、性能计算和分析、生产调度、生产优化等业务过程中，SIS 的优势明显。SIS 开发的技术难点在于确保性能水平满足 SIL（安全仪表系统完整性等级）的功能完整性要求，即需要通过 SIL 认证，确保可以满足过程危险的可容忍风险。

在 2010 年之前，国内 SIS 市场主要依赖进口。中控的 SIS 研发最早从 2011 年开始，庞欣然作为 SIS 开发团队的第一名研发人员，十余年来一直专注于 SIS 产品和技术的研发。经过项目团队两年的攻关，2013 年，项目团队终于攻克技术难关，进入 SIS 产品开发阶段。

2015 年，中控第一款 SIS 产品 TCS-900 安全仪表系统获得 TÜV SIL3 认证并正式推出，标志着中控第二大控制产品线的诞生。TCS-900 采用三重化（TMR）和硬件容错（HIFT）的关键安全技术，可在紧急停车系统（ESD）、燃烧管理系统（BMS）、火灾及

气体检测系统（FGS）、大型压缩机组控制系统（CCS）等场合广泛
应用。

2018 年，中控在 TCS-900 的基础上，进一步推出自主研发的
中小型 SIS 产品 TCS-500，并获得 TÜV SÜD 的 SIL3 认证。TCS-500
采用四重化或两重化构架的关键技术，可在油气、石化、精细化
工、煤化工、制药等领域的紧急停车系统和火灾及气体检测系统中
应用。

经过近 10 年的发展，如今，中控 SIS 产品已经在中石油、中石
化等大型石化企业的各类装置中获得广泛应用。2020 年至 2022 年，
中控 SIS 在国内市场占有率分别为 21.2%、25.7%、29.0%。2022 年，
中控签署创立以来框架合同金额最大的裕龙石化炼化一体化项目，
在该项目中，中控 SIS 首次实现全厂性应用，对 SIS 市场地位的全面
超越、替代进口产品具有里程碑意义。

3.3　抢占制高点

随着 ECS-700、TCS-900 等拳头产品和多款多系列现场仪表产
品的推出，中控的产品体系逐步完善，随之也带动市场节节突破。
2007 年，以成功中标中石化武汉分公司 500 万吨 / 年炼油项目为标
志，中控 DCS 首次为大型客户提供核心装置，敲开了高端市场大门。
2007 年 9 月，随着新一代 ECS-700 大规模联合控制系统在上海多国
仪器仪表展览会上震撼发布，中控正式吹响了全面进军高端客户核
心装置的号角，并先后突破了千万吨炼油和百万吨乙烯这两大代表
性大项目，顺利抢占了流程工业自动化控制的技术制高点。之后，

中控的业绩开始在国内市场一路向前。

长岭石化：第一个千万吨炼油装置

长岭石化是中石化著名石化基地，于 20 世纪 60 年代末建厂。随着中国经济发展，石化产品的需求也出现增长，中石化计划于 2009—2011 年对长岭石化进行改造和扩建，在原有基础上再增加 800 万吨 / 年原油加工处理能力，即改造后原油加工能力达到 1050 万吨 / 年。该项目于 2008 年由国家批准建设，整套装置的 DCS 采用招标的方式采购。

为此，中控成立了由商务、研发和工程组成的专业售前团队来争取该项目机会。其中朱慧君作为商务代表、魏传作为工程代表，在售前团队担负主要责任。当时，长岭石化负责 DCS 等相关产品的技术选型和应用问题的是许良能先生。许良能先生已过退休年龄，是作为德高望重的技术专家，被长岭石化返聘为该项目的仪表自动化高级顾问。

为了争取许老先生的支持，中控团队在对项目做了全面系统的前期调研后，以 ECS-700 为基础，准备了专业的技术方案。魏传因为此前曾经在一家石化企业作为业主实施过千万吨炼油项目，对实施的各个阶段、设计输出资料、组态要求有过全面总结，加上中控在大量石化项目中积累的实施经验，也已经形成了标准和规范的项目实施流程，中控的方案得到了许老先生的认同和支持。最终，中控以 ECS-700 专业的技术方案、有竞争力的报价，加上此前在中石化积累的良好口碑，成功中标。

在该项目中，由中控负责实施的部分包括 170 万吨 / 年渣油加氢处理、5 万标米 ^{3}/ 时制氢、260 万吨 / 年汽柴油加氢、70 万吨 / 年催化重整、800 万吨 / 年常减压、120 万吨 / 年催化汽油吸附脱硫、6 万吨 / 年硫黄回收等九大装置，是典型的大型炼油联合装置项目，I/O 测点 8000 余点。在项目实施中，金建祥对项目团队说："进军高端市场，犹如推着石头爬山。要么就一次性推上去，到山顶就成功了；要么就是推不动，爬到一半没力气，那么这块石头就会倒过来把我们带回到谷底。而且，在很多年内都没有机会再次进入石化高端系统。"也就是说，在任何一个高端项目施工中，只许成功，不许失败！

项目施工期间，时任国家科技部副部长杜占元、科技部高新司副司长胡世辉曾考察项目现场，在听取了金建祥的工作汇报后，杜占元对中控 DCS 的研发、安装、调试过程，以及中控人所表现出来的敬业、合作精神予以高度赞扬。他指出："这个项目是实现依靠自主创新支持经济发展的成功典范，成绩令人振奋；希望各方面进一步总结工作经验，深化产学研合作，加强技术创新，开拓工作思路，力争取得更大突破。"

经过一年多的紧张施工，2010 年 11 月 22 日，由中控实施并全程保运的中石化长岭分公司千万吨级大炼油改扩建项目九大装置一次性开车投运成功，并于 11 月 26 日顺利通过业主方验收。

长岭石化千万吨炼油项目控制系统的成功应用，不仅对中控进军高端市场具有里程碑意义，也是国产控制系统在千万吨级大炼油项目上应用的历史性突破。该项目打破了国外厂商对千万吨炼油项目 DCS 系统的垄断，进一步巩固了国产 DCS 系统在大炼油工程中的地位。

中天合创：突破煤制烯烃天花板

在长岭石化千万吨炼油项目成功实施后，中控 ECS-700 控制系统表现出的优异性能和功能受到业内普遍关注。此后，中控又连续成功实施了北海炼化、川维醋酸乙烯、茂名石化、安庆石化、扬子石化、石家庄炼化等一批大型管控一体化 DCS 项目，在高端客户核心装置上积累了很多成熟的项目经验。

2014 年农历大年三十，从中国石化国际事业有限公司传来喜讯，中控一举中标中天合创鄂尔多斯煤炭深加工示范项目（以下简称：中天合创项目）全厂 DCS 系统，令人欢欣鼓舞，而历时 3 年的项目争取阶段也终于画上一个圆满的句号。

中天合创能源有限公司是集煤炭、煤化工产品和电力生产为一体的特大型煤炭深加工现代化企业，拥有国内一流、国际先进、安全高效的现代化、数字化矿井。2011 年，中控呼和浩特事业部得到消息：鄂尔多斯将有一个国内最大、中国石化参与投资的煤化工项目。该项目是世界最大的甲醇（2×180 万吨 / 年）制烯烃装置、最完整的聚烯烃工艺包、最大的中央控制室操作间（2200 平方米）……实配 I/O 通道逾 17 万点。无论规模、产能还是复杂性，该项目都可以说是巨型项目，在全国自动化行业具有划时代的重大意义。

得到消息的中控营销总部当机立断，任命公司行业业务总监申屠久洪担任项目组组长，迅速成立了包括营销、技术、工程、采购等跨部门成员的售前项目组。同时，公司对此项目也高度重视，公司原高级副总裁沈辉亲自参与项目组，并展开各项工作。

中天合创项目的装置包括甲醇、烯烃、公用工程、热电设施四大区域。对于世界级规模的中天合创项目来说，用户关注更多的显然是系统规模和应用业绩，而当时中控 DCS 系统虽已陆续应用于中石化多套炼油装置，但与中天合创项目规模存在较大差距，这显然让用户心存顾虑。

随着工作的开展，用户逐渐全方面地了解了中控，加之中石化重视国产化的大环境，甲方业主开始松动，同意考虑中控入围公用工程和热电装置，但甲醇、烯烃主装置 DCS 系统还是希望使用进口设备。针对当时这种情况，2012 年开始，时任项目组长、中控行业业务总监申屠久洪带领项目组多次拜访客户。以时任中控副总工程师张清为主的技术组提出的技术方案，在与设计院、用户专家的多次技术交流中逐步得到认可。2013 年夏天，顶着宁波连续多日的40℃高温天气，中控项目技术组根据项目要求，与设计院、甲方业主举行了两轮技术协议三方谈判。第一轮技术交流中，中控被排在最后一家交流；而在第二轮开始前，甲方业主和设计院一致提出让中控作为第一家进行交流。显然在第一轮谈判中，中控的方案得到了甲方业主和设计院的一致认可。最终，中控的技术方案和标书质量赢得评标专家的高度认同，成功中标。

在该项目之前，国产控制系统在大型现代煤化工、乙烯项目上没有整体应用案例，主要是由于国产 DCS 与进口产品相比，大规模联合生产控制与管理模式的应用实践相对缺乏，产品行业应用的规模性和使用习惯等方面存在不足。针对以上不足，中控进行了针对性的开发与研究。另外，在项目的实施过程中，中控与甲方业主单位、设计单位和工程建设单位分别从项目设计、系统研发、现场测试、开车投用等方面进行了联合技术攻关。

当然，中控团队也遇到了不少挑战。其中包括同步时钟的原设计采用国外 GPS（全球定位系统）卫星信号，存在网络安全风险。在国产 DCS 系统开发时，更改为国产北斗同步时钟。另外，由于早期关于信息安全的国家法律法规和行业标准尚未发布，中天合创项目采用进口品牌防火墙进行边界防护，根据新的信息安全的国家法律法规和行业标准，边界防护和 DCS 控制网络安全设置方案等在内的国产化问题也需要妥善解决。

中天合创项目创造了诸多世界之最：最大的中控室操作间（2200平方米），最大的煤制甲醇（2×180 万吨/年）、MTO（甲醇制烯烃）后续的聚烯烃合计 137 万吨/年，包含了最全的聚烯烃工艺包（由中石化、埃克森美孚、英力士组合提供）。该项目之后，中控在化工领域将不再有所谓的业绩门槛。中天合创项目由于行业和工艺的特殊性，以及独特的代表性，产生了较大的示范效应。中天合创项目的成功实施，为国产 DCS 在大型复杂化工装置的应用方面提供了关键的平台，使国产 DCS 在大型复杂化工装置的应用上迈出了关键一步，证明中控已跻身于高端市场 DCS 供应商行列，也证明中控的产品解决方案和工程服务能力已经达到世界一流水平。

此后，随着智能制造的推进和智能工厂建设项目的快速增加，中控的业绩也随之快速增长。根据睿工业统计，2023 年度，中控核心产品 DCS 在国内的市场占有率达到 37.8%，连续十三年蝉联国内 DCS 市场占有率第一名，在化工、石化、建材三大行业 DCS 市场占有率均排名第一，可靠性、稳定性、可用性方面均已达到国际先进水平。其中化工领域 DCS 市场占有率为 56.3%，较 2022 年市场占有率提升

1.5 个百分点；石化领域 DCS 市场占有率为 49.3%，较 2022 年市场占有率提升 4.5 个百分点。如图 3-1 所示。

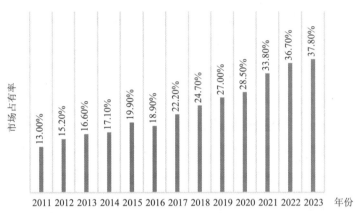

图 3-1　2011—2023 年中控 DCS 国内市场占有率（数据来源：睿工业）

3.4　C 观点：超越追赶

坚持自主创新的技术路线

后发企业通过技术创新获取后发优势以提升竞争力的能力主要包括三个方面：对企业外部技术的吸收和模仿能力，企业内部的技术创新能力，企业探索技术并把它转化为效益的能力。这三个能力的积累有一定的顺序性和迭代关系。在创立初期，企业首先需要具有吸收和模仿外部技术的能力，以通过二次创新，迅速推出产品，从而在市场上立足。随着业务的推进，企业需要积累内部的技术创新能力，并从产品应用端的技术能力逐渐向创新链的上游延伸，最终需要构建企业自身的探索性技术创新能力。

中控在刚成立时，其核心能力既有企业创业团队自身的技术创新能力，也有吸收和模仿外部产品开发技术的能力。由于初期缺乏品牌影响力、市场营销和工程实施能力，中控在消化吸收国外产品技术的基础上，日夜攻坚快速开发出自己的第一代 DCS 产品，并选择了以进入中小企业、中小装置控制系统作为公司的市场和产品战略方向。

此后，中控结合新技术的发展和市场的需求，一边逐步积累和提升自身的技术创新能力，一边迭代升级和系列化产品。在"敬业、合作、创新"文化的牵引下，中控一直很重视自主创新，坚持走自主创新的道路，希望通过新技术的探索，打破对世界一流企业技术范式的路径依赖，走出一条不一样的技术路线。经过多年的努力，中控不断创新迭代产品与服务，打破了国外技术垄断与技术壁垒，率先实现了自动化领域我国主导制定国际标准的零突破，带动了我国仪器仪表产业的全面技术进步，在与国际一流企业的正面竞争中，赢得了节节胜利。

实现追赶与超越追赶

"追赶"的概念最早是由美国经济史学家亚历山大·格申克龙在著作《经济落后的历史透视》（*Economic Backwardness in Historical Perspective*）中提出，他认为落后国家具备后发优势，存在追赶先进国家的可能。落后国家通过借鉴先进国家的成功经验，引进其技术、设备与人才等，可以在一个较高的起点上推进国内工业化进程，从而缩短研发周期、降低研发风险等。由此，"追赶"这个概念在经济学领域被广泛应用于国家之间缩小差距。

此后，学者们进一步将"追赶"的概念从国家层面应用到企业层面。发展中国家的多数企业在国际市场上面临技术和市场的双重劣势，需要通过工艺技术学习与产品技术学习提升竞争优势。改革开放以来，中国一大批后发企业快速崛起，在不断的技术学习过程中积累了技术能力，加强了自主创新，逐渐从"追赶"到"赶超"，最终实现"超越追赶"。

比较"追赶"和"超越追赶"可以发现，"追赶"一词隐含的一个重要假设是后发者前面有一个"领先者"，后发者通过能力积累缩小差距，当达到、超越一定的指标，就可被认为实现了"赶超"。"追赶"是大量后发企业所遵循的发展规律，即在原有技术范式体系内的追赶。从技术体系演化的动态视角看，受限于领先者的成熟技术范式，追赶者容易陷入追赶陷阱。而"超越追赶"是指后发企业主动去创造新的范式，并能让不同行业、地区或其他企业认同这个范式，在这个新造就的范式上前行，即实现从后发者向领先者的转变。如图 3-2 所示。

总结众多中国领先企业从追赶到赶超再到最终实现超越追赶的成功经验，可以发现，中国企业赢得后发优势有其独特的路径与模式——"超越追赶"，即强调跳出既定技术轨迹与既定技术范式，构建穿越技术周期的竞争优势。后发企业不仅要紧盯领先者进行追赶，还要提升组织的技术视野，在进行现有范式的渐进式创新时，超越现有的追赶轨迹，用更高、更宽、更前瞻的技术视野和布局开展技术创新，抓住新的技术轨迹带来的范式转变的"机会窗口"，实现对领先者的超越。

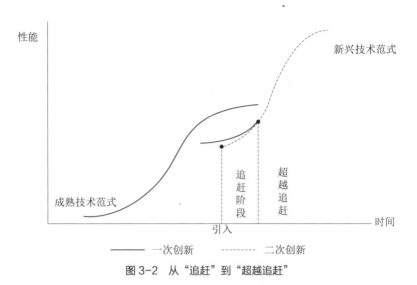

图 3-2　从"追赶"到"超越追赶"

　　面对中国加入世界贸易组织带来的市场机会窗口，中控全面调整战略，做出进军高端市场、核心装置的决定。2007 年中控自主创新、自主设计、自主施工的 DCS 在武汉石化 500 万吨炼油项目上的成功运行，是"中国大脑"首次打破国外公司对中国石化核心装置控制系统的垄断。该项目破除了用户对国外产品的迷信，跳出了既定的技术轨迹与可能存在的追赶陷阱，树立了用户对国产装备的信心，成功实现了"超越追赶"。随后，中控又与长岭石化一起，成功将国产 DCS 应用于第一套大型炼油联合装置。随着重大项目的接连突破，中控 DCS 在国内市场逐步成长为行业引领者。

　　同时，中控不仅在核心装置上实现超越追赶，在控制领域国际标准上也成功打破国外垄断，实现质的提升与飞跃。2005 年，中控把以太网技术国家标准上升为中国第一个具有自主知识产权的工业自动化国际标准；2007 年，"新一代控制系统高性能现场总线—

EPA"正式成为国际标准，这也是中国第一个被国际认可的工业自动化标准。该标准也荣获了 2009 年国家技术发明二等奖。清华大学精密仪器系教授、中国工程院院士金国藩曾如此评价："具有自主知识产权的 EPA 实时以太网标准的制定及其进入国际标准行列，使我国自动化行业在某些领域初步具备与国际跨国集团平等对话的权利。"

第4章　卓越品质

细节决定成败。中控对产品细节的挑剔，可以说到了苛刻的程度。一个元器件插得正不正、齐不齐都会有要求。公司以前发给用户的产品包装箱，最开始是用木条子钉的。褚健认为，要成为中国的霍尼韦尔，就要从人家的一点一滴学起，连外包装也不能例外。为此，他要求中控把木条箱全部改为七合板箱。原来包装箱上的文字是用毛笔字写的，后来褚健觉得这样也显得不够正规，于是要求"凡是固定的文字，都用模板或喷漆书写"。

4.1　从质量理念到质量战略

从高速发展到高质量发展

对于质量的定义，企业界和学术界有很多说法。质量大师戴明认为："质量是客户感受到的东西，客户是生产线中最重要的一部分。"质量大师朱兰认为："质量是一种合用性，即产品在使用期间能满足使用者的要求。"质量大师菲利浦·克劳士比认为："质量即符合要求，而不是好。质量是用不符合要求的代价来衡量的，而不是用指标来衡量的。"质量大师、全面质量管理的提出者费根堡姆认为："质量并非意味着最佳，而是客户使用和售价的最佳。"质量大师石川馨认为："标准不是决策的最终来源，客户满意才是。"质量思想的创始者、管理学大师德鲁克认为："客户决定了一个企业的生存，也将会决定一个公司的未来。"国际标准化组织在 ISO 9000：2008 中给出了一个被广泛接受的质量定义："一组固有特性满足要求的程度。"ISO 9000：2015 中进一步修改为："客体的一组固有特性满足要求的程度。"

质量百年，人们对质量的认识逐渐加深：质量是客体的一组固有特性满足要求的程度，它是一个企业生存的基础。只有满足需求的产品，才会被认为是质量好的产品。质量是由客户定义的，企业应该站在客户的视角来看待质量问题。把客户的需求放在首位，为客户创造价值是质量的本质追求。

改革开放 40 多年来，中国经济从高速发展走向高质量发展。在改革开放初期，企业发展主要追求规模和数量，这导致了严重的产能过剩和产品同质化，企业发展难以为继。于是，企业开始寻求从速度规模型向质量效益型转型，企业竞争的核心越来越体现在质量竞争上。在短缺经济时代，产品供不应求，只要追求规模和速度，产品基本满足需求，企业就可以赚很多钱。但在过剩经济时代，供给远大于需求，低价低质的竞争会让企业自取灭亡。我国企业早期普遍存在的问题之一就是产品质量不高，往往是依靠低成本带来的价格优势参与国际竞争。2012 年，由国家质检总局提出、国务院批准设立中国质量奖。作为中国质量领域的最高荣誉，该奖设有中国质量奖和中国质量奖提名奖，每两年评选一次，旨在表彰在质量管理模式、管理方法和管理制度领域取得重大创新成就的组织和个人，对我国各个行业的质量管理都具有标杆作用。为了提高企业的质量管理能力，增强自主创新和竞争力，各省也纷纷推出省政府质量奖、省长质量奖等。质量已经逐渐成为企业经营的底线和制胜的法宝。2017 年，党的十九大首次提出高质量发展的概念，自此，中国企业全面走上高质量发展的道路。

　　中控于 2011 年通过杭州市政府质量奖评定，2012 年通过浙江省政府质量奖评定。2022 年，中控凭借《实施 5S 一站式服务平台模式的经验》成为浙江省质量标杆，是浙江省推荐参评中国质量协会质量标杆的 5 家企业之一。2020 年，中控提出并参与浙江省《质量成本管理指南》团体标准编写。2022 年，中控参与《浙江省企业首席质量官培训教材》编写，被评为 2022 年度浙江省质量管理先进集体，为浙江省质量强省建设贡献智慧和力量。

中控质量理念变迁

　　"质量非你所想"是零缺陷理论之父菲利浦·克劳士比著作《质量免费》第二章的章节名。克劳士比认为，质量可能不是人们所想象的东西。质量管理的问题不在于人们不了解，而在于人们自认为了解了。质量管理之所以困难，是因为质量管理者多年成功地从事非质量工作所形成的传统看法与惯性思维。质量管理工作并不是那么简单，质量系统是一个复杂系统。克劳士比还归纳总结了人们常有的 5 个质量错误观念：第一个错误观念，认为质量意味着好、奢侈、光亮，或者分量；第二个错误观念，认为质量是无形的，因此也是无法衡量的；第三个错误观念，认为有一种质量经济学（economics of quality）的存在；第四个错误观念，认为质量的一切问题都是由工人，特别是那些制造工厂的工人所引起的；第五个错误观念，认为质量问题的根源在于质量部门。

质量问题，说到底是"人"的问题。质量非你所想，就是要求负责质量管理的人与负责质量执行的人之间要加强沟通，质量是符合要求，质量人员的职责是应用他们所能控制的方法来衡量是否符合要求。要解决质量问题，首先要做到管理者与执行者对符合要求的理解是一致的。只有理念上一致认同，才能确保质量管理者与执行者目标一致，行为一致，质量才能得到最终的保障。

面对技术先进、资金雄厚的国际巨头的竞争，中控自成立以来，一直坚持"质量是头等大事""把质量作为头等大事来抓"，坚持践行"技术引领、品质为先，为客户提供满意的解决方案与服务"的质量理念和宗旨，坚持夯实质量基础、建设质量团队、实践先进质量管理方法并持续改进。正是全体中控人对质量理念的一致认同、认真坚持和不懈追求，让中控获得了客户的支持和认同，从而超越国际一流企业，成为国内 DCS 市场的引领者。

从最初的质量是检验出来的，到质量是制造出来的，再到如今顾客满意和卓越绩效的质量理念，中控质量理念的变迁历程如图 4–1 所示。

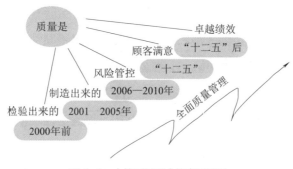

图 4–1　中控质量理念的变迁历程

成立早期，中控对质量的理解是："质量是检验出来的"。为确保产品质量，中控构建了质量三道屏障：基于检测的质量管理、工程部是质量的守护神、服务提升质量口碑。1998 年，ISO 9001 质量管理体系的引入，让中控认识到检验只是对合格产品的筛选，并不能产生质量，更不能提升质量，质量不是检验出来的，而是制造出来的。2007 年，为了配合公司进军高端市场、核心装置的战略，中控引入了质量可靠性工程、软件能力成熟度 CMMI 认证等质量管理工具，这让中控第一次从研发和设计的视角审视质量，从研发设计端构筑硬件产品和软件产品质量，从源头上实现质量问题预防和质量风险管控。

随着数字化时代的到来，中控开始推行全面质量体系建设变革管理，中控质量全面进入卓越质量体系阶段，中控对质量的理解也逐渐提高到顾客满意和卓越绩效层面。为了更好地树立全员质量意识，提升产品和服务质量，中控提出"加强公司信息化建设，通过流程优化、数据挖掘分析，为管理和决策提供客观依据，提高公司整体管理绩效"的战略思想。在该思想的指导下，借助信息化系统，中控对质量数据进行细化，并完善质量数据监测体系，从而形成质量数据收集、分析和发布的信息平台。通过质量问题通报、质量工作协同、质量数据共享、质量信息发布平台，实施监控各业务流程的质量数据，识别主要质量问题，快速采取干预措施。

随着全面质量管理的推行，中控开始从战略视角审视公司的质量文化建设，提出"强化全员质量意识"的战略目标，要求质量相关部门配合公司战略文化主干，建立公司质量文化分支，并以此作为质量工作的精神导向。同时，根据公司业务特点和发展需求，凝练质量价值观和使命感，结合公司各职能模块业务资源和环境配置，明确质量文化的内涵，着重强调质量责任和质量忧患意识。持续营造质量文化和完善激励措施，使质量文化深入人心。随后，中控通过战略分解、全员讨论，明确了中控的质量奖惩，并建立质量文化评价标准、激励机制和质量文化建设团队。在质量部的组织下，中控编制了质量知识学习和培训资料，阶段性开展质量宣传贯彻培训，通过比赛提升宣传贯彻效果。另外，中控还通过建立质量口号、开展质量专题活动、组织质量文化学习、举办质量文化专题活动等方式，营造质量文化，打造质量在人人心中、质量在每个活动、质量无处不在的质量文化氛围。

从早期的质量三道屏障，到 ISO 9001 的引入，再到可靠性工程、全面质量管理和质量无处不在，中控的质量体系建设和质量文化建设一直走在行业的前端。正是多年来对质量的重视，让中控以客户为中心、一切为了客户成功的价值理念落到实处，这也是为什么中控能够站稳中小企业、中小装置，成功进入高端市场、核心装置，多年稳居国内 DCS 市场占有率第一的根本原因。

中控质量战略发展

在过去 30 年的发展中，中控先后引入 ISO 9001 质量管理体系、软件能力成熟度 CMMI 评级认证、可靠性工程，并导入 IE（工业工程）、EPG（工程过程组）、QCC（品管圈）、六西格玛、卓越绩效评价准则等方法和工具，持续进行过程、产品、服务质量的改进，提升客户满意度。经过 30 年的积累沉淀和总结提升，逐渐形成了"持续改进、追求卓越"的质量战略，系统构建了以 ISO 9001 标准为基础，预防为主、源头把关、过程监控、售后跟踪的覆盖产品全生

命周期的质量管理体系。同时，通过应用企业标准体系平台和 BPM
（业务流程管理）、PLM（产品生命周期管理）、OA（办公自动化）等
信息平台，实现质量数据自动采集、实时监控和正反向追溯。可以
说，以 ISO 9001 质量管理体系的导入为起点，中控逐步建立了完善
的质量保障架构，组建了涵盖研发设计、物料采购、生产制造、工程
实施、售后服务等过程的质量团队，并设置了绩效测量分析改进系
统，用系统的管理方法规范销售、设计开发、制造、服务等产品实现
过程和合同履行过程，保证客户订单的交付质量，公司也由此走上全
面规范管理的道路。同时，中控还坚持在各个业务环节，以 PDCA 循
环持续改进流程和质量，每年结合公司的发展变化，动态调整质量手
册、程序文件，将"质量管理体系"标准实实在在地在公司进行实践。

按照企业生命周期理论，企业的发展会经历初创期、成长期、
成熟期、卓越期（持续发展期）等不同发展阶段。企业处在不同发
展阶段，其对应的质量战略也会不同。企业发展阶段与质量战略的
关系如图 4-2 所示。

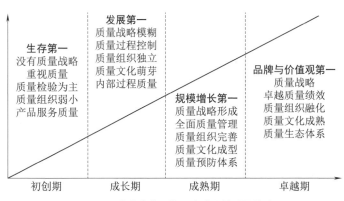

图 4-2　企业生命周期四个阶段的质量战略

如果从时间维度进行划分，从成立至今，中控的质量体系发展大致可分为三个阶段，即质量检验、质量控制和全面质量管理，并逐步迈向第四个阶段：质量卓越绩效阶段。

质量1.0：质量是检验出来的

1993—1997 年，是中控质量 1.0 即质量检验阶段，此阶段的质量管理主要是基于检测和检验的产品质量保障。

由于缺乏对质量的系统认识和专业的质量人才，早期的质量管理缺乏系统、有效的体系和方法，更多的是依赖人的因素，强调员工的责任心，积极发挥人的主观能动性。在产品质量的把控上，更多的是基于检测和检验的质量管理。总结起来，质量1.0 阶段，中控的质量主要通过三道屏障来实现和保障。

第一道屏障：基于检测的产品质量管理。在研发和生产环节，积极发挥员工的质量责任心，把好原材料采购和检验、产品生产和装配过程中的质量关。在产品生产完成后，通过对成品的检测和检验，确保出厂的产品符合基本的质量要求。

第二道屏障：工程部是质量的守护神。没有完美的产品。除了在研发和生产环节严格把守质量关，中控还对工程部提出质量要求，希望工程部能通过规范的工程施工，来规避掉产品的缺陷，确保产品的安全、稳定运行。久而久之，工程部的每一位员工心中都形成了"工程部是质量的守护神"的质量理念。

第三道屏障：服务提升质量口碑。褚健曾说："一路上我们的服务口碑都很好。一开始的时候，我们的东西质量肯定不如人家（国际一流厂商），功能肯定不如人家，性能也不如人家。唯一能做的，就是服务比人家好。如果服务都比不上人家好的话，我们就完了。"正是秉承着这样的服务理念，中控提供了比竞争对手更及时、更优质的服务。也因为有了优质的服务，即便偶尔产品出现一点质量问题，如果没有造成太大损失，客户也都能理解和接受。可以说中控优秀的客户服务弥补了质量最后的一点缺陷，成为客户信任中控、最终选择中控的理由。

质量 2.0：质量是设计出来的

1998—2007 年，是中控质量 2.0 即质量控制阶段，此阶段中控以 ISO 9001 的引入为基础，在研发、生产体系内，树立了事前预防的质量控制理念，从产品设计、原材料采购和生产制造环节全面做好产品质量保证工作。

1997 年前后，随着业务的发展，中控此前基于检测的产品质量管理，已经无法满足客户对质量的要求，在质量管理方面暴露出越来越多的问题。从管理的角度来看，高层领导对质量重视不够，缺乏有效的质量管理流程和规章制度；中层缺乏全面质量管理的理念，更多关注本部门业务，对质量重视不够；员工缺乏质量意识，进而造成极大的质量成本浪费。从产品开发和生产的角度来看，开发工作不彻底，不能及时提供生产所需的资料文档，开发与生产脱节，产品开发缺乏标准化、模块化设计，零部件新品类无序增加，造成资源浪费，也导致采购、生产环节质量问题概率增加。从工程施工的角度来看，DCS 在工程实施过程中，缺少统一的工程规范，导致现场调试过程中的接地规范、接线规范、电源规范、带电插拔卡件规范等问题重复发生。

为了系统解决质量问题，提升公司产品和工程服务质量，全面提升客户满意度，中控在 1998—2007 年间，进行了一系列的质量改进工作。1997 年底，中控引入 ISO 9001 体系，并通过全员培训和学习，提升全体员工的质量意识，不断完善和改进中控的质量体系。1998 年，随着 ISO 9001 质量体系的运行，中控产品质量、开发和生产效率随之逐步提高，并逐渐推出更多适合市场需要的产品，市场占有率也逐步提升。2002 年，中控产品在现场应用中出现了多次因现场干扰导致的故障。为了解决产品的抗干扰能力，中控引入 EMC（电磁兼容性）技术并建立 EMC 实验室，并在产品标准中规定了 DCS 相关的各项 EMC 指标。经供需双方及第三方测试，中控产品的各项 EMC 指标均超过国际通用的欧标 EN 规定的第三级指标（每项指标共分五级，级数越高，性能越好）。中控通过在产品发行前的 EMC 抗干扰性能测试，发现问题及时改进，大大降低了因干扰导致的产品质量问题。此后，中控还陆续引入 GB/T 19022-2003（idt ISO 10012：2003）《测量管理体系 测量过程和测量设备的要求》国家标准、JJF 1112-2003《计量检测体系确认规范》计量技术规范，实施成立工程监理部门，启动工程监理工作等标准和规范，全面提升产品和工程施工质量。2005 年开始，中控先后通过客户满意度内部调查、第三方测评和用户满意度指数（CSI）等手段，对产品和服务的质量满意度进行调查和全面持续改进。

质量 3.0：全面质量管理阶段

2008—2020 年，是中控质量 3.0 即全面质量管理阶段，此阶段中控以客户需求为导向，通过引入质量可靠性工程、完善质量相关的流程制度、推行质量内部管理制度、引入六西格玛管理等工作，建立了全面质量管理体系，满足客户对产品和服务的质量需求。

全面质量管理（TQM）的概念最早是在20世纪60年代由费根堡姆提出，是指组织以质量为中心，以全员参与为基础，通过顾客满意和本组织所有成员及社会受益而达到长期成功的管理途径。企业推行全面质量管理的关键是要做到"三全"，即全面、全员、全过程。全面是指质量管理的对象包括了企业所有的生产经营活动。全员是指企业全体员工都要参与质量管理，并对产品质量各负其责。全过程是指要对从市场调研、研发设计、采购生产到用户服务的整个过程进行质量管理。

时间是最好的质检师，检验出质量的本质。偶尔做出一款好产品不难，难就难在要持续高效产出高质量产品。从1987年美国波多里奇质量奖的卓越绩效模式提出以来，质量已经从产品成功转向组织成功，从质量管理走向质量经营。卓越绩效就是组织经营绩效持续发展的结果。无论时代如何变迁，技术如何颠覆，卓越的组织总能生产或提供高质量产品。组织活力一旦下滑，首先爆发的问题往往也是质量问题。

2002年以来，随着战略全面转型，中控的DCS开始进入高端市场、核心装置，在中石油、中石化等石油石化企业的应用越来越广泛。2007年前后，中控产品出现了出厂前卡件功能、性能测试合格，但到了客户现场突然不合格的现象。比如热电偶卡温度变化不准、抗静电能力不足、卡件腐蚀导致计算机短期内故障频繁等。经过检查分析后发现，主要原因是石油、石化等流程工业的作业环境对设备的耐高温低温性能、抗静电能力、抗腐蚀能力甚至防雷电天气能力都有着非常高的要求，而中控当时的部分零部件在耐温、抗静电、抗腐蚀、防雷电等方面没有做特殊处理。

为了系统解决此类问题，中控研发和生产部门决定引入可靠性工程。根据可靠性工程要求，中控系统构建了风险防范、失效分析、数据统计分析等流程及规范，加强物料导入认证、焊接工艺改进、静电防护、全面防腐工艺等措施，取得了显著的成效。

解决了硬件可靠性问题之后，中控研发中心又进一步导入 CMMI 软件研发质量管理体系，全面提升软件研发过程质量，分别于 2010 年通过 CMMI 3 级评估，于 2014 年通过 CMMI 5 级评估。CMMI 体系的导入，使中控软件的遗留缺陷密度〔每千行代码的 BUG（故障）数量〕两年内下降了 62.5%。2010 年，中控开启质量月活动，并启动供应商现场认证，从源头把控质量。在公司全体员工的共同努力下，中控 2011 年获得杭州市政府质量奖，2012 年获得浙江省政府质量奖。2019 年，中控引入六西格玛质量体系，开始建立面向数字化时代的质量理念和文化，基于客户成功的理念，全面提升产品和服务质量，围绕研发、采购、生产、工程交付，打造面向用户的质量管理体系。

随着质量的持续改进和技术水平的持续提升，中控无论是在技术参数、性能指标方面还是运行稳定可靠方面，都全面赶上甚至局部领先于国际一流企业，流程工业控制产品国内市场占有率连续多年稳居行业第一的位置。整体质量水平可谓脱胎换骨。

质量 4.0：数字化时代的质量卓越绩效阶段

2021 年以来，中控质量管理逐步进入质量 4.0 阶段，通过新一代信息技术融合应用，推动质量管理活动数字化、网络化、智能化升级，增强全生命周期、全价值链、全产业链质量管理能力，提高产品和服务质量，促进公司高质量发展，以匹配工业 4.0 追求卓越绩效的数字化转型。

在卓越绩效模式的基础上，中控推行了全面变革管理，提出"让工业更智能、让生活更轻松"的愿景和使命，引入 IPD（集成产品开发）研发流程，部署了前台作战、中后台赋能的组织模式，建立"为流程工业提供智能制造整体解决方案"的运行机制。在质量管理方面，通过持续的创新和改进，在一站式服务、集成开发、智能制造、精益改进等方面取得突破，逐步打造具有中控特色、助力客户成功的"133 +"质量管理模式，如图 4-3 所示。其中 133 代表一平台三化三全："一平台"即"5S 店 + S2B（Service to Business）平台"一站式工业服务平台；"三化"即为客户提供个性化方案、标准化服务、数字化业务；"三全"即实施全方位、全流程、全要素优化。该模式入选《杭州市质量获奖组织质量管理经验案例汇编》，将优秀的管理经验进行共享，为杭州市企事业的质量管理提升贡献力量。

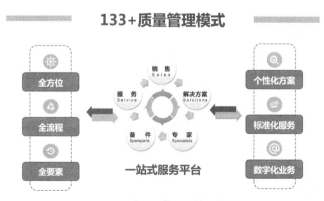

图 4-3 "133+"质量管理模式

4.2　从 ISO 9001 到六西格玛

罗马不是一日建成的，中控的质量体系也不是一蹴而就的。创业早期，中控没有系统的质量管理架构，主要是发挥人的主动性，跟着感觉走。随着业务的拓展，1997 年前后，质量发展已经无法满足中控业务快速发展的需要了。于是，中控开始考虑引入 ISO 9001 质量管理体系。自此，中控的质量管理开始走上科学化管理的道路，企业管理也从人治全面走向法治。在此后的 20 多年中，从 ISO 9001 到 CMMI 评级认证，从可靠性工程到六西格玛，随着一次次管理变革咨询项目的推动，中控的质量水平在一次次的体系建设中逐渐完善。

ISO 9001 质量体系导入：不是为了证书

中控在 1997 年下半年第一次导入 ISO 9001 体系，当时国内导入 ISO 9001 体系的企业很少，用得好的就更少了。很多企业导入 ISO 9001 体系的目的，更多的是利用 ISO 9001 的认证给公司和品牌背书，而在实际工作中，并没有真正认真地贯彻和执行 ISO 9001 体系的具体要求。

但中控 ISO 9001 认证却完全与众不同，中控当时提出导入 ISO 9001 不是为了证书，而是为了通过制度提升质量管理的规范性。褚健、金建祥非常重视这件事，亲自参加了 ISO 9001 的学习、讨论和考试，以实际行动传达了公司对质量管理体系的重视和把体系用好的决心。受两位带头人的影响，中控各个部门也都非常认真地组织了 ISO 9001 的学习、讨论和交流分享，并认真地贯彻执行

ISO 9001 体系的各项要求。研发部更是全员学习过程质量管理，理解质量管理要点，逐步建立产品研发质量管理体系，包括过程管理、版本测试、产品版本发布制度、产品质量基线等。1998 年 5 月，中控顺利通过中国商检（CQC）浙江评审中心的认证审核，并于 1998 年 6 月获得中国商检颁发的 ISO 9001：1994 认证证书。

中控没有把获得认证证书作为一件事情的结束，而是把它作为一个全新的开始。以 ISO 9001 质量管理体系的导入为标志，中控开启了以系统的管理方法规范销售、设计、研发、制造、工程、服务等产品实现过程和合同履行过程的历程，确保每一个项目的高质量交付，并由此走上全面规范化管理的道路。在通过认证评审后，中控结合自己的产品特征和业务模式，起草了第三层质量文件，这对中控此后的长期质量观念影响很大。另外，中控还建立了客户导向的客户投诉流程、产品发布流程、售后质量闭环处理流程、重大质量事件处理流程等，真正做到实现用户价值和用户满意。之后，中控又进一步制定了"质量体系内部审核员工工作条例"，通过坚持每 2~3 个月进行一次内审和创办公司的质量管理简刊《中控质量之声》（季刊），提升全体员工的质量意识，不断完善和改进中控的质量体系。中控各个部门在做事时，都会讲究按照 PDCA 循环的逻辑来开展，根据业务的变化持续改进，每年会结合公司的发展和变化，动态调整质量手册、程序文件，让"质量管理体系"标准实实在在地为公司所用。

随着质量体系的持续改进，质量体系运行的价值和效益与中控产品的质量都随之提高，中控逐渐推出更多适合市场需要的产品，市场占有率也逐步提升。

硬件可靠：可靠性工程的引入

克劳士比在《质量免费》一书中明确提出，质量是免费的，质量提高不等于成本上升。质量就是第一次就把事情做正确，将总成本降至最低。质量管理做好了，综合成本最优。质量管理做得越好，成本越低。

管理者最重要的能力是管理不确定性。拉姆·查兰在《求胜于未知》一书中，将不确定性归结为经营不确定性和结构不确定性两种。经营不确定性通常是在预知范围之内，并且不对原本的格局产生根本性影响；结构不确定性则会改变产业格局，带来根本性影响。质量领域将不确定性称为变异或者波动。根据休哈特和戴明的观点，质量控制的核心就是控制生产过程中的变异。戴明将质量变异产生的原因归纳为特殊原因和一般原因。特殊原因易于识别和纠正，而一般原因是质量设计、过程或系统固有的，只有通过系统优化或者顶层设计才能消除。

2007 年，在进军高端的研发路线中，中控引入了多个技术专项，包括可靠性工程、产品造型设计和标准化设计等，这些工程满足了中控对产品设计、产品研发、产品制造、产品应用过程中的全面可靠性和高标准要求。其中可靠性设计和可靠性工程，使中控开始重视供应链和制造环节，并开始重视 DFT（可测试性设计）、DFM（面向制造的设计）、DFA（面向装配的设计）。

可靠性工程的引入，具有里程碑意义。通过可靠性工程，中控逐步从外包型制造，转为自主制造。可靠性工程大幅提升了中控的产品品质，帮助中控建立了渗透可靠性和质量工程的制造制度、采购制度和研发制度。实施可靠性工程的首要问题是规范供应链供应商论证、采购 PCN（工序改动通知）协议、采购策略制度、供应商合并、原厂溯源论证、静电/潮敏等级等各环节的全面优化，为产品质量提供品质、安全、环保的保障，大大提升元器件质量和品质。加上 DFM 规范的建立，将研发和生产的价值点真正对接，产品的质量和合格率得到大幅提升。

经过一年的努力和实践，中控的研发、采购、生产规范逐渐建立起来。2008 年，中控第一次提出"生产直通率"（一次性完成的合格品比例）的指标。根据统计，2007 年的直通率为 77%，而 2008 年的直通率上升到了 90.1%。在引入可靠性工程后，综合直通率持续提升，至 2018 年，直通率达到 97.82%。

软件稳定：CMMI 保证软件质量

为了规范软件研发过程质量，提升软件研发能力成熟度，中控 2009 年开始导入 CMMI，2010 年通过 CMMI 3 级评估，实现将软件管理和工程过程文档化、标准化，形成标准研发过程体系，并作为三级文件发布和执行。该体系的运行，将项目开发和维护使用纳入经剪裁、经评审的标准过程，让研发过程执行有牵引、可预见。2013 年，中控首次通过 CMMI 4 级高成熟度评估。对软件过程和产品质量详细度量数据的分析，使中控对软件开发过程和产品都有了定量的理解和控制。借助量化项目管理理念，中控还开展了一系列组织目标识别、度量元识别和设计工作，通过一段时间的积累，形成了 20 余条研发过程数据基线，为研发项目过程监控提供了有力的量化数据参考。在项目过程层面，为项目执行问题的早发现、早应对提供了可能，有力保障了项目的高效交付；在组织层面，使产品线质量结论有了客观依据，组织能力能够定量考查，为尽早发现组织层面的质量问题及组织目标达成的定量控制和预测提供了支撑。导入高成熟度模型后，量化管理的理念深入人心，量化管理的方式在项目中广泛应用。尝到甜头的中控定期分析组织能力水平趋势变化，在原有能力水平上持续改进。2014 年，中控首次通过 CMMI 5 级评估（最高级），2018 年、2021 年，中控又先后两次通过 CMMI 5 级复评，在原有量化管理的基础上，实现了组织问题定位的量化识别，组织过程改进焦点实施效果的量化衡量，让产品研发过程改进持续可视化、可衡量，促进研发过程能力不断提升。在不断践行 CMMI 模型理念的过程中，中控积累了丰富的项目执行过程经验，形成了研发经验教训库。中控定期开展经验教训库的梳理，实现了项目经验吸收输入、流程建设优化输出的良性循环。

通过实施 CMMI，中控的研发过程实现了四个转变：由无序管理的研发过程转变为能保证开发质量和进度的规范过程；由依靠项目经理能力的个人英雄主义转变为有规范、有指导的团队作战模式；由经常在项目后期发现问题导致返工转变为在项目前期通过规范的操作、有效的评审降低返工概率减少返工成本；由通过个人经验判断的过程质量转变为通过数据基线与模型来衡量、控制和预测开发过程，提升研发过程质量和产品质量。

六西格玛质量体系的引入

六西格玛的概念最早由摩托罗拉公司的比尔·史密斯提出，旨在降低生产过程中产品及流程的缺陷次数，防止产品变异，提升品质。六西格玛代表每 100 万个产品中，有 3.4 个缺陷，即产品合格率为 99.99966%。作为改善企业质量流程管理的技术，六西格玛以几乎"零缺陷"的完美商业追求，带动质量大幅提升、成本大幅下降，最终实现企业财务成效的提升和竞争力的突破。

2018 年，中控的产品和服务质量水平达到前所未有的高度，中控不愿就此止步。为了更大限度降低质量缺陷和质量水平波动，更快速、准确地分析和解决问题，更好地实现质量成本的大幅降低和财务成效的提升，进一步推进和落实公司的发展战略，中控开始导入六西格玛，向质量零缺陷迈进。

中控的六西格玛在公司高管、各业务部门负责人的高度重视下，在质量管理部的推广和辅导下顺利推行。为了确保项目的有效推进，2019 年中控从研发、生产、工程、管理过程识别并选择了 9 个改进课题，组建了 50 人项目团队进行项目推进。9 个课题包括集成成套产品装箱物资完整性、降低装配返工比例、提升 TCS-900 系列大模块直通率、降低盘柜中接线端头螺钉紧固力矩不良率、减少仓库发料差错次数、提升 QFN（方形扁平无引脚封袋）器件的焊接质量、提升项目集成作业一次通过率、提升 TCS-900 产品代码评审质量、提升项目设计达标率。

经过半年多努力，中控的六西格玛取得了阶段性成果。在制度建设方面，中控共计发布和完善了 17 项管理制度和作业指导文件。在人才培养方面，打造了一支覆盖各业务和职能部门的六西格玛团队，制造、研发、工程、销售、采购、质量等公司核心部门从零起点到系统掌握六西格玛方法，能够熟练运用客户之声（VOC）、假设检验等各种方法和工具，为公司后续的质量提升储备了一批优秀的质量人才。

截至 2022 年，中控建立了六西格玛知识平台，开发了六西格玛带级人才培训全套教材，共培养了 139 位六西格玛带级人员（其中 18 位通过中国质量协会六西格玛带级考试），实施了 66 个六西格玛项目。从财务表现来看，每年可节约质量成本约 1100 万元。

4.3　持续迭代

质量组织变迁

人品决定产品，组织能力决定质量能力。

成立早期，中控的质量工作主要是基于检验的质量控制，质量工作人员主要是简单的质量操作工。随着业务的发展，中控的整体管理水平不断提升，质量组织和人才建设的重点从单一的内部质量人才培养，逐渐转向引进质量专业知识结构全面的高层次质量管理人才。要求各事业部、各业务部门配置专门的质量负责人，负责本部门的日常质量管控、质量保证、质量改进和与各层质量接口工作。

随着质量管理水平的不断提升，对于一般检验类的质量工作，中控已经将其逐渐分解到各部门日常管理工作中。

在质量管理组织模式设置上，匹配公司不同阶段的发展需要，中控持续引进和建立先进的质量管理模式，并根据公司业务发展需要和组织结构调整，对质量组织持续优化。中控的质量工作架构如

图 4-4 所示。

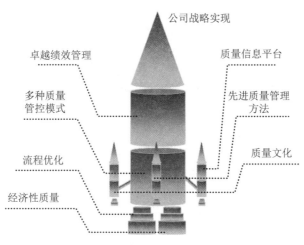

图 4-4　中控质量工作架构图

在 2001 年之前，中控没有专门的质量组织，在公司层面设立了质量总监的岗位。在质量总监的领导下，质量的日常管理工作主要由总工程师办公室、用户服务部、测试部和质检部来分工完成。随着公司的发展，中控逐渐认识到测量工作是产品质量准确的科学依据，于是，建立了测量管理体系，以保证和提高公司测量能力。为提高内部管理水平，提高产品质量，中控于 2006 年成立质量控制部。2007 年，为了进一步强化质量管理，明确质量管理的重要性，中控成立质量中心，下设质量管理部和测试部。2022 年以来，为了配合公司高质量发展的战略目标，中控重整治理结构，质量管理组织也随之做了调整，调整后的质量管理结构如图 4-5 所示。

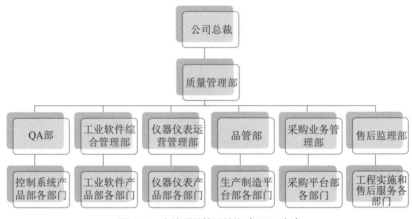

图 4-5　中控质量管理结构（2022 年）

如今，中控的质量组织体系日渐完善，并形成自下而上的逐级报告机制和自上而下的考核机制，质量组织整体架构如图 4-6 所示。

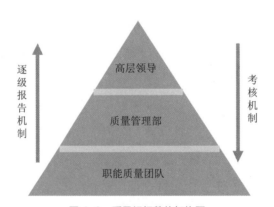

图 4-6　质量组织整体架构图

质量管理部主要工作包括质量策划、质量管控、质量保证和质量改进四部分工作。质量策划工作包括质量战略策划、体系工作策划、公司流程优化、公司级专项质量活动策划等公司级别质量组织、策划工作。质量管控工作主要是在产品线和服务线的各阶段开展质量管控工作，通过在各部门/大块建立职能质量团队、完善相关工作职责，开展质量管控点的监督、指导、考核、培训、参与日常质量管理等工作，实现质量管控。质量保证工作主要是通过编写质量计划将质量管理和规划分解到产品线、服务线和业务线，从而保证质量战略的实现。质量改进工作主要是对上述三块工作开展情况进行过程督导执行、结果跟踪、措施效果验证确认、改进方法指导培训、改进效果评价等，实现质量工作的改进。在公司质量管理部的统一规划和安排下，围绕各自业务和产品，各二级质量管理部门持续、有效地建立或完善职能质量团队，以质量团队为主导开展日常质量管控、质量保证和质量改进工作。

职能质量团队主要指分设在各职能部门的质量团队，包括研发部门 SQA、供应链 SQE、供应链 PQC 等。研发部门 SQA 主要负责通过研发过程指导、研发质量体系维护、研发过程产品审计、度量分析和过程改进工作，确保设计和研发环节的产品质量。供应链 SQE 主要负责新导入供应商的稽核、认证工作，供应商的日常绩效评估、风险评估工作，供应商奖惩条例的制定与执行，同时通过供应商品质监督与专项辅导，确保供应商质量持续改进，从而从源头上保证原材料、零部件的质量。供应链 PQC 主要负责按照质量管理体系、测量管理体系和标准化管理体系及公司一级质量管理部门的要求，组织建立和维护供应链体系，负责体系运行控制，负责制定供应链的质量控制方案和质量改进工作、组织实施并实行监督，从而提升对产品质量的保障，同时通过合理配置资源，对生产原材料及外协加工件的生产过程进行质量监控和检验，确保原材料、零部件的质量。

分职能模块的质量管理模式

他山之石，可以攻玉。中控通过学习、借鉴、引进和建立先进质量管理模式，以匹配公司不同业务模块管理模式的需要。通过在各大业务板块、部门建立和完善二级质量专职管理部门，对质量工作进行明确分工。通过将质量工作目标层次分解、过程数据监测、执行过程管理等方式，确保质量管理工作全面无漏洞、无死角。

根据业务流程在不同职能部门的分工，中控建立了针对不同职能模块的质量管理模式。

研发部门的质量管理主要分为研发设计质量管理和可靠性工程两大部分。研发质量管理的核心思想是提高产品质量，提升用户满意度。通过开发和完善贴近用户需求的产品，确保中控在石化、化工领域的产品领先优势。明确研发团队重点关注研发需求管理、设计过程管理等设计阶段的质量工作，通过建立研发过程指标监测体系、加强设计缺陷分析与缺陷风险等级管理、建立质量成本体系、不断加强可靠性工程建设等措施，不断提高研发质量管理。供应链部门的质量管理主要分为供应商动态管理、采购质量管理、制程能力国际化和交付质量管理。在采购环节，通过建立国际化的供应链体系，形成国际化的生产制造能力，实现生产、工程本地化，提高竞争力；通过供应商分级与评价制度，加强供应商的开发和质量管控。围绕用户满意，通过采购过程审计、来料检验等方式，确保采购质量。在生产环节，通过引入六西格玛、质量成本管理体系的方法和流程工艺的改进，提升制程质量保证能力。在交付环节，通过合理优化采购周期，加强采购进程的跟踪，提升外配成套产品和外包服务的交货及时率。营销部门的质量管理主要通过提升合同质量，降低合同履约风险，准确识别顾客需求，提高顾客满意度。

项目管理中的质量管理主要通过培养一支高素质、高效率的服务团队，在实践中不断积累和打造中控的工程设计能力、供应链管理、工程实施和项目管理能力，形成中控的 MAC/MAV 总包服务能力，形成大项目质量保证能力，优化中小项目的运作效率，平衡项目运作成本和用户满意。

服务环节的质量管理，重点通过强化全员质量意识，提升开发质量、产品质量、工程质量，提高产品运行的稳定性和可靠性。同时充分发挥本土企业的服务优势，以较快的服务响应速度和较高的服务质量取胜，扩大中控在服务市场的份额。

事业部差异化质量管控模式

在质量管理体系建设中，中控充分重视事业部质量管控。通过对集成、海外、区域事业部的业务流程模式和质量要求的分析，协助其针对性建立质量管控组织，制定相应的流程程序、质量标准、作业规范和质量监控测量方法。通过试点经验积累，逐步建立了行业事业部、区域事业部、海外事业部等差异化质量管控模式。

针对行业事业部，公司实施质量管理集中制，推行质量计划和质量保证，建立专业质保团队，发挥专业优势，增强适应性和灵活性。针对区域事业部，公司统一规划集中管理，形成区域管理的系统性和规范性。针对海外事业部总包和分包的业务特点，海外事业部质量管理模式也分为总包和分包两种模式。

4.4 C 观点：底线思维之形而上

质量为魂背后的底线思维

根据 C 理论研究，除了敢于承担不确定性的冒险精神和创新精神，新时代企业家还具备强烈的底线意识，以诚实守信立心，以质量责任立业。从哲学角度来说，社会事物在现有质态下，既有可能通过质变向更高层次的质态"飞跃"，也有可能通过质变向更低层次质态"坠落"。底线是不可逾越的警戒线，如果突破这条警戒红线，就会出现不可预计、无法接受的结果。底线意识即意味着企业家彻底摆脱以往投机取巧的不良风气，帮助企业掌控最全面的信息，并基于未来可能出现的最坏情况作出客观公正的评估。

中控自成立以来，一直把质量放在第一位，坚守质量底线，体现了其领导团队强大的底线意识。质量和安全是企业高质量发展的两大基石。流程工业企业生产过程往往具有高温、高压、易燃、易爆等特点，稍有不慎，就可能引发事故。减少安全事故、减少报警数量也是其数字化转型的重要指标。DCS 作为流程工业的大脑，其质量的好坏事关流程工业企业的生产安全。质量事故对于流程工业企业来讲，轻则造成停工停产，重则造成人身安全事故。所以 DCS 的质量对于流程工业企业客户来讲，质量就是安全，安全就是质量，事关重大。30 年来，中控始终以客户为中心，以质量为中心，通过持续的质量体系建设和质量管理手段完善，确保了产品的质量和用户的生产过程控制安全可控。

质量管理的灰度哲学

在企业管理中，掌握合适的灰度，可以使各种影响发展的要素在一段时间内保持和谐，从而使企业保持相对稳定的增长。一般来说，精确是传统质量管理的基础，从休哈特的三西格玛到摩托罗拉的六西格玛，质量精度不断提高，质量管理水平也相应地不断提升。但也有狩野纪昭等学者对其做出了批判与改进，认为过度追求质量上的精确会产生负面效应，容易陷入"死胡同"，导致开创性创新不足。单纯为了质量而追求质量，以质量名义过度追求质量的精确控制，则会抑制企业创新能力与组织活力。因此，必须把握质量管理体系中灰度与精确的辩证关系。

当前新一轮科技革命快速发展，全球竞争环境动荡加剧，产业发展越来越呈现非线性特征，面对更加不确定性的未来，企业更应该以灰度思维的"大质量"概念看待和推动自身的质量战略。灰度理念并不排斥精确，但不能过度追求精确。企业在穿越周期的过程中，以面向客户个性化需求的持续创新，建立起以规则、制度的确定性来应对环境不确定性的大质量体系，才能在变化的环境中成功穿越周期。中控对质量的认知从最初的质量是检验出来的，到质量是制造出来的，再到现今顾客满意和卓越绩效的质量理念，恰恰体现了其逐渐建立起面向客户个性化需求、追求企业创新与管理效率协同的全面质量管理体系。

此外，灰度思维也体现在高质量与低成本两个目标的平衡与统一中。质量与成本都是客户的核心需求，是产品的核心竞争力。在当前国际标准化数字化时代，更加强调的是质量与成本的双向控制，企业需要同时具备质量意识和成本意识，质量与成本协同管理，才能做到提高质量和降低成本同步进行。对于中控来说，守住安全底线、减少能耗、降本增效一直是其经营的核心理念。安全比任何时候都更为重要，质量问题更加马虎不得，中控通过持续改进与迭代，把握质量与成本的平衡与统一，实现降本的同时质量也在稳步提升。

第 5 章 组织升级

2004 年，中控合同额已突破 7 亿元。2005 年 1 月 20 日，冰天冻地大寒起，红梅绽放迎春来。在年终总结会上，当中控全体员工都沉浸在过去一整年的硕果累累的喜悦中时，褚健却居安思危，发表了《中控还是个小公司》的讲话：中控还是个小公司，必须把握住小公司的灵活、高效，充满活力与激情，没有包袱，勇于创新，艰苦创业的精神。我们必须通过变革，进行组织再造，简化管理模式，降低协调成本。我们要加速建立网络型组织和虚拟组织，降低市场交易成本，并在一定程度上建立内部市场机制，预防"大企业病"。中控还是个小公司，中控人应该以勇于变革的精神，继续新一轮的创业，实现中控人的价值！

5.1 从"企业家的企业"到"企业的企业家"

"书生"的创业领导力

在成立中控之前，褚健在学术界的履历堪称完美：1978 年，年仅 15 岁的褚健考入原浙江大学化工系工业自动化专业；1986 年公派到日本京都大学学习，师从日本自动控制学界顶级权威高松武一郎教授，成为浙江大学化工系自动化专业中日联合培养第一人；1993 年成为浙江大学最年轻的正教授，时年 30 岁。留学赋予褚健国际化的宏观视野，也让他比一般人更能清晰地感应到时代发展的脉搏。象牙塔难以安放他与时代共舞的勃勃野心和雄才大略，他毅然决然地走向了创业的"不归路"。

1993 年，在浙江大学工业自动化国家工程研究中心的一间小办公室里，褚健与他的团队自筹 20 万元，创建了中控的前身——浙江大学工业自动化公司，开始了振兴民族工业自动化的追梦之路。30 岁的褚健，从文质彬彬的"书生"，到一家初创公司的"企业家"，他带领着一群平均年龄在 20 多岁、志同道合的年轻人在中控公司这样的"理想王国"里，以梦为马，向未知的未来义无反顾地进发。

"你愿意投降吗？不愿意那就往前冲！""我们做下去，就有可能成为国际上这个标准的制定者。"褚健带领着团队在争议中启程，在掌声中冲刺。终于，中控"振兴民族工业自动化"的创业初心和梦想，照进了现实。在建立了"中国第一个被国际认可的工业自动化标准"之后，褚健应该可以自豪地说："中国的流程工业产业能有今天，我们这代人做出了巨大贡献。"

2014 年，日本经营之圣稻盛和夫的著作《领导者的资质》系统介绍了包含领导人资质、领导人的人格、领导人的十项职责及企业管理的要诀等经营哲学，被众多企业家列为人生信条。其中关于领导人资质，稻盛和夫提出真正的领导者应该是"以爱为根基的反映民意的独裁者"。理想的领导者应具备以下五项资质：具有使命感；

明确地描述并实现目标；必须不断地挑战新事物；必须获取集团所有人的信任和尊敬；抱有关爱之心。只有这样的领导人，才是在混沌纷乱的时代开辟生路、带领团队成长的真正的领导人。

具有使命感，是领导人首先必须具备的最基本的资质。在创业之初，领导人哪怕只有强烈的愿望也无妨，但是为了企业进一步的发展与进步，领导人就必须提出团队与组织成员所共同追求的、崇高的企业目标，并将其确定为企业的使命。同时，当企业被视为个人化或家庭化的组织时，是很难让员工有共同的愿景和目标追求的，也很难凝聚员工朝着共同的目标去努力、去奋斗，而企业组织能力的根基在于组织成员必须具有共同的使命、愿景和目标追求。中控成立之初，褚健带领着团队便始终以"振兴民族工业自动化"为自身使命，怀着强烈的愿望，描绘梦想和希望，毅然踏上了创业的"不归路"。

明确地描述并实现目标。在确定企业的具体目标时，过高的目标会打击团队成员的积极性，相反，提出的目标过低，又会使其认为自身的能力被低估而漠视目标。领导人必须找出全体成员能接受范围的最高目标，并将其分解到组织中的各个单位，让目标真正指导团队成员工作。中控创立之初便一直以产业报国为己任。从创办公司的第一天起，褚健就立志要打造"中国的霍尼韦尔"，给公司取名为"中控"，代表了其想要将公司打造成中国自动化控制技术第一品牌的愿景。褚健也曾说，中控起步时非常艰难，从生存角度而言他们应当代理国外产品，但如果他们不能借此机会建立起中国自己的品牌，那么将会永远失去与外企竞争的机会。在他的坚持下，中控决定"饿死都不做国外代理"，无数中控人前仆后继走上了这条极为艰难的道路。

不断地挑战新事物。领导人若害怕变革，失去挑战精神，团队就开始步入衰退之路。在褚健看来，创新就是要挑战"不可能"，凡是挑战"不可能"的事情，都是无法用逻辑证明的，因为没有先例，只有事实才能证明。他坚信"不可能＝机会"，不能被自己固有的思维所限制，要突破观念束缚，"忘记自己知道的东西"，用全新的视角去思考，才有希望。正是这种不按常理出牌的挑战极限，才能诞生真正的创新。

我向大家推荐一本书：《像外行一样思考，像专家一样实践》。这是由卡耐基·梅隆大学机器人研究所的金出武雄（TakeoKanade）教授撰写的。书中提示我们在决策时要"忘记自己知道的东西"，要打破"决策要由专家来做"和"专家的决策才是科学的决策"的固有思维模式和认识习惯。他指导我们如何进行科研、如何进行创新、如何突破传统的观念，以达到胜利的彼岸。

用户永远不可能像专家那样真正了解产品的技术核心。但作为消费者，他所期望的是自己的需求得到满足，他的出发点是简单而直接的。对于企业而言，有时这种要求甚至是"不讲理"的。然而，企业如果要创新、要发展，要获得用户的进一步认同，就必须正视这些问题。这样确立的目标，也许看起来很可笑，也许在实践中被证明是不可行甚至错误的，但往往只有这样的目标，一旦成为现实，就能够对事业和行业产生巨大的推动。以前我说过，"不可能"就等于"机会"，表达的就是这个意思。

举例来说，日本索尼公司20世纪开发Walkman（随身听）就是典型的挑战极限。索尼尊崇"有梦想的人就有希望，有希望的人就有目标，有目标的人就有计划，有计划的人就要采取行动，有了行动才有可能成功"的理念。

创新就是要挑战"不可能"，凡是挑战"不可能"的事情，都是无法用逻辑证明的，因为没有先例，只有事实才能证明。正是这种不按常理出牌的挑战极限，真正的创新才能诞生。

——《我们大家都有一个梦》

在中控2008年迎新团聚上的讲话，褚健，2008年1月4日

抱有关爱之心。领导人具备真正的勇气，带领团队奋勇前进，同时也不能自以为是，要善于倾听团队成员的意见，汇集团队的智慧与思考。理想的领导人必须做到强有力的统帅领导与心怀大爱、集思广益的平衡与统一。企业家更追求相关利益者的价值平衡，可以为了组织的整体利益暂时牺牲个人私利，善于分享愿景、财富和权力。作为中控的掌舵人，褚健一直很重视人才、尊重人才，坚持培养各类人才。领导人做到拥有对各类人才包容的博大胸怀与激活价值创造力必不可少的慷慨的利益分享，以理念而非权谋为核心，才能在时代的洪流中勇立潮头。

组织能力的形成与提升

组织能力是企业在不断地学习、积累与创新的过程中逐渐形成与发展起来的，是一种以企业家精神为主导或由其推动的独特的能力体系或多种能力的有机结合。在创业初期，企业的成长动力主要来自创始人团队和少数核心成员，组织结构相对简单，人员数量

也相对较少。随着业务的发展，企业的规模逐渐扩大，需要将创业团队的个人能力转化为组织能力，以不断适应业务拓展的实际需要。

企业的组织能力即组织开展工作的能力，是指在与竞争对手投入相同的情况下，企业具有以更高的生产效率或更高的质量，投入各种要素转化为产品或服务的能力。组织能力包括企业所拥有的一组反映效率和效果的能力，这些能力体现在企业从产品开发到营销再到生产的所有活动中。通常，组织可以通过内部能力的培养和外部能力的引进两种方式来打造竞争优势，包括在内部共享和拓展知识、建立支持性的企业文化，以及外部各类人才的引进培养等形式。

根据当代著名华人管理大师杨国安的杨三角理论，企业成功 = 战略 × 组织能力，战略和组织能力是企业成功的两个核心要素。企业要想成功，仅仅有正确的战略方向是不够的，还必须依靠强有力的团队和组织，才能确保自己比竞争对手更快、更好地执行战略。如果仅有正确的战略方向，却没有与之匹配的组织能力，即使出现商机，组织也无法把握。

根据杨三角理论，组织能力是团队整体的战斗力，它不是集中在几个人或几个部门内部，而必须是全体行动，是整个组织所具备的能力。评价一个企业组织能力的客观裁判是客户，而不是企业内部的管理团队。企业的组织能力要聚焦和清晰。根据杨三角理论，企业组织能力的建立与提升，需要从员工心态培养、员工能力提升、组织结构设计三个维度来展开。

中控自创业以来，一直很关注组织能力的培养。2003 年以来，为了进军高端市场，配合公司的战略转型，中控更是进行了组织能力的全面提升，包括内部组织变革、干部培养、各种专业人才的引进和培养。同时，中控一直都非常关注新员工群体的文化传承，每年的新员工培训都围绕着公司的过去、现在和未来，将中控人的精神深深烙印在新员工的内心。褚健曾在一次培养项目的讲话上说道："中控是一家有精气神儿的公司，我希望中控的每一位同事都有这种精气神儿。中控人要永远谦逊、自信、友善！"

2007—2009 年全球金融危机，中控高层提出"节源开流、苦练内功"的应对原则，并要求人力资源部门利用好时间，训练好队伍，以便后续抓住反弹机会。在那几年，中控持续做了几件事情：2007 年，召开公司干部大会、开展可靠性咨询项目等；2008 年，启动后备经理人特训班；2009 年，试点"区域事业部"、研发 IPD 流程导入、流程重造等。正是这一系列的举措，让中控在金融危机环境下仍保持着稳定的增长。

天生的学习型组织基因

组织学习是提升组织能力的核心驱动力。通过鼓励持续学习和知识共享，组织不断地通过自我反思和改进来优化其流程和策略，以更有效地应对未来市场和技术的快速变化与挑战。组织学习（organizational learning）是指企业对来自组织内外部环境变化的洞察、评价和反应能力，主要表现为累积的、交互的、有特定目的的行为。"组织学习"的概念实际上是从"个体学习（personal learning）"借鉴引申而来的，最早可追溯到 20 世纪 40 年代。1978 年，克里斯·阿吉利斯和唐纳德·舍恩的著作《组织学习：行动理论之观点》的出版，掀起了学术界对组织学习的研究兴趣。在书中，他们对组织学习作了如下定义："组织学习是为了促进长期效能和生存发展，而在回应环境变化的实践过程之中，对其根本信念、态度行为、结构安排所做的各个调整活动；这些调整活动借由正式和非正式的人际互动来实现。"

"学习型组织（learning organization）"的概念最早是由全球知名管理大师、美国麻省理工学院教授彼得·圣吉与他的同事们提出的，他们将系统动力学与组织学习、创造原理、认知科学、群体讨论和模拟演练融合在一起，希望在这样的组织中通过学习来培养适应变革和创造的能力，即发展出一种学习型组织的蓝图。它所描述的是一个拥有理想的学习环境的组织，而且该组织把学习和进化作为目标之一。这样的组织，能使组织内成员持续拓宽自身的能力并创造出真心渴望的结果，孕育出新的无边界的思维模式，释放出集体的抱负，并不断学习和扩展视野。彼得·圣吉于 1990 年出版《第五项修炼：学习型组织的艺术实践》，提出学习型组织包括五项要素：共同愿景、团队学习、个人心智、超越自我、系统思考。该著作也被《哈佛商业评论》评为过去 75 年中影响最深远的管理书籍之一。

20 世纪 90 年代，越来越多的企业意识到与时俱进、不断变革的重要性，在企业内部积极倡导打造学习型组织，学习型组织的概念也从此在企业中盛行起来。

图 5-1 列举了中控成立以来的合同额变化，从中可以看出，自创立以来，尽管外部环境复杂多变，但中控始终能够保持稳定增长。

合同额（万元）

图5-1　中控历年销售合同额

为什么中控能做到持续稳定增长？最重要的原因是，中控自成立以来一直致力于打造学习型组织，有着更强的组织学习能力，因而可以快速接受各种新技术、新知识、新思路，也能根据国家产业政策调整、外部竞争环境、市场需求变化等情况，及时进行战略调整和转型。这样的组织通常具有持续的创新能力和内部驱动力，也会有较强的组织韧性，以及抗市场波动和风险的能力。

中控作为学习型组织，其无可替代的"书卷气"，根植于与生俱来的高校基因。褚健、金建祥等都是学术有成的大学教授，学习的意识可以说是职业习惯，他们给员工起到了很好的带头示范作用。同时，他们也非常喜欢分享，经常把自己看到的好书推荐给员工。在公司的内部讲话中，褚健多次向员工推荐他看到的一些好书，有时候还会组织内部集体学习一本书。创业早期，中控就内部组织学习过《谁动了我的奶酪》《从优秀到卓越》等书。这种习惯几十年不变，在 2017 年 4 月 17 日的《在股份公司总经理2017 年第一季度办公会议上的讲话》中，褚健特别推荐了《管理的未来》《没有任何借口》和《第五项修炼》三本书。对于《管理的未来》这本书，他说："这本书很好，其中讲到一个观点，也是我一直在思考的。比如中控技术的研发，不仅是技术上的创新，管理上能不能创新？公司里不仅仅是研发人员，所有员工都可以成为我们的产品经理，包括工程人员、销售人员甚至客户，他们身在一线，有可能想出某个符合用户需求的软件功能或模块。"在推荐《没有任何借口》时，他说："不管什么原因都不能成为借口，不管什么事情，做不好就是自己的责任，别去推给别人。中控到今天，所有的责任都是我褚健的，我不会怪罪于谁，没做好也是我没做好。但我们要反思做得不好的地方和原因，不断改进，努力做好，这才是我们必须要有的态度。"在讲话的最后，他特别推荐了彼得·圣吉的《第五项修炼》，他说："这本书适合有情怀、有责任、有追求的人。"2022 年，中控还组织学习了《非线性成长：吉利之路》，学习吉利汽车从创业以来的管理经验和优秀做法。

在褚健等人的带领下，中控形成了很好的爱学习、爱分享、爱交流的氛围和创新文化。这种文化的初始形态其实也是校园文化。前文讲过，这种校园特色的企业文化至少包含了以下几层含义：第一层是团队成员有的存在师生关系，使得彼此之间天生就有相互信任感；第二层是团队成员都充满好奇心，对新事物充满兴趣且具有深刻钻研的精神；第三层就是热爱学习，且有着比一般人更强的学习能力。尽管后来随着中控的发展壮大，其成员已经远远超出了高校校园这个范围，但舍其形得其神，这种校园特色的企业文化经过一代又一代的中控人传承下来，成了中控人身上的标签和烙印。

可以说，中控团队的"学习能力 + 创新文化 + 宽松的学习氛围"，是中控快速进步的组织能力保障。

5.2　组织的正规化与进化之路

结构跟着战略变

20 世纪 60 年代，著名的管理学者艾尔弗雷德·D. 钱德勒（Alfred D. Chandler,Jr.）在《战略与结构：美国工商企业成长的若干篇章》中研究了美国大企业成长及其管理组织结构如何被重新塑造以适应这种成长，分析了环境、战略和组织结构之间的关系，提出了著名的"结构追随战略"理论：一个企业的经营战略应当适应环境，满足市场需要，组织结构则必须适应企业的战略，因战略变化而变化。即当企业需要设计组织结构的时候，首先不是考虑需要设立的部门数量或结构，而是需要先思考其背后的逻辑问题，即战略问题。

企业的成功在于制定了适当的战略以达到其阶段性目标从而实现其长远目标，而建立适当的组织结构是企业战略目标得以贯彻落实的保障。企业的组织是承接企业战略落地的基础结构，企业战略决定企业的组织结构，企业组织结构通过各类资源的合理配置从而保证企业战略目标的实现。因此，有什么样的企业战略，就应该设置与之匹配的组织结构。可以说在企业的发展过程中，战略与组织结构的有效结合是企业生存和发展的关键。如果组织结构不能根据战略的转型进行调整，就无法保障战略目标的有效落地。

中控始终积极拥抱管理变革。从中控的组织沿革记录可以看出，伴随着公司业务的发展和壮大，中控的组织结构能持续快速调整。除了少数几次引入外部咨询公司的系统性组织变革，大多时候中控都是在内部自我变革。

自创立以来，中控始终坚持以用户价值和用户满意为目标。随着公司业务的发展，在 2002 年前后，公司的产品型号逐渐多起来，在中小企业、中小装置也取得了相对稳定的发展。于是，中控在企业战略上做出调整，提出从中小企业、中小装置向高端市场、核心装置转型的战略目标。随之而来的，是公司内部组织结构的快速变化和调整。2002 年以后，中控的组织结构、部门设置和岗位设置频繁调整，这与此阶段公司的战略转型、技术发展和业务快速进步是密不可分的。

在这一阶段，为了更好地管理产品，更好地满足不同行业、不同规模装置客户的需求，中控建立了产品部门负责制与多产品的技术和质量管理体系，把系统的硬件和软件分为两大产品品类进行管理，并由两个研发部门分别负责 JX-300XP 和 AdvanTrol Pro 的研发、质量和支持工作。随着进军高端研发路线的推进，2007 年，中控又进一步引入可靠性工程、产品造型设计、标准化设计等多个技术专项，并重视供应链、制造环节的 DFT、DFM、DFA，全面提升产品设计、产品研发、产品制造、产品应用过程中的质量可靠性。

当中控计划从面对中小企业、中小装置提供产品和服务，转向立足中小客户，进军高端市场、核心装置之后，为了更好地配合战略目标落地，2002—2005 年期间中控对组织做了一系列持续的调整和优化。从面向客户的需求收集和销售拓展到产品设计与开发，从零部件采购、生产制造到工程实施，中控按照高端市场的要求做了全面系统的组织调整和优化，这为中控在高端市场实现追赶和超越追赶提供了组织和能力方面的保障。

部门化与正规化

在组织的发展和壮大旅程中，部门化与正规化构成了核心的里程碑，它们不仅是组织能力增强的显著标志，也是确保企业高效运转的关键支柱。这些过程体现了组织结构的成熟和管理的精细化，为企业在激烈的市场竞争中保持敏捷性和适应性提供了坚实的基础。

为了设计恰当的组织结构，管理者通常需要面对以下六个关键因素：工作专门化，部门化，命令链，统一指挥，集权和分权，正规化。如表 5-1 所示。

表 5-1　组织结构设计的六要素

关键问题	由谁回答
1.把任务分解成相互独立的工作单元时，应细化到什么程度？	工作专门化
2.对工作单元进行合并组合的基础是什么？	部门化
3.员工个人和群体向谁汇报工作？	命令链

关键问题	由谁回答
4.一名管理者可以有效指导多少员工？	控制跨度
5.决策权应该放在哪一级？	集权与分权
6.规章制度在多大程度上可以指导员工和管理者的行为？	正规化

　　工作专门化是指组织把工作任务分成相互独立的工作单元，组织中的个体并不是承担一项工作的全部，而是完成某一个步骤或某一个环节的工作。工作专门化可以提升分工效率，压缩转换时间，同时也应注意过度细分导致的工作积极性缺乏的问题。

　　部门化是指将若干个工作单元进行合并组合，即将组织中的活动按照一定的逻辑安排，划分为若干个管理单位，主要包括职能部门化、产品部门化、区域部门化、顾客部门化及过程部门化。其中，职能部门化是现代企业组织中最常见的方法，是以工作性质为基础划分部门，遵循分工和专业化原则，将拥有相同技能、知识和观念的人员组合在一起以提高工作效率。

　　命令链是指明晰员工个人与群体向谁汇报工作，即统一指挥。组织中的任何一个下属应当只能接受一个上级的直接领导。因此，应明确各级管理人员的职权，避免多头指挥造成的权责不清、效率低下问题。

　　控制跨度是指一个管理者可以有效指导的下属数量。任何领导人员，因受其精力、知识、经济等条件的限制，能够领导的下级人数是有限的，超过某一限度就会造成顾此失彼、领导失效的问题。同时，按照管理跨度和管理层次的不同，组织通常会形成扁平结构和高耸结构这两种典型的组织结构。

集权与分权是指决策权应该放在哪一级。集权是指决策权在组织中较高层次的一定程度的集中，分权则是指决策权在组织中较低层次的一定程度的分散。集权与分权是一个相对的概念，并不存在绝对的集权与分权。

正规化是指规章制度可以指导员工和管理者的行为的程度。工作正规化的程度越高，员工决定自己工作方式的权力就越小。

中控与其他大多数创业团队一样，在创业初期，并没有规范和完备的企业管理流程和体系，对企业管理更多的是一些感性的认识。创业团队更多的是凭着"振兴民族工业自动化""把科研成果产业化"的热情，积极深入市场，理解客户需求并开发产品解决客户问题。公司的经营管理更多的是凭借褚健、金建祥等人的感性认识和对大公司的学习和模仿而进行的。用金建祥的话说："创业早期的中控虽然业务发展很快，但是根本没有任何成文的规章制度。"

1993 年创业时，中控只有十来个人，当时主要分成两个小组。一组是销售团队，负责市场开发和业务机会寻找工作。另一组是技术团队，负责与产品和技术相关的所有工作，包括产品开发、工程实施、安装调试和售后服务。技术团队除了在技术上有软件和硬件的区分，其他工作上大家并没有明确的分工，工作专门化与部门化程度极低。每个人都可以根据实际工作需要，快速灵活地转换角色。随着业务的发展，中控内部才逐渐开始有了相对明确的分工，成立了专门的研发部、工程部、采购和生产制造部等部门，同时逐渐建立起一整套全面且规范化的企业标准体系。其中主要包括：

（1）规范化质量管理体系

1997 年引入 ISO 9001 质量体系，是中控第一次系统构建企业流程和管理体系。公司组织全员参加学习过程质量管理，理解质量管理要点，逐步建立流程和相关管理制度。自此，中控开始进入规范化质量管理阶段。

在引入 ISO 9000 体系时，褚健明确提出，做 ISO 9000 认证的目的不是证书，而是为了全面提升公司质量管理的规范性。除了认证体系要求的制度和文件，中控还结合自己的产品特征和业务模式，起草了更深层次的质量文件，并逐步建立了客户导向的客户投诉流程、产品发布流程、客户质量问题闭环处理流程、重大质量事件处理流程等业务流程。这些流程把中控的业务管理和实质性质量管理提升到了一个全新的高度，在中控的发展历程中，具有里程碑意义。

（2）面向客户重整一线组织

创业初期，中控面向客户的销售部门先后经历了办事处、销售子公司、区域性销售分公司等运作形式。2002 年以前，全国各地的办事处和销售分公司统一由公司市场部管理。2002 年，中控从公司层面对一线业务部门进行了大刀阔斧的调整，把原来的市场部更名为销售部，主要负责全国各销售分公司的销售管理工作。同时成立新的市场部，负责市场的拓展、维护和技术支持工作。还成立了重大项目部，负责重大项目线索的推进、落实工作。为了更好地拓展中石油、中石化等大客户，2004 年，中控根据市场工作的需要，进一步把销售部与重大项目部从市场中心独立出来，升级为销售中心与重大项目中心，分别单独运作，并在重大项目中心下设各行业部门，深耕细挖行业大客户。2007 年，中控撤销原市场中心，成立直属于公司的市场发展中心，下设重大项目部、市场研究部、市场推广部。可以看出，在这一战略发展阶段，中控的一线组织结构，围绕市场变化和客户需求，频繁地进行了调整和优化。而这一系列的组织结构调整，都是为了更好地服务客户，尤其是中石油、中石化等高端市场客户，从而进军高端市场。

（3）优化工程部门保障项目交付

DCS 作为复杂产品系统，工程施工的质量是系统稳定、安全运行的保障。在中控人看来，"工程部一直是中控产品的守护神，公司产品可能一开始并不完善，会存在一定的缺陷，那就一定要通过规范的工程，把产品的缺陷规避掉，确保产品的安全、稳定运行"。

创业初期，由于人员和项目有限，中控并没有成立专门的工程部，项目实施工作由研发人员负责。随着业务的推进，1998 年，中控正式成立工程部，专门负责项目施工工作。当时，也还没有规范的项目实施流程和制度，工程部内部按照个人项目负责制，把每个项目都分别交给一个具体的项目负责人。大家依据过往项目实施的经验，总结了一些简单的项目实施规范，依此进行项目管理。

2001 年，中控成立工程公司。工程公司内部按照不同的业务类型，分为成套设备、化工、石化和电力设备四个项目部，并建立了体系化的项目管理制度，在工程部推行项目经理制，聘用一部分人作为专职的项目经理，并对项目经理进行评级。同时，中控开始建立和完善规范的项目施工流程与项目管理制度。

随着面向主流客户核心装置业务战略的推进，为了更好地满足主流客户核心装置的项目施工规范,有效推行项目管理制度,2004 年,中控成立工程监理部,以监督项目的实施过程质量,并确保施工流程和项目管理制度被严格遵守。

(4)优化生产工艺流程:提升效率保障质量

创业初期,中控的硬件焊接和生产装配是由研发人员在实验室完成的。随着生产规模的提高,1995 年,中控正式成立了生产部。1997 年,为了进一步扩充产能,满足业务发展的需要,中控生产部搬至古荡工业园区,并成立了古荡工厂,下设生产管理部、生产技术部、制造部、质检部和供应部,分管计划调度、工艺技术、外协加工、测试检验和采购仓储。

2001 年,随着 ECS-100 的推出,对 8 路模拟量信号的卡件需求大幅增加。之前在 JX-300X 中 4 路卡件采用的"手工标定",根本无法满足生产需求。于是,时任厂长裴峰提出了要实现"自动生产测试"的要求。时任生产技术部经理袁剑蓉等人投入相当的精力,开发出了中控第一代自动生产设备"ECS-100 自动标定调试系统"。该系统有效简化了测试环节烦琐的工作内容,大大提升了标定调试的准确性和效率,为当时"杭电化项目""泸天化项目"等 ECS-100 新系统项目的交付提供了保障。次年,工厂在"ECS-100 自动标定调试系统"成功应用的基础上再接再厉,开发出了针对 JX-300X 的自动标定调试系统,以提升 JX-300X 系统的质量和生产效率。

2003 年以后,随着业务逐渐转向核心装置,中控的销售额以每年 50% 以上的速度增长,这给生产带来了巨大的压力。类似卡件通信故障、贴片器件批量返工、芯片批次不好、潮敏防护不足、座管接触不良等质量问题频发,有些是采购环节把关不严引起的,有些是生产工艺原因造成的。随着"进军高端"号角的正式吹响，为了全面提升产品质量，确保满足核心装置的生产和工艺要求，中控引进了可靠性工程。随之而来的，是"产品的质量是设计出来的，也是制造出来的，但是产品的质量绝对不是检验出来的"的质量理念的转变。通过武汉石化 500 万吨炼油大项目的运作和可靠性工程的要求，生产环节通过电子产品的"防腐涂敷"工艺，有效解决了电子产品工业现场受酸碱腐蚀的问题，并通过"循环高温老化"标准的实施和自动化控制装置的使用，极大地提高了老化工艺效率，缩短了生产交付周期。

（5）完善知识产权和标准体系：打造护城河

知识产权和标准是自主创新的关键。中控建立了完整的基于标准的知识产权体系，即在"技术专利化、专利标准化、标准国际化"工作思路的指导下，建立了"集中管理、分散控制"及采标与制标相结合的知识管理体系。

2005 年，中控主持制定的现场总线国际标准通过了国际电工委员会的审核，成为我国第一个拥有自主知识产权的国际工业自动化标准，打破了外国公司 20 多年的技术垄断。在此基础上，中控建立了完善的基于标准的知识产权体系，围绕"EPA 技术"，建立了系列实验平台和实验室，本着"整合、共享、服务、创新"的原则，在解决企业自身技术难题的同时，为行业用户提供人才、技术、实验环境等服务。2009 年，中控建成了浙江省流程工业自动化与系统重点实验室。2010 年，中控进一步建成国地联合实验室，主要开展工业通信网络技术与标准、智能仪器仪表技术、大规模高可靠性控制系统技术、大型生产装置智能控制技术、节能减排与安全生产技术及工程应用等多方面研究。

另外，为了保障知识与创新成果的积累，中控还构建了基于 IT（信息技术）工具的知识管理系统，使研发过程快速生成知识库，形成标准模块、软硬件设计规范等知识沉淀，促进了知识共享，提高了创新效率。

创新型组织的形成与进化

被誉为现代管理学之父的彼得·德鲁克认为，创新型组织就是将创新精神进一步制度化，从而培养出拥有创新习惯的组织。实质上就是将一群人组织起来从事持续且有生产性的创新活动。

在时代背景及中控产品技术特性要求下，打造创新型组织是中控的真正生存发展之道。褚健也曾多次强调，中控的核心价值是以技术创新成果为社会创造价值，并为社会提供一流品质的产品和服务。不断创新、不断追求是中控的永恒主题。

创业初期，中控需要尽快学习国外 DCS，结合前期的科研成果及中国企业的实际需要，开发出自己的 DCS 产品并推向市场。为了实现以上目标，中控快速组建硬件开发团队和软件开发团队，并租用浙江大学的两间空教室作为研发部门的办公室。虽然办公条件比较简陋，但因为在学校里面，方便老师和一些实习的学生一有空闲时间就可以投入工作，不必花费时间来回奔波。中控的第一款产品 JX-100 就是这样快速诞生的。但很快中控就发现这样的运作方式存在问题。在校园中办公，周围的科研人员都忙于写论文、评职称，这给整天忙于客户项目和产品开发的企业研发人员造成了一定的困惑。为了不让企业研发人员受校园科研人员的影响，中控毅然决定搬出校园，让研发人员和学校的科研氛围隔离开来。为了更好地理解客户生产工艺和实际应用场景，确保产品功能和性能更好地满足客户需求，中控还首次面向社会招聘了一批有自动化技术或流程工业行业经验的员工，从人才数量与层次上满足不断扩大的创新动态需求。

从组织架构上可以看出，自1993年成立以来，中控先后经历了五次重大的创新体系结构调整，从创业起步阶段的软硬件开发部逐步进化为中央研究院，以支撑更高的创新活动要求，如表5-2所示。在创业起步阶段，由于产品种类较少，技术领域和要求相对专业化，公司相应地成立了软件开发部与硬件开发部，以实现技术开发快速转化为规模生产性活动。随着中控的产值扩大与产品种类的进一步丰富，面对新产品的开发需要，传统的分散型研发部门结构已经无法匹配当前需求。在此过程中，为了能够更好地整合资源，提高基础研发与应用研发效率，中控2003年开始设立技术中心与产品中心。2007年，中控的产值已经超过10亿元，此时的产品体系与技术体系已经相当复杂。为此中控成立了中央型创新组织——中央研究院，下设生产企业技术部门、产品研发机构与研究开发中心，以实现基础研究、应用研究与产品开发的协同进行。

表5-2　中控创新组织结构变迁表

时间	创新组织结构	中控产值变化
1993—1996 年	软件开发部、硬件开发部	40 万 ~1000 万元

时间	创新组织结构	中控产值变化
1997—1998 年	软件开发部、硬件开发部、新技术开发部、仪表开发部	1000 万 ~1 亿元
1992—2002 年	技术中心	1 亿 ~10 亿元
2003—2005 年	技术中心、产品中心	
2006 年	国家级企业技术中心	超过 10 亿元
2007 年	中央研究院：生产企业技术部门、产品研发机构、研究开发中心	

5.3 管理的艺术性与科学性

锻造人才队伍

对于企业而言，人才是企业的核心竞争力与未来发展的驱动力，人才兴则企业兴。锻造一支高效能、高质量的人才队伍更是一项战略性工程，也是系统性工程。中控在人才培养方面采取"因人制宜"的培养战略，同时将军队思维运用其中，形成了独特的"将军"培养与"特种兵"培养模式，积极利用外部平台资源，内外结合多路径进行人才培养。

"将军"培养：统一思想，精诚团结

在林荣瑞所著的《管理技术》中有这样一段关于领导者的定义，领导者的英文单词大写是 LEADER，即：

L：Listen，好的领导者懂得如何"听"下属陈述；

E：Enthuse，好的领导者能经常散发着诚挚感人的光芒；

A：Assist，好的领导者经常考虑的是如何协助下属、支援下属、鼓励下属；

D：Delegate，好的领导者懂得如何培育下属，并视授权为提升下属能力与胆识的最佳方法；

E：Evaluate，好的领导者经常注意下属的心境，并能适时地给予激励；

R：Reward，好的领导者会不吝于经常性奖赏下属。

在管理干部的培养中，中控特别注重思想和专业能力的培养。褚健多次在干部会议中提道："中控要树立正确的人才观，重视专家而非只是重视领导，领导的定位应该是'整合资源、服务下属、承担责任'。"位置高了，意味着责任也更大。

2007年，中控正保持着高速发展，随着公司规模的不断扩大和子公司的设立，干部的"萝卜坑"一直在冒出来，因此内部提拔机会较多。但业务的快速发展也掩盖了一些管理当中存在的问题，比如：公司经过十多年的快速发展，干部队伍形成了自有惯性。此外，中控那时在进行转型以进军高端市场、开拓国际化市场，需要人才尤其是管理干部的进一步转型升级。在2007年的管理干部大会上，公司高层提出干部要"年轻化、国际化"。因此，中控提出举办"后备经理人特训班"，核心目的就是想让"水"活起来，发挥鲶鱼效应，避免"套娃"等不良现象。希望通过2~3年的努力，为公司选拔、培养一批"德才兼备、懂业务、会管理、顾大局、善执行"的中基层经理人队伍。中控认为中基层管理者需要很强的自律精神和执行力，因此特训班采用了高标准、严要求的管理模式并执行末位淘汰制。这里的末位淘汰更多的是态度淘汰，即入班后学习态度不符合公司要求的，就要被通报，甚至是淘汰。2008—2011 年，中控共计开展了四期后备经理人特训班，培养了近 100 名后备经理人，中控之后几年任命的区域事业部总经理、子公司总经理均来自这个特训班。

为全面提高公司管理干部队伍的职业化水平，中控鼓励高管们自己掏钱去参加总裁研修班、MBA（工商管理硕士）的学习。另外，中控还组织"管理干部轮训"，由公司高管带队开发系列核心管理课程，帮助所有管理干部掌握科学的管理决策思维和决策工具。随着组织能力建设机制的不断完善，中控也在不断调整组织人才的培养理念和方式。2017 年以后，中控更加注重管理干部的梯队培养，认为将军不是一夜之间成长出来，是经过一层层历练不断摔打出来的。中控是舍得在干部培养上投入资源的，通过举办新任干部班、青训班、总经理班等不同层级的项目，中控为管理干部提供学习的机会与平台，为公司战略提供长远的人才储备。

除了培训和培养，中控特别注重管理干部的思想培养，要求管理干部要做到"统一思想，精诚团结"。2017 年 12 月 18 日，在中控新一届高管履职会议上，褚健发表了题为《统一思想，精诚团结，开启中控二次创业新纪元！》的讲话。他希望新的经营班子做到：第一，必须精诚团结，不仅要自己团结，更要团结大家，如果将来出现不团结的情况，请主动提出辞职。第二，必须要有格局，"我们不能只看到自己，而是应该打开眼界看看别人，不能只看到自己的优点，而是要多看看他人的长处"，"在寻找市场方向和应对竞争时，要知己知彼，要清楚自己的优势和短板"。第三，人才队伍是关键。褚健认为"中控很有希望，在很多方面都有机会，但我们做得还远远不够"，"我们缺的就是这种 4S 店式的服务，缺的是大量的服务型人才"。他希望管理层团队能够培养出更多的总经理、更多的 4S 店长。第四，战略规划必须落地。公司要长远发展，必须要有清晰可落地的战略。中控的战略方向很明确：聚焦于把流程工业做细做透。现在国家对安全生产、环保各方面的政策及化工企业的搬迁，都是中控的发展机会，需要尽快布局和落实。要做好战略落地，最最关键的，是要统一思想，所有人必须高度团结，做到思想统一。

特种兵培养：自我学习与培训赋能

曾有一位中控员工写了这样一段话："拿破仑曾说过：'不想当将军的士兵就不是好士兵。'我就是一个不想当将军的士兵，我只想当一个特种兵，在士兵的岗位做出最优的成绩，能应付各种艰难复杂情况，能关系融洽和谐地团结一部分人，做好各项工作。我觉得一个团体，既要有好的将军，又要有好的士兵，这样才能协调地向前发展。"这段话也给褚健留下了深刻印象，他认为，能在平凡而有意义的岗位上发现问题并解决问题的人才是真正有本事的。

在人才培养方面，中控坚持自我学习与培训赋能相结合的原则，强调公司赋能的是"想做事、会做事、能成事"且符合公司价值观的员工，重点关注研发、营销、工程、供应链等各个业务领域的人才培养，重视跨领域的人才发展与流动。中控的工程师培养是人才流动的典型例子，扎实的专业技术学习和实操演练，不仅为客户提供了可靠的工程服务人员，同时还向营销端输入了大量懂技术的专业销售人才，有着中控"黄埔军校"之称。

　　特种兵的使命与价值传递是尤为重要的。2018 年，中控提出"5S 店一站式服务"的发展战略。2019—2021 年，中控用两年的时间从 0 到 1 在化工园区开了 100 多家 5S 店，并通过"特训班"的方式成功培养了 200 多名 5S 店店长，助力公司实现了从战略到组织再到人才的赋能转型。在这个项目的培养方案设计中，"增强使命、认知价值、承担责任"是最为重要的一项内容。5S 店是与客户联结的最小经营单元，5S 店店长也从原来的销售骨干成功转型成为一线经营者。褚健在一次跟店长的内部分享中提道："满足客户的需求是我们存在的价值！请各位店长一定要深刻理解公司的战略及实现路径，更重要的是了解中控现有的产品及这些产品能为客户创造的价值。我们的任务就是把所有的产品都宣传给客户，让客户理解每一个产品所能为他们创造的价值！店长就是总经理，是我们中控的特种兵和'一方面军'！"

　　在公司二次转型、组织变革的背景下，中控不再只单纯追求规模发展，而是规模和利润并重，要保证服务质量、效率与灵活性，就必须激发一线活力，提高运营效率。2022 年，中控形成以项目为中心的团队运作模式，从"项目管理"逐步向"项目经营"变革发展，全面推行项目经理负责制。为此，项目经理群体的能力建设也成了一项重要、紧迫的课题。中控认为，项目管理人才的成长大致遵循"'士兵'（后备项目经理）—'英雄'（初级项目经理）—'班长'（中级项目经理）—'将军'（高级项目经理）"的职业发展路径。基于此，中控建立了分层分级的项目经理能力认证体系，从基层历练，到训战结合，再到理论收敛，从基层到高层培养是不断收敛的，会逐步挑选出越来越优秀的人员。走过训战阶段进入高阶后，项目经理若想成长为真正的"将军"，进一步成为该领域的领袖级人物，就要使"自己的视野宽广一些、思想活跃一些，要从'术'上的先进，跨越到'道'上的领路"。

内外结合，多路径人才培养

除了内部培养，校企合作也是中控人才培养的重要途径。中控与国内很多高校都建立了合作，与浙江大学、北京化工大学、南京工业大学、中国石油大学、浙江工业大学、辽宁石油化工大学等高校长期保持人才培养和技术开发方面的校企合作。2022 年，中控又先后与巴基斯坦 NED 大学（NED University of Engineering & Technology）、中国地质大学（武汉）未来技术学院、东北大学达成合作，共同探索和培养复合型人才、创新型人才。

作为中控的掌舵人，褚健一直很重视人才、尊重人才，持续坚持培养各类人才。正是对人才的重视和尊重，使得中控聚集了一大批精英人才，跨越了一个又一个不可能。如今，面对国际化进程的加快，中控又进一步引进面向国际业务的国际一流人才。相信中控很快会跨越国际一流，站在行业国际领先的位置。

完善激励机制

激励机制是企业对人才进行开发与管理的有效手段，也是企业人才自我价值判断与实现的一个尺度与标准，有效的激励机制更是巩固其职业成就感与幸福感的重要动力。目前许多企业活力不足的主要症结通常在于不能形成有效的激励机制来激发生产者和管理者的积极性。因此，建立健全企业激励机制至关重要。这项建设对于规模型企业来说，是一项复杂而庞大的工程，始终贯穿于企业对人才的"引、用、育、留"的全过程。

为建设创新型组织，中控集合三层次人才（普通研发人员、核心带头人、技术带头人）的不同特点设置不同的激励政策。公司对研发人员采取提供住房补贴、职业发展规划设计等多种激励措施，并提供相对宽松的研究平台与工作氛围。对于核心带头人与技术带头人，公司增加股票期权激励举措以激发其创新热情并保持研发团队的持续稳定。

同时，中控在激励举措上并不仅局限于金钱留人，事业留人与感情留人也有效地培养了员工的归属感，提升了其工作积极性。例如在事业激励方面，中控很早就设立了特别贡献奖和十佳员工称号奖，并一直坚持下来。早期的特别贡献奖是颁发给个人的，在执行中，中控发现有些成就是团队共同努力的结果，所有奖项都颁发给个人，会显得不公平。于是特别贡献奖的评奖主体就从个人变成以团队为单位。很多优秀产品、典型项目交付团队都获得过特别贡献奖。同时，中控也通过员工生日会、亲子游园会、培训机会等非物质激励给予员工全面的关怀与爱护，满足其被尊重的需要与自我实现的需要等深层次需求。

5.4　C 观点：管理优化谋发展

组织的生命周期

组织的生命周期通常用 S 形曲线来描述。从早期摸索，到中间拐点，再到拐点之后的同质化增长，每一阶段都对应着不同的管理决策问题，生命系统基本上符合 S 形曲线的变化，如图 5-2 所示。组织的生命周期一般可分为四个阶段：起步阶段、成长阶段、成熟期与衰退期。公司最初创立、创业阶段非常强调创造性，在此阶段企业还没有产生盈利，组织结构还处于初步建立阶段。中控成立初期，几位创业团队成员也是凭着"振兴民族工业自动化"的满腔热情，凭着书生的研究能力与创新技术，凭着坚持不懈、敢于挑战不可能的拼搏精神，一步一个脚印走出来的。

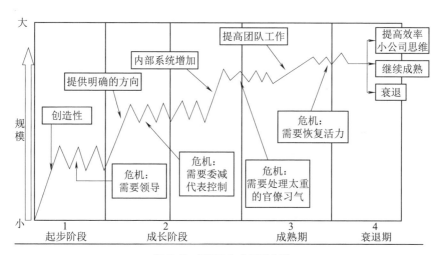

图 5-2　组织的生命周期曲线

企业在逐渐成长起来后，将面临更大的生存问题。企业开始进行一些部门的划分，形成职能型的组织，围绕着不同地域或产品形成不同的事业部，从小公司进入集体化领导阶段，企业的盈利开始初显，市场不断扩展。在 20 世纪 90 年代尾声时，中控的营业额逐渐突破亿元大关，部门化与正规化建设成为当时的管理主题，组织结构也随着公司整体战略的调整不断进化，以满足逐渐复杂化的管理要求。

随着规模的扩大，公司逐渐进入成熟期。此时公司内部系统、组织结构和经营模式逐渐完善，盈利水平逐渐提高，产品定位和市场策略也更加成熟。但管理层级增多可能会导致工作效率相对低下的问题，可能出现官僚习气，过于重视流程而忽略执行力，或者关注本部门小组的利益增多而忽视企业整体利益。

处于衰退期的企业，面对变化的外部环境，仍依靠原来的产品与技术走在原来的经营轨迹上，已经无法适应新产品或新的用户需求，企业的生存状况逐渐走下坡路。在此阶段，企业要积极调整经营战略，调整改变现有的组织架构或管理模式，以适应市场发展和客户需求，积极探索机会窗口以穿越周期，实现新的增长。处于该阶段的企业要求领导者能够洞察生命周期的曲线变化，跨越当前"范式内的演进"，由上一个向下一个生命周期推进。

建设学习型组织

随着社会的进步与研究的逐渐深入，学习型组织的理论与实践也在不断地发展。组织学习强调组织持续变革的特征，绝不仅是组织中所有个人学习行为的总和。在学习型组织中，学习的层次通常包含个人学习、团队学习、组织学习和组织间学习。企业要发展，就需要通过建立学习型组织，更好地应对来自经济和市场环境的各种挑战。

当年和褚健一起创业的，都是与他一样志同道合、善于学习、热爱学习的人。创业初期，中控在没有任何产品、样品的情况下，仅凭一份产品宣传手册和国人的学习能力与对初心的坚持，便摸索着开发出自己的第一款 DCS 产品。因此，与同时代的很多创业企业相比，中控具有极其优秀的学习基因，是典型的学习型组织，有着良好的学习氛围和学习习惯。

创新和人才是企业发展的核心竞争力。在中控，研发团队的带头人金建祥、黄文君、潘再生、赵鸿鸣、谭彰、裘坤等人都是十分热爱学习的人。在他们的带领下，研发团队有着很好的学习氛围。他们一方面积极学习理论知识，另一方面深入学习客户的实践经验、理解客户的需求和场景。这种开放的学习心态，让中控在技术创新和产品创新方面表现比同行更优异。从国内 DCS 被国外厂商全面垄断、"中国人造不出 DCS"，到成为 DCS 国内第一的控制系统和解决方案提供商，中控仅仅用了 18 年。如此优秀成绩的取得，和中控的组织学习能力息息相关。

在管理方面，中控也是典型的在干中学。一群从校园走出来的老师和学生，从来没有在企业里工作过，更别说管理企业了。所以早期的企业管理，都是通过摸索和学习，边学边干、边干边学，逐渐积累起来的。正如褚健所说的："我们不是不重视管理，是不懂管理。我把管理看得很重，但管理能力不行，管理水平低。这几年我推荐几个高管去读 EMBA（高级管理人员工商管理硕士）。我自己看了很多书，给了我很多启示。我非常非常重视管理。"正是褚健这种谦虚和认真的学习态度，才使其领导中控实现一次又一次跨越，一次又一次从不可能走向可能。

对话②
从钱塘江驶向杭州湾

吴晓波：根据我们 C 理论的研究，企业的发展都是阶段性的，会经历不同的窗口期。每经过一个窗口期，企业就会上一个台阶。在不同的发展阶段，企业的战略目标、组织架构、管理体系都会有所不同。创业至今，中控已经走过了 30 年。如果从战略的视角对中控过去的 30 年做一个划分，您认为可以分为几个阶段？每个阶段的战略目标和管理有哪些不同？

褚　健：中控的发展阶段划分很简单，大致可以分为三个 10 年。第一个 10 年的主要目标是怎么活着。第二个 10 年是参与竞争，这个竞争主要是和国际一流企业在中国的高端市场上同台竞争。第三个 10 年，是我们开始在国内市场上的全面领先。

第一个 10 年，我们走的是"农村包围城市"的道路。我常常把它分为三个 3 年，并把这 10 年的经历比作游泳。第一个 3 年，我们在游泳池学游泳。虽然说还不怎么会游，但因为水不深，所以不用担心淹死。等我们在游泳池学会游泳，第二个 3 年，我们就可以到钱塘江去游一游了。钱塘江水虽然比游泳池深，但游不动了，我还可以靠岸，风险相对也小一点。到了第三个 3 年，我们终于可以去杭州湾游泳了。杭州湾那就是到海里了，没机会靠岸。不过还不错，这 10 年我们活下来了。

第二个 10 年，我们提出要在国内高端市场、核心装置参与竞争。第一个 10 年，我们主要是服务两个中小：中小企业、中小装置。经过 10 年的沉淀，我们的技术水平提高了，产品也得到了用户的认同。我们提出要进军核心装置、与跨国公司正面竞争的目标。从钱塘江驶向杭州湾，面临的是更加激烈的竞争。为了能够经受住更大的风浪，我们做了很多变革，从内部组织调整到引入外部合作，从产品和技术创新到可靠性工程全面提升质量。就这样，我们通过不懈努力，逐渐被高端市场、核心装置所接受。

到了第三个 10 年，我们在国内市场就开始逐步超越跨国公司，实现全面的国产化替代。2011 年以来，我们在 DCS 国内市场的销量就一直保持着第一名。最近 3~5 年，国内所有的千万吨炼油和百万吨乙烯项目几乎全是我们完成的。跨国公司在中国的优势已经彻底没了。这几年我们已经开始布局海外市场，希望在第四个 10 年，能够实现国际领先的目标。在国内我们已经全面领先了，在国际上，我们还有一些差距，主要是品牌和市场占有率方面的差距。产品方面，我们已经完全不输他们了，甚至在局部技术方面，我们还领先于他们。

吴晓波：从我们 C 理论研究的视角来看，中控这三个 10 年，应该是经历了三个大的机会窗口。第一个 10 年，中控创业的时候，是国内 DCS 市场需求的机会窗口。外企 DCS 产品的高价格和国内客户的大量市场需求之间存在矛盾，催生了国产化的需求。应该说中控创业选对了时机。第二个 10 年应该是赶上了国内工业化与信息化"两化融合"的机会窗口。发达国家是先有工业化，再有信息化。我们国家比较特殊，工业化和信息化是同步实现的，这就有了我们国家的"两化融合"工程，这对中控而言，也是个大机会。第三个 10 年应该就是数字化，对中控的产品和技术而言，数字化应该也是一个巨大的机会窗口。未来，数字经济时代，我们希望看到中控成为国际一流企业。您认为这其中会有哪些机会和挑战？

褚健： 过去的这 30 年，我们在工业自动化控制领域，取得了一些成绩，最主要的是解决了工业自动化控制系统国产化的问题。我们的技术和产品，已经和国际一流厂商的产品不相上下，有些方面还可以局部领先。最近几年，我们布局了很多新业务领域，比如在全国大中型化工园区，开设了 100 多家 5S 门店；开发了自己的工厂操作系统 supOS；在工控芯片、智慧实验室、国际化业务方面，我们已经做了很多准备工作，未来 3~5 年，应该就能看到成效。如果说到挑战，最大的挑战是我们自己，如何能在国际化的道路上，保持初心，坚持创新。做到这样，我们就一定能成为国际一流企业，超越其他国际一流厂商。

第三篇

雄心：凤凰涅槃

作为一家流程工业服务商，中控希望为石油和化工产业的未来发展贡献一点力量。流程工业从工业3.0向工业4.0迈进，自动化是基础，数字化是平台，智能化是目标，工业软件是关键。中控将始终做石化产业数字化转型可信赖的合作伙伴，也将伴随石化产业的高质量发展进程，为行业可持续韧性发展增添助力。

——褚健，《建设流程工业未来工厂的思考》

进入21世纪，全球主要经济体相继提出制造业智能化发展战略，德国提出"工业4.0"计划，将物联网及服务技术融入制造业；美国提出"先进制造业领导力战略""再工业化计划"等，确保美国在先进传感、先进控制和平台系统、数字制造等领域的优势地位；日本提出"新机器人"战略计划，将机器人和IT技术、大数据、人工智能等深度融合。

面对新一轮科技革命和产业变革，为推动制造业与新一代信息技术融合发展，抓住国际产业分工格局重塑的重大历史机遇，2015年5月，国务院印发《中国制造2025》的通知，这标志着新一轮制造业转型升级的开始和数字化经济时代的全面到来。

第 6 章　浴火重生

2015 年以来，信息化、数字化技术飞速发展，技术、产品、市场都在发生着巨变和骤变，企业的生命周期进一步缩短，企业间的竞争也越来越激烈。而此时的中控，已经成长为国产 DCS 的龙头企业，并持续多年稳坐 DCS 国内市场占有率第一名的宝座。面对这样的成绩，中控内部开始出现一些懈怠情绪，组织疲态尽显，活力逐渐消失。2014—2016 年，中控在国内市场的营业收入连续三年停滞不前。一边是非线性时代下日益激烈的市场竞争，一边是日渐松懈的内部氛围，这让褚健有着深深的危机感。为此，褚健开始思考如何通过组织变革，重新唤醒团队创业的初心和创新的激情，以此帮助中控跨过未知的"阿喀琉斯之踵"。

6.1 "烈火计划"唤醒初心

跨越"阿喀琉斯之踵"

企业的成长需要持续的动力。对于创业期和发展早期的企业来说，成长动力主要来自创始人和少数核心成员，由于组织结构相对简单，人员数量相对较少，而且时刻面临着巨大的竞争压力，这时的组织总是充满着奋进的激情与活力。但是随着业务的发展，企业规模不断扩大，组织结构日益复杂，各成员的心态也在不断发生变化，创业早期的朴素动力将不可避免地受到侵蚀，导致最初的组织活力逐渐消失殆尽，从而最终使企业步入衰退期。

当前，全球正处于一个非线性的时代之中，一场更大范围与更深层次的科技和产业革命正在发生，技术、产品、商业模式的生命周期和争夺客户的时间窗口，都在以前所未有的速度缩短，发展过程充满着不确定性、断点乃至突破。越来越多的企业处于动荡且难以用惯常思维来准确预测的环境之中，过去看似准确的规律如今可能成为前进的"绊脚石"，一个看似不相关的行为可能会对未来产生极大的影响。

适者生存。企业是社会经济的发展支柱，更是非线性时代的弄潮儿。在这个时代背景下，我们见证了众多大企业的崛起，也目睹了不少企业悄然退场，消失在时间的长河中。对这些企业来说，'部分失败的原因或许回头去看能够恍然大悟，但更多的是不解与迷茫。正如时任诺基亚公司 CEO 的约马·奥利拉在 2013 年 9 月的记者招待会上宣布同意微软的收购时说的："我们没有做错什么，但不知为何，我们输了。"无数个曾经极度辉煌如今已然落幕的企业案例都在明确告诉我们，再强大的企业也会有自己的"阿喀琉斯之踵"。

"阿喀琉斯之踵"是阿喀琉斯（古希腊神话中的英雄人物）的脚后跟，因是其身体唯一没有浸泡到冥河水的地方，于是成为他唯一的弱点，导致他在后来的特洛伊战争中被毒箭射中脚后跟而丧命。

后人常以"阿喀琉斯之踵"比喻这样一个道理：即使再强大的英雄，也有致命的死穴或软肋。作为外部旁观者，当回头审视与剖析这些"莫名其妙"倒下的企业的失败原因时，我们发现尽管其失败的经历不尽相同，却可以总结出一点确定性的规律，这些失败者都在旧的"范式"内越走越远，即使接近其发展的极限，也只能遵循企业的生命周期规律不可避免地进入衰退期，很难有显著进步，如图 6-1 所示。而卓越企业能够保持基业长青，其根本原因在于拥有能够预见机会窗口的打开，并及早进入下一个范式以赢得未来的竞争优势。在如今生命周期越来越短的背景下，打破平衡已经成为一种常态，作为企业的领导者，需要主动在迭代、试错和流动的过程中，鼓励企业做出新的尝试。

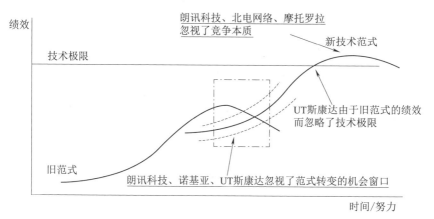

图 6-1　基于范式及范式转变规律的伟大企业失败原因分析

把中控投向"烈火"

面对日益激烈的市场竞争与日渐松懈的企业内部氛围，褚健无时无刻不在思考，究竟如何才能激发员工的斗志，让团队重回创业初期充满激情与活力的状态，以此帮助中控真正跨越未知的"阿喀琉斯之踵"，避免成为时代的溺水者。

此时，来自硅谷的火人节 Inferno 给了褚健很大的启发。在经过反复的思考和内部讨论后，2017 年 1 月 19 日，中控决定推行"烈火计划"（Inferno Program）。Inferno 一词的英文原义是烈火，代表了热情、激情和斗志。但烈火如果控制不好，也会带来毁灭。选择用烈火一词，有向死而生的含义。褚健希望在它的指引下，中控人能够不惧挑战、突破新生。在"烈火计划"中，中控赋予了 Inferno 新的含义：

I：Innovation（创新）

N：Never Say No（绝不说"不"）

F：Fighting（战斗精神）

E：Execution（执行力）

R：Revolution（变革）

N：Number One（追求卓越）

O：Overall（全员参与 / 全方位涉及）

在褚健看来，他要把中控投向"烈火"，希望通过"烈火计划"的推行，从创新精神、绝不说"不"、战斗精神、执行力、变革的勇气和精神、追求卓越、全员参与 / 全方位涉及七个方面，全面激发员工创新、拼搏与奋斗的精神，激活组织，缔造中控全新的生命。

在"烈火计划"推行过程中，经过全公司三千多人的共同参与和长达数月的价值观大讨论，中控内部对"Inferno"的含义达成了共识。

创新是中控的工作思维。"创新"一词最早由美国经济学家熊彼特提出，他认为真正的创新是"迎接创造性破坏的永恒风暴"，这种风暴并非局限于技术发明与工程设计，还贯穿于企业管理和服务的方方面面。一直以来，自主创新都是中控成功的基石。在"烈火计划"中，坚持"创新"的工作思维，再次为中控未来的发展指明了航向。

绝不说"不"是中控的工作态度。褚健常说"不可能＝机会"，这后来也成了所有中控人的工作态度。"烈火计划"要求所有员工都不要轻易说"不"，要敢于挑战困难，要拒绝一成不变。只有敢于应对挑战的人，才能把一个个奇迹变成现实，把一个个不可能变为可能。

战斗精神是中控的工作意志。狭路相逢勇者胜。在战场上，战斗精神是克敌制胜的法宝，是决定战争胜负的精神支柱。中控所在的工业控制领域，面对的都是国际一流竞争对手，是高科技的战场。这就要求中控人要有战斗精神。作为中国自动化的领军企业，中控必须成为一支有战斗精神的"虎狼之师"，每一个中控人都必须用顽强斗志来武装自己，使自己成为一名合格的"中控战士"。

执行力是中控的工作效率。天下武功，唯快不破！要在激烈的商业战场上取胜，光有战斗精神是不够的，还需要有高效的执行力。积极主动的工作态度是执行力的基础，掌握科学合理的工作方法并不断学习提升工作能力是执行力的保证。

变革是中控的工作精神。VUCA①时代充满了变化和不确定性。唯一不变的是变化。要想在竞争中取胜，就要勇于变革。中控必须根据内外部环境的变化不断整合企业资源，才能站上新的历史舞台。每一个中控人也必须关注变革、认识变革、融入变革，才能跟上公

---

① VUCA：volatility（易变性）、uncertainty（不确定性）、complexity（复杂性）、ambiguity（模糊性）的首字母缩写。——编者注

司的发展脚步，实现中控和个人的战略目标。

追求卓越是中控的工作使命。创业初期，中控就肩负"振兴民族工业自动化"的历史使命，这就要求每个中控人时刻牢记追求卓越的使命，只要有进步空间就要往前走，无论是生产制造、工程实施还是客户关系或管理等任何方面，都要追求卓越，永不止步，永无止境。

全员参与 / 全方位涉及是中控的工作基础。每个中控人都是"烈火计划"的制定者和参与者，变革是全体的事情，要全员参与、全方位涉及。

"烈火计划"中的每个关键词，都有其具体含义，把这七个词放在一起，就是"永无止境"。推行"烈火计划"，褚健希望 Inferno 可以成为全体中控人永远的追求，永不止步。他希望通过变革，中控能够成为一家真正受人尊敬的、充满活力的创新型高科技公司。他说："我始终认为中控的基因很好，中控的基础很好，但中控这些年来也积累了很多困难和问题，主客观原因都有。但我深知，No Excuse（不找借口）、Nothing Is Impossible（一切皆有可能），执行力是关键，我对中控充满信心。"

6.2 激活组织，迎来新生

对于组织活力，众多学者都进行过描述或给出过定义，他们普遍认为：组织的经济实力、智力、创造力等的增长情况决定了组织的活力，较高活力的组织才能生存下来，实现增长，取得高的绩效。组织活力也包括不同方面，例如组织的运行、智力、情感、精神等方面的活力。学习、创新、柔性和企业家精神是获得并维持组织活力的主要支柱。企业无法保证自身的发展方向和战略永远正确，要想活下去乃至基业长青，组织活力才是其中最为关键的引擎。

在 C 理论系列丛书的《激活组织：华为奋进的密码》一书中，我们尝试给出组织活力的定义：组织活力就是驱动组织上下朝着既定目标开展活动并取得预期绩效的一种内生力量。且这与通常的"人才是第一生产力"的认识不太相同。人才要具有正确、足够的活力，才能形成第一生产力，这种活力的外在表现就是组织中的个体和团队敢于拼搏、善于拼搏，能够保证组织的生存和发展。组织活力激发就是将这种内生力量从无到有、从少变多、从无用到有用的单向过程，以使组织从上到下、从内到外都能满足自身生存和发展的需求。

组织活力激发的核心方法主要包含两个方面：组织的坚定信念和二元性。一方面，组织活力激发的内在条件是培养坚如磐石的信念，个体认同组织信念并能够持之以恒地为之努力（往往从上至下传达）；另一方面，组织活力激发的外在条件是组织的二元性（企业各层级既能主动打破平衡态，又能快速建立平衡态）。如图 6-2 所示。

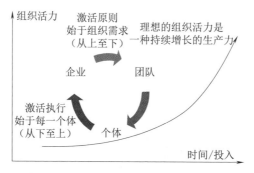

图 6-2 组织活力持续、全面激发的基本内涵

坚定信念，加快脚步

"中控是一个传奇，从最初的一无所有，到现在国内流程工业自动化的领头羊和智慧城市解决方案的领先者，中控为中国的社会经济发展做出了卓越的贡献。中控过去的成功，依靠的是褚健老师的战略洞察力和魄力，依靠的是中控人持续艰苦奋斗、不断追求卓越的努力和毅力，依靠的是切实做透以客户为中心、坚持自主创新的技术体系。中控是一家有使命感的企业。"

——华夏基石，彭剑锋，2018 年

"方向大致正确，组织必须充满活力"通常被认为是华为奋进前行的密码，这个密码同样适用于中控。为了统一目标和思想、全面激发组织活力、真正迎来中控的新生，在发布"烈火计划"之后，2018 年，中控又在外部咨询公司的支持下，经过内部讨论，发布了《中控共同纲领》（以下简称《共同纲领》）。作为中控在各个关键领域统一行动的指导方针，《共同纲领》首先明确了中控的核心价值观和经营理念。在核心价值观的基础上，明确了中控的战略要素和统一管理纲领及团队纲领。

《共同纲领》的传递是从上至下开始的，这个传递过程也是培养组织中个体的强大信念和力量的过程。《共同纲领》的核心价值，就是在新的发展背景下，统一中控人的核心价值观，提升中控人的活力、凝聚力和创造力。在《共同纲领》的发布会上，褚健说道："我想不仅把它作为中控 25 岁生日的献礼，更希望它能成为今后我们所有工作开展的行动指南。我有信心也有决心，和大家一起努力，实现中控的全新蜕变，共同把中控打造成为一家真正受人尊敬的为客户创造价值的公司，在中国的发展进程中留下我们深深的足迹！"

主动打破平衡与快速建立平衡

罗伯特·E.鲁宾在《在不确定的世界》一书中指出："我们处在一个不确定的世界里，没有任何事情是确定的，任何决定都是或然性的。"一个复杂的灰色世界里，会出现静态和动态的混合，管理者必须采取微妙的平衡方法。一个有水平的领导人必然是高瞻远瞩的，懂得未雨绸缪。根据经济学规律，不确定的业务才可能有更大的利润空间。不确定性意味着危机和挑战，也蕴含着巨大的机会。

组织活力激发的外在条件是组织的二元性，即企业各层级既能主动打破平衡态，使得打破平衡成为一种常态；又能快速建立平衡态，以此不断激发组织和组织中的人，使组织和组织中的人有高度差、温差、速度差，使组织和组织中的人的"不可使用"的能量变成"可使用"的势能、动能、效能。在积极打破旧有平衡与迅速建立新平衡的过程中，组织需要重点关注并解决以下两组关键矛盾：

（1）专注与忘却

非线性时代的组织应处理好坚持与变革的平衡，既要保持一定的专注，又能主动忘掉不合时宜的做法。特别是在范式转变期，组织不能被旧的技术范式所影响，在保持对当前成功因素的专注和对过时做法的淘汰之间找到平衡，做到忘却学习，聚焦断层管理。

忘却学习是一种非常重要的企业管理理论，它与一般意义的"学习"的概念并不是反义词。从学习本身的特点来看，学习过程会产生锁定现象，即企业容易对已经形成的学习轨迹产生依赖，已有知识带来的成功经验和探索新领域带来的失败经历会在企业中一直延续。但在技术范式转变期，组织面临的"游戏规则"、标准和基础都发生了变化，很难用历史经验做出解释，大量知识的过时会使组织对知识的运用迷失方向，这时必须忘却过去的行事方式，这就是忘却学习。那些认为不需要忘却学习的组织会面临坠入"能力陷阱"的风险。

"烈火计划"推行以后，褚健经常在讨论会上引用埃里克·布莱恩约弗森的《第二次机器革命》中的一句话："一年是一年，那是 200 年前；一个月是一年，那是 20 年前；一天是一年，那就是现在。"他也很欣赏小米的七字诀："专注、极致、口碑、快"。在他看来，做到专注、做到极致、树立口碑，这些中控都做到了。但是"快"的方面中控做得还不够好。如果中控能做到快，做别人不会做不敢做的事，便会获得更多的机会。要做到快，中控就要改变过去的一些习惯。中控过去取得了一些成绩，但不能为过去的成绩所羁绊，要忘却以前的成绩与习惯，重新开始，重新出发。正处于周期转换的脱节、混乱和危机等非线性动态变化中的中控，既要学习（专注），同时又要忘却学习。

（2）求稳与求变

当今时代，唯一不变的就是变化。企业面对的是一个变化得越来越快的世界，变化是常态，更是机会。非线性时代的组织应把变革、不确定性当成常态，要拥抱而非回避，以自身的确定性拥抱外部的不确定性。为了应对变革和不确定性，企业必须具有化危为机的意识和能力，加强预见和准备，居安思危，主动预防而不是被动救火。

"烈火计划"发布后，面对新一轮产业革命和科技变革，中控提出"两大转型、三大任务、四个转变"。两大转型是指"从服务于工业 3.0 转型到服务于工业 3.0 + 工业 4.0 的技术升级转型"和"从自动化产品供应商转型为行业解决方案服务商的业务转型"。三大任务是指"面向客户成功构建以客户为中心的区域经营平台""面向价值创新解决方案构建以工业软件为核心＋满足行业需求的解决方案""面向大数据的工业智能化构建数据治理能力，通过大数据为客户创造价值"。四个转变分别是"从关系发展的文化转变为增长型的高绩效文化""从以产品为中心转变为以客户为中心""从职能型组织转变为流程型组织""从安于组织惯性的熵增转变为激发组织活力的熵减"。

　　主动拥抱内外部变革与不确定性，可能让企业喘不过气，但也是换种方式呼吸的机会。中控在发展中不断进行改革，不断打破自身的稳定状态。"大鹏一日同风起，扶摇直上九万里。"在新一轮管理变革的激发和褚健"二次创业"战略转型目标的指引下，中控人将以全新的精神面貌和激情斗志投入数字化转型的战斗中。

6.3　文化升级，凝心聚力

企业发展，文化先行

　　组织文化是利用认知价值、观念、信仰、规范、礼节等指引组织活动的系列共识。科学的组织文化是组织激活并走向持续成长的最核心、最基础的隐形力量。企业文化，作为组织的灵魂，涵盖了一系列共享的价值观、信仰和行为准则，这些价值观为员工的行为和决策提供指导，提高员工的归属感与参与感。这种文化的力量延伸到企业的每一个角落，不仅内化于员工的日常工作，更通过他们的行为和态度向外部世界展示企业的形象和价值。市场和环境迅速变化的当下，一个充满活力和创新精神的企业文化成为企业适应新挑战、抓住新机遇的动力源泉，帮助企业在竞争激烈的商业环境中保持领先地位。

企业在发展的早期，通常会聚焦在业务战略上，先确保能站稳脚跟和活下来，很少关注企业文化建设的问题。然而，作为高校教授创业的褚健，对企业文化有不一样的理解，他深知文化的重要性。创业初期，褚健就开始思考公司企业文化建设的问题，并提出了"敬业、合作、创新"的企业精神。1998 年 3 月，褚健发表题为《我的心里话》的内部讲话，重点提到"敬业、合作、创新"的企业精神，并强调敬业是前提，合作是基础，创新是动力，效益是目标。

> 公司从创建到现在，刚好 5 年时间。从无到有，从小到大，从弱到强，它的发展历程非常值得我们总结，包括我们成功的经验，前进中的问题。可以说有一条是千真万确的，那就是我们公司的企业精神和灵魂——"敬业、合作、创新"。正是这一企业精神激励着全体员工，它是凝聚力之所在，是力量的源泉。我始终认为我们公司之所以能成功，并不是因为我们某个人或某几个人多么聪明能干，也不是因为我们有什么特别好的机遇，而是在"敬业、合作、创新"这一企业灵魂的感召下凝聚了一大批有共同理想、目标和抱负的年轻人。
>
> ——《我的心里话》，褚健，1998 年 3 月 15 日

在褚健的影响下，公司从上到下都非常关注企业文化，时常组织内部文化学习、文化大讨论，有时候甚至会发起以公司文化为主题的内部问卷调查。在褚健看来，企业最难的是文化建设。他希望

通过学习、讨论和问卷调查，让每个员工都能理解公司文化背后的精神和内核，从而认同和接纳公司文化。而对于员工反馈的企业文化问题，褚健都会认真思考并正面回复。2000 年 10 月，中控管理层 20 多人齐聚湖州太湖山庄，全面讨论中控核心竞争力。2001 年，中控策划部组织企业文化调查，从公司宗旨及目标、长远发展规划、"敬业、合作、创新"的企业精神，到团队的工作氛围、上司的表率作用等，全方位了解员工对企业文化的理解、认同情况，并收集反馈意见，促进企业文化建设。2001 年底，金建祥在《展望 2002》访谈中提道："小公司看领导、中公司看行业、大公司看文化，完整的企业文化体系将是公司健康发展的有力保障。"

"烈火煅烧，凝练真金"

2017 年以来，为了唤醒中控人的初心与全面激发组织活力，中控开始了轰轰烈烈的"烈火计划"。在 Inferno 的"烈火煅烧"下，褚健将其包含的七个关键词凝练成了 22 个字的中控新的价值观："为客户创造价值，坚持奋斗与创新，敬业诚信，追求卓越"。在多轮讨论之后，中控将"为客户创造价值，坚持奋斗与创新，敬业诚信，追求卓越"的核心价值观进一步凝练成 16 个字："客户成功，奋斗创新，敬业诚信，追求卓越"。每一个核心价值观的关键词既是中控初心的延续，也是以壮士断腕、向死而生的勇气面向未来的变革追求。在褚健看来："企业管理的核心是文化，不是流程，而企业管理难也难在文化建设。如果文化都改不过来，流程是搞不好的。文化就是能够有斗志，能够创新，要有拿第一的精神，不能什么都是差不多。"他希望通过塑造崭新的企业文化，使得团队更具创新精神，更有战斗力与激情。

"客户成功"是中控核心价值观的第一条，它既是中控价值观的核心，也是中控人的目标指引。在中控人心中，为客户创造价值，助力客户成功，是中控生存发展的第一要义。只有客户成功，才有中控成功。只有帮助客户持续成功，中控才能成为百年老店。"客户成功"不仅要求中控一切经营活动都要以客户为中心，持续改善和变革，持续关注市场需求，不断提升产品质量、服务水平和业务能力，帮助客户取得可持续发展，为客户创造更大价值；还要求每一个中控人都要不断突破自我，革新观念，成为客户的一体化伙伴，融入客户价值链，感悟客户需求，超越客户期待，用卓越的解决方案推动客户与中控相互成就、成长共赢。

"奋斗创新"是中控人的动力之源。在中控 30 年的发展历程中，"奋斗"始终是中控人的力量源泉和精神特质，"创新"是深深植入中控血脉的强大基因。中控靠奋斗和创新而生，靠奋斗和创新而强。奋斗者和创新者是中控的脊梁，而中控则是奋斗者和创新者的广阔平台。

"敬业诚信"是中控人的立身之本。中控内部提倡"中控人因敬业而赢得尊敬"的文化。敬业要求每一个中控人都能以专业过硬、勤勉尽责、积极主动的精神对待工作，用站高一线的眼界提升自我，持"高于预期、超越预期"的标准严于律己，以"广阔的格局"加速更新、加速成长，永远秉持对自己负责、对公司负责、对客户负责的立身准则。中控人因"诚信"而获得信赖。中控强调内诚于心，外信于人，言必信、行必果，遵守法律法规，拒绝灰色地带，以高度的责任感不折不扣地兑现每一项承诺。中控认为品牌信誉源于

"敬业诚信"的持久修炼，"敬业诚信"能够支撑中控成为受人尊敬的企业。

"追求卓越"是中控人的发展信条。中控所肩负的历史使命决定了中控人坚定追求卓越，永不甘于平庸，勇于自我变革，走在时代前列，牢牢把握新机遇。"追求卓越"要求中控人用精益求精、止于至善的态度对待每一件事，要求中控人无论做市场还是干研发，都要有"一米宽，一百米深"的精神，要保持永不满足的"饥饿感"，不懈求索，抢占科技制高点，赢得领先，以成就百年基业的宏远格局，踔厉奋发，奔向世界工业文明发展的星辰大海！

面对复杂多变的经济环境和激烈的竞争，为了进一步提升组织活力，打造公司凝聚力，2021年，中控发起新一轮组织变革，从治理思想、业务格局、组织秩序等方面全面构建新的公司治理架构，并进一步讨论形成公司新的使命愿景：让工业更智能，让生活更轻松。

2021年10月18日，在企业文化核心理念发布会上，中控技术董事长兼总裁崔山发表题为《筑愿启航》的主题演讲，诠释"让工业更智能，让生活更轻松"的文化内涵。

理想和信念是中控的魂魄，中控始终以愿景和使命驱动发展前行，在世界工业和人类生活中贡献智慧和力量。

我们以奋斗和创新为本，为工业自动化、数字化、智能化提供卓越的解决方案，立志推动工业文明持续发展进步。我们执着于解决与人类生活息息相关的重大挑战，持续提升人们的生活品质和情感愉悦，让生活因中控的奋斗和创新而更加轻松。

"让工业更智能"是我们的初心，亦是我们的方法论；"让生活更轻松"，是我们的追求，亦是我们的世界观。我们通过技术、产品和服务承载中控的信念和追求，践行中控的价值观，在社会发展的进程中留下深深的足迹。

开放包容，有限闭环

在 C 理论系列丛书的《激活组织：华为奋进的密码》一书中，我们提出了所有组织为了保持活力而必须具备的三个文化特征：专注与忘却，求稳与求变，开放包容与有限闭环。当前的组织边界逐渐模糊，企业与外界的关系也日趋复杂，企业只有创造出一种能带给人希望的、明确的、每个人都能理解的文化，营造一种开放、安全、有保障的环境，组织活力激发的方向才不会出错，才能有的放矢。另外，非线性时代的组织应该是有限开放的包容系统，既要开放，又能够有限地闭环管理。通过加强自我批判、反思和自我净化，通过持续地内外监督、讨论来发现问题和解决问题。

在过去 30 年的发展中，中控的规模从最初的十几人，到目前已经超过 7000 人。员工不仅有来自全国各大高校的毕业生，更有来自不同业务领域、不同年龄阶段，以及来自海外的社会招聘人才，包括一批来自国内外一流企业的高层管理人员。他们的加入，给中控带来了新的文化元素。在走向国际化的进程中，面对不同国家不同文化背景的客户和员工，中控则致力于通过"尊重"与"激励"，打造更加开放包容的文化氛围。同时也通过倡导问题文化、自我批评与反思文化，做到有限的闭环管理。

"尊重"与"激励"的文化

中控的合作伙伴、来自中国台湾的台湾新鼎系统股份有限公司的谢煜琦曾写过一篇题为《外人眼中的中控——在"尊重"与"激励"文化中不断成长》的文章。他在文中说："学者从政在台湾非常普遍，但学者从商在台湾就非常罕见了；而从商后还能将企业发展到一定规模的，更是少之又少。中控的快速成长，确实令人好奇。"企业成功与否，十之八九取决于组织文化。在谢煜琦看来，中控成功的秘诀，在于中控的企业文化，而中控文化的核心是"尊重"和"激励"。

中控尊重每位员工。在中控的大家庭里，员工本身就是主角，职务有头衔，工作无阶级。举个简单的例子，公司园区的停车位，领导没有任何特权，和普通员工一样，都是先到先停。这种停车管理文化在台商企业是少见的。中控的这一企业文化里，蕴涵着对每位员工的尊重。

2015年，时任中控副总裁熊菊秀曾说过这样一句话："基层员工反映在工作上的小事，其实是主管的大事，一定要优先看、优先解决。"这种思想体现了中控主管爱护员工的心态。而员工感受到被尊重，自然会体会主管的期许与要求。走进中控，各楼层的国家高层领导的参观照片、员工荣誉榜、各类活动信息，都能让人感到公司的发展是被国家重视的，而员工是受到公司的尊重与激励的。

中控的"尊重"文化，不仅是对员工的尊重，也表现在对客户的尊重上。虽然中控并没有把对客户的"尊重"二字挂在嘴边，但对客户接待的认真、对客户需求的快速响应、对客户问题的快速解决，无不体现出中控对客户的"尊重"。

另外，中控的"尊重"文化，还表现在对技术的尊重、对专家的尊重上。这从日常称呼研发专家为"老师"上就表现得淋漓尽致。

问题文化

如果说校园文化是中控的一个文化标签，那么，问题文化则是中控文化的一大特色。作为一个学者出身的企业家，褚健给人最深的印象是谦虚、低调和务实。体现在企业管理中，就是面对问题从来不回避，甚至积极主动去发现问题。在中控 2017—2020 年变革战略发布暨宣贯大会上，他说道："我是一个喜欢讲问题的人，我们不能只看到成绩。我经常说，一年 365 天，我只有一天讲成绩，364 天都在讲问题。只有看到问题，解决问题，我们才能不断进步。我讲问题不是对大家的批判，过去的成绩是我们大家的，但是对过去的问题我愿意承担所有责任。"

2017 年 4 月 17 日，在股份公司子公司总经理 2017 年第一季度办公会上，褚健说："我喜欢说问题，不喜欢说成绩。大家不要觉得我说的问题是对谁的批评，或者对谁有看法，这些都不存在。也希望我们今后任何的讨论都对事不对人。如果我说的哪一句话与某公司或部门有关，请不要对号入座，关键是要把问题找出来。"

他还要求高管们在召开工作会议的时候重点讲问题："开会如果只有 10 分钟，最多 2 分钟讲好的方面，剩下 8 分钟都要讲问题。讲得越透彻越好，把最严重的问题剖析出来，数据不要造假、掩盖，要充分讨论，把最坏的情况反映出来。"

问题文化的起点是不回避问题、积极面对问题，但最终目标是要及时解决问题。对于如何解决问题，褚健给管理团队提出了很好的要求和建议："一要有明确的方向；二要建立快速响应的组织架构和机制，要围绕客户转，围绕市场和一线转，这个观念必须要转变；三要去繁从简，关注成为负担的资产、层级、人员。这些方面任何一个问题的解决都刻不容缓。做研究可以迟一天，但是做公司不行，没准迟一天，我们就死了。所以希望我的急能够传递给大家，大家一起急，一起想。"

除了不回避问题、积极面对问题，中控文化还有一个重要元素，就是"不找借口"。褚健说："不管什么原因都不能成为借口，不管什么事情，做不好就是自己的责任，别去推给别人。中控到今天，所有的责任都是我褚健的，我不会怪罪谁，没做好也是我没做好。但我们要反思我们做得不好的地方和原因，不断改进，努力做好，这才是我们必须要有的态度。"不管是直面问题，还是不找借口，褚健都坚持从我做起。

自我批评与反思文化

无论是作为学者还是作为企业家，褚健的表现都堪称优秀。越优秀的人越谦虚，这在褚健身上表现得特别明显。褚健时常站在自己和公司的视角进行反思和自我批评。从他讲话的题目就可以看出来：《我是谁》《我们才刚刚开始》《中控还是个小公司》《冬天来了，我们该怎么办》。

2004 年，中控合同额突破 7 亿元，在年终总结会上，褚健发表了题为《中控还是个小公司》的讲话。他说：

> 我们是否提前犯了"大企业病"，一种小企业得的"大企业综合征"？

近年来，中控在管理与文化建设方面存在着严重的问题，在寻求公司发展的过程中也滋生并逐步养成了一种中庸、官僚、低效、惰性的文化氛围，在已有的成就面前催生了"小农意识"，骄傲自满，丧失了不断进取的创业精神。体现在工作中，就是对出现的问题视而不见（回避），或者即使是属于自己工作职责范围内的问题也不积极解决，而且不允许其他人插手过问，形成一个封闭的小圈子，使得问题一拖再拖；公司内部还形成不少"信息中转站"。也有的是管理方面的问题，导致员工责任心不强，工作不负责任，容易满足于现状，等等。

与先进企业相比，中控现存问题可以概括为：公司不大、架子却不小；效率不高、感觉还挺好；规模不大、级别不能少；目光短浅、要求还挺高；学习不够、思考就更少；能力不足、态度还不好等。另外，智者能人不算少，但敢说敢为、敢于承担责任的实在不多。这绝不是危言耸听。

虽然公司取得了很大的发展，但褚健希望中控能始终保持创业精神，他觉得中控还远不及大公司的规模和竞争力，因此就不能学大公司的组织结构，不能照搬大公司的管理文化，不能讲究大公司的排场，也不能有大公司其他固有的毛病。中控的核心价值是以技术创新成果为社会创造价值，并为社会提供一流品质的产品和服务。不断创新、不断追求是中控的永恒主题，中控存在的理由就是赢得社会的尊重。

中控还是个小公司，必须把握住小公司的灵活、高效，充满活力与激情，没有包袱，勇于创新，艰苦创业的精神。我们必须通过变革，进行组织再造，简化管理模式，降低协调成本。我们要加速建立网络型组织和虚拟组织，降低市场交易成本，并在一定程度上建立内部市场机制，预防"大企业病"。我们应该不断创新，永远创业！

正是褚健这种谦虚、自我批评、时常反思的作风，让中控能够时时保持清晰的战略方向和战略定力，也才有了中控持续稳健的发展和如今的厚积薄发。

6.4　C 观点：激情澎湃上台阶

忘却学习

组织学习是一个动态的过程。对于任何组织而言，只有创造性学习是远远不够的。忘却学习作为组织学习中很重要的学习模式，受到管理学专家的普遍关注。作为组织学习的核心概念，忘却学习是指组织为了更好地适应市场变化，有时候需要摒弃陈旧的战略思维模式，忘却陈旧的运营流程和理念。

由于技术的进步和技术范式的转变，企业往往需要穿越不同的技术范式周期。在穿越周期的混沌窗口期，面对复杂多变、不确定、模糊的情景，组织需要打破原有的理念束缚，去构建新的管理模式。当原有的管理体系无法适应新的技术范式时，组织需要"忘却"原有的经验和习惯，"打破"原有的经验主义和惯性思维，以全新的心态去构建新的管理模式，以适应新的技术范式的发展需求。

纵观中控的发展历程，在创业早期，由于人员较少，中控的部门设计相对简单，部门之间也没有明确分工，团队主要是技术团队和营销团队。技术团队除了负责技术和产品的开发，还要负责项目方案设计和工程交付。1997 年以后，随着业务的增加，原有的管理模式已经无法有效支持业务的快速发展，于是中控引入 ISO 9001 质量体系，按照规范要求对部门、岗位重新设定。2002 年后，中控提出进军高端市场、核心装置的战略转型。为了更好地开拓高端市场，中控对面向客户的市场一线组织和工程交付组织进行了多轮调整，最终形成了如今"区域销售中心＋行业中心"的组织结构和业务运作模式。无论是面对 DCS 从模拟信号到数字信号，还是面对中国加入世界贸易组织、"两化融合"和数字化经济时代的到来，中控都能通过主动的战略转型，抓住机遇实现新的增长。

由此可见，中控在面临技术和市场的机会窗口时，能够主动"忘却"原有的经验和习惯，"打破"原有的制度规则，以全新的心态去构建新的管理模式和流程。中控这种否定旧自我、开创新自我的"忘却学习"模式，是其激发组织活力，实现新的飞跃与发展的重要抓手。

范式转变与非线性成长

回首过往，放眼当下，全球正经历着一场更大范围与更深层次的科技和产业革命，我们也正处于这样的非线性时代之中。非线性时代包含三个显著特征。

周期变短，变革成为常态。技术、产品和商业模式的生命周期和争夺客户的时间窗口，都在以前所未有的速度缩短。时间维度的缩短带来挑战和机遇。企业既要拥抱变革，也要习惯跨周期的持续变革。

高度开放、包容成为必然。随着新一代信息技术的深度应用，行业企业的边界逐渐模糊，技术创新、产品研发也趋于融合化、全球化。这使得企业不得不适应在开放系统中进行协作和竞争。

不可预测，没有规律便是规律。技术、产品、市场都在发生聚变和骤变，发展过程充满不确定性、断点乃至突变，越来越多的企业处于动荡且难以用惯常思维来准确预测的环境之中，过去看似准确的规律，如今却可能成为前进的"绊脚石"。一个看似不相关的行为，可能会对未来产生极大的影响。

人类塑造了非线性时代，也正接受着非线性时代产生的各种竞争与挑战。对于企业来说，这样的时代之下同时蕴含着巨大的机遇与挑战，由于未能跨越"阿喀琉斯之踵"而陨落的大企业数不胜数。C理论认为，探索非线性时代的企业兴衰规律时，需要进一步了解范式转变的基本规律，以找寻"非线性时代的确定性规律"。

"范式"这个概念最早是由美国著名社会学家罗伯特·默顿于20世纪40年代提出的，通常是指从事某一类活动所必须遵循的公认的"模式"，它包括共有的观念、理论、范例、方法、手段、标准等。每一个范式都有其固有的发展阶段。在一个范式内，它会沿着既定路径发展，技术进步主要表现为渐进的、积累的、连续性的过程，没有发生明显的跃迁，就被称为"范式内的演进"。

当某一范式发展到成熟期时，就会接近发展的极限，很难有显著的进步，此时就会产生新的范式，发生从一个范式到另一个范式的跃迁，被称为"范式转变"，如图6-3所示。

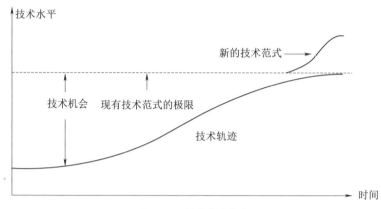

图 6-3　技术范式转变

当前企业正处于这个非线性时代之中，需要将众多的不确定当作一种常态，积极地去拥抱不确定性。卓越的企业需要能够预见机会窗口的打开，并及早进入下一个范式，以赢得未来的竞争优势，真正实现非线性成长。当机会窗口关闭之时，处于落后地位的企业很难实现超越，领先者也很难摆脱追赶者高效模仿和学习的纠缠。因此，处于技术范式转变的混沌期时，企业如果不能很好地应对，就会被历史所淘汰。对于后发企业来说，只有通过持续不断的战略调整和管理变革，完善管理体系，增强企业韧性，才能抓住机会窗口，穿越周期，跨越至新的技术范式，实现非线性成长。

第 7 章　打破"天花板"

2022 年，桐昆集团与中控技术全面展开采购与供应链数字化创新服务领域的合作。双方基于中控"5S 店 +S2B 平台 + 三级仓储系统"，打破传统采购模式，共建嘉兴共享仓，实现系统对接，高效领用物资，构建智能服务新模式。基于该创新合作模式，桐昆集团实现了备件采购管理成本的下降与效率的提升。其中备件仓储成本减少 10%，备件库存周转天数从 60 天下降至 30 天以下；SKU（最小存货单位）周维度预测准确率提升至 80%，采购履约率提升至 99%；采购效率提升 50%，内部客户满意度提升至 95%。

7.1　把店开到工厂门口

"5S 店 +S2B 平台"一站式工业服务新模式是中控于 2019 年推出的创新商业模式，该模式在跨界学习消费领域星巴克、7–11 便利店、电商平台模式、沃尔玛模式、汽车领域 4S 店模式和互联网领域 O2O（线上到线下）模式的基础上，创造性地通过线下"一站式自动化管家服务平台"与线上"工业一站式服务平台"的联动,搭建工业智能化资源服务生态圈,希望以"需求＋资源＋产品＋解决方案"的服务模式,更好地为客户创造价值,帮助客户实现商业成功的同时,实现中控的商业成功。

商业模式创新

在商业发展的过程中,商业模式创新具有巨大的商业价值创造力,并贯穿于整个商业进化史。20 世纪以来,随着 IT 技术的发展和互联网时代的到来,商业模式创新更是释放出了巨大的商业价值创造力。阿里巴巴、字节跳动、小米、美团等企业的成功被认为是商业模式创新的成功,它们的发展速度被认为是商业模式带来的巨大成长潜力。这种现象让人们更多地把互联网的兴起与商业模式创新紧紧联系在一起,也让商业模式创新成为炙手可热的关注对象。但其实,商业模式创新本身并不是一个新的现象。最早的商业模式创新,是由于货币的出现而导致交易模式变化的案例。近年来,商业模式创新越来越受到人们的普遍关注,主要原因不仅仅在于商业模式创新所拥有的巨大商业价值创造和捕捉的力量,还在于商业模式创新对一些曾经存在的主导力量有着巨大的摧毁能力。例如,伴随着数字化和多媒体技术的发展,报纸、杂志等以纸张为载体的媒体出现了影响力下滑。曾经有着 40 年发展历史、在鼎盛时期拥有 1200家连锁书店、年销售额超过 40 亿美元的美国第二大连锁书店鲍德斯(Borders)集团,面对亚马逊开启的网上书店模式的冲击,于 2011年宣布破产清算并关闭所有运营门店。

在互联网企业成为商业世界的主流之前,商业世界一直由工业企业主导着。在工业化时代，企业的竞争优势通常构建在产品的基础上。然而工业企业却有一个一直难以解决的问题，即随着企业规模的不断增长，其单位产品的盈利水平开始时会随产品销量的上升而上升，当到达某个极限之后，单位产品的盈利水平反而会随着产品销量的上升而下降。其中最主要的原因是，随着企业规模的增加，企业的管理复杂度上升，从而导致企业的管理成本上升，最终导致单位产品的盈利能力下降。

近年来，随着工业互联网技术的发展和 IT 技术在工业领域的普及，企业管理效率大大提高，这让人们似乎看到了解决上述问题的希望。将互联网技术应用在工业企业中，可以有效地消除业务和组织管理中的信息不对称问题，从而有效地解决企业管理复杂度随规模上升而增加的问题。这不仅可以帮助企业突破规模增长的极限，还可以大大降低业务规模增长所导致的业务与组织管理成本。正是由于互联网和商业模式创新表现出的巨大价值创造力，工业企业也开始越来越关注商业模式创新的价值。

商业模式在学术研究领域并没有统一的定义。管理学大师彼得·德鲁克认为"商业模式是企业如何获取收入的假设"；保罗·蒂姆尔斯（Paul Timmers）认为"商业模式是产品、服务和信息流的价格"；阿密特（Amit）和佐特（Zott）定义"商业模式是交易的内容、结构和治理，通过探索商业机会来创造价值"；亨利·切萨布鲁夫（Henry Chesbrough）和罗森布鲁姆（Rosenbloom）提出"商业模式是一种可以链接技术潜力和经济价值的启发式逻辑"；玛格丽塔（Megretta）则认为"商业模式是阐释企业如何运作的故事"；等等。

C 理论长期专注于技术创新与商业模式创新的研究，在 C 理论系列丛书之一《商业模式创新》中提出了商业模式设计的"层次嵌套模型",创造性地从价值、交易过程、收入流三个核心维度去理解商业模式,并从这三个维度剖析了可能的商业模式创新。根据 C 理论观点,商业模式作为内嵌在商业生态系统中的子系统,主要包含了价值创造(value creation)、价值传递(value delivery)与价值获取(value capture)三个核心过程。商业模式创新者需要找到商业模式中隐含的假设、建立商业模式的底层能力、去除商业模式的瓶颈、构建商业生态系统,才能有效突破原有商业模式的束缚,找到新的基于商业模式的价值创造点。商业模式本质上是"通过满足需求来实现价值的变现",如果价值设计出现了问题,那么变现就变成了无源之水。因此,在进行商业模式创新时,如何理解"价值"就成为一个关键性的问题。同时,企业必须明确,"价值"不是由提供者决定的,而是由受众决定的。甲之蜜糖,乙之砒霜,不同群体对价值的理解可能存在明显差异。因此,找准你的价值提供对象和他们真正的价值需求非常有必要。而商业模式中的价值更偏向于一种感知价值。

例如,零度可口可乐和东方树叶最早站在了"健康生活"的风口,多年来却一直不温不火。这是因为年轻人想要饮料健康无糖,但也拒绝寡淡无味,"没味道"的健康饮料并没有准确抓住年轻人的消费需求。元气森林则准确地定位了消费者的消费需求,用赤藓糖醇替代阿斯巴甜,推出了健康和口味平衡的饮料。2021 年,元气森林在全球独角兽榜企业中排名 21,在巨头林立、竞争激烈的饮料行业立稳了脚跟。

24 小时管家式服务

巴菲特曾说过："考验你的，不是你是否有最好的想法，也不是你是否第一个想出了这个想法。考验你的是你是否在前进的过程中不断学习，你的优势是什么，你能为你的客户做什么，你能为这群人带来什么。为了做好这一点，你需要时刻想着取悦客户。我从没见过一个企业能取悦客户却不成功的。人们会随着时间推移忘记商品价格，但他们永远不会忘记，在这家店的经历是好是坏。如果他们对这家店的印象是粗鲁或冷漠的，那他们就永远不会回来了。"

中控自成立以来，始终坚持以客户为中心，时刻想着为客户提供更大的价值。随着中国经济的全面发展，流程工业企业逐渐呈现园区化、集群化发展趋势，流程工业客户的需求不断发展和升级，中控的业务也逐渐从早期的工业自动化产品供应商发展到"产品＋服务"提供商，并向流程工业智能制造整体解决方案提供商转型。早在 2008 年，褚健就开始思考商业模式的问题。他在中控集团 2009年迎新团聚时曾说道：

> 现代管理学之父彼得·德鲁克说："当今企业之间的竞争，不是产品之间的竞争，而是商业模式之间的竞争。"目前中国绝大多数行业都进入了同质化的竞争，中控也不例外，打价格战，这绝对是红海，其本质是商业模式趋同的表现。技术创新所带来的先发优势持续的时间越来越短。
>
> 商业模式创新的灵魂是"满足用户没被满足的需求"。我们要问一下自己，用户的所有需求真的被满足了吗？未被满足的需求无处不在，关键是缺乏发现的眼睛！中控在工业自动化领域已经奋斗了近 16 年，应该说我们已经满足了用户的很多需求，

但是这些需求是否只是表面的,深层次的需求被满足了吗?我们要有洞察用户需求的能力,为用户带来更多的价值,为用户提供成功的保障,这样中控的存在才有价值,中控的发展才能历经百年而不衰。曾经的成功经验与模式已经不能帮助企业实现持续增长,有时反而会使企业陷入危机之中;曾经的竞争优势渐渐消失,已经不足以应对新的竞争形式,甚至已经演变成企业进一步成长的陷阱与障碍。我们必须用创新商业模式来应对未来的挑战。

"烈火计划"执行以后,随着业务的快速发展,中控对客户有了更加深入的了解。流程工业大型化、集群化的发展模式,对客户的日常采购和库存周转率提出了新的挑战。为了更好地满足客户的日常采购需求,帮助客户降低库存,提供更及时的售后服务,褚健提出学习 7-11 便利店及星巴克"把店开在社区门口"的做法,在化工园区设立 5S 门店,以"工业伴侣、智能专家"的服务理念为牵引,"把店开到客户工厂门口",为客户提供"24 小时管家式服务"。5S 包括:产品销售(Sales)、全方位服务(Services)、备品备件(Spareparts)、专家技术支持(Specialists)和解决方案(Solution)。

产品销售(Sales): 5S 一站式服务平台为客户提供标准化控制系列产品,包括控制系统、仪表阀门、服务产品、解决方案等。

全方位服务(Services): 5S 一站式服务平台通过线上、线下并行的服务模式,提供一系列标准化服务和定制服务,包括点检、年保、驻场维保等周期性检维修和控制系统替换升级、废旧改造、备品备件、培训等一系列常规服务。因为门店选址紧贴化工园区,可以承诺 2 小时应急服务响应。

备品备件（Spareparts）：5S 一站式服务平台为客户提供全天候的备品及相关服务保障。包括备件咨询、备件库支持、备件检测保养、备件销售、备件配置及备件相关现场服务，帮助客户降低因备件问题而产生的停车危险。

专家技术支持（Specialists）：5S 一站式服务平台通过丰富的专家资源，帮助用户在设备管理、检维修等方面形成系统性规划，提供及时服务和前瞻性的预警、提醒与告知。针对用户不同阶段、不同程度的需求，专家服务分为急诊医生、专家门诊、专家会诊等形式。

解决方案（Solution）：5S 一站式服务平台通过行业解决方案帮助客户实现差异化竞争，包括互联网、物联网、云平台、大数据等内容，通过生态服务将其串并联起来，实现以中控为源头的全产业链和无限延展的跨界生态系统。

这一模式刚提出时，遭到了内部中高层管理团队和市场人员的强烈反对。管理团队认为在每个园区建设一个门店，还要配备几名工作人员，全国几百个化工园区，这将是一笔巨大的投入。如果不能保证足够多的业务量，很可能收不回成本。而对于市场人员，原来市场部门主要在各省会城市设立办事处，办公和生活条件相对较好；如果在化工园区设立 5S 店，这意味着市场人员要深入市场一线，驻扎到化工园区，肯定比以前艰苦。

当然，内部也不乏支持的声音。他们认为 5S 店的战略定位是围绕化工集聚园区，以客户为中心，从客户需求出发，为客户提供极速、专业的自动化管家服务。这种 24 小时管家式的贴身服务，可以让中控更好地理解客户的需求并提供更及时、更准确的服务。近距离的互动也更有利于加强中控与客户的互动，与客户建立更长期稳定的合作关系。

最终，在褚健的坚持下，5S 店计划得以落地实施，并获得了客户的高度认同和支持。经过几年的发展，截至 2024 年第一季度，中控已正式运营 195 家园区 5S 店，以总部赋能、一线作战的运营管理模式，构建了完善的营销网络和服务体系，覆盖了国内 643 个化工园区和沙特、泰国等国家，其中 20 家 5S 店合同额突破亿元。5S 店运营体系作为中控价值观的实践举措，为中控实现从产品销售到解决方案销售、从工业 3.0 到工业 4.0 的转型提供了重要支撑。

2019 年，中控提出在工业 3.0 核心技术的基础上实现两个战略转型：第一个转型要从服务工业 3.0 转向服务工业 3.0 + 工业 4.0；第二个转型要从卖产品到构建 S2B 平台卖服务和打造生态圈。根据这两个转型，中控推出 PLANTMATE ® 一站式工业服务平台运营品牌，PLANTMATE ® 是 "5S 店 +S2B 平台" 业务的品牌名称，如图 7-1 所示。

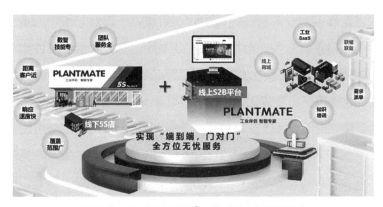

图 7-1　PLANTMATE® 一站式工业服务新模式

"PLANTMATE®"由 PLANT（工厂）和 MATE（伙伴）组合而成，寓意着中控要致力于成为工业企业的伙伴，成为以成就客户价值为导向、面向工业解决方案的全生命周期一站式服务平台。PLANTMATE®以线下 5S 门店为基础，结合线上工业"沃尔玛"——线上 S2B 平台，形成线上线下联动的"线下 5S 店 + 线上S2B 平台"一站式工业服务新模式。

5S 店的三大服务特色：近、专、全

中控立志于成为工业客户的战略合作伙伴，以成就客户价值为导向，面向流程工业客户，提供涵盖产品和解决方案的全生命周期一站式服务。作为中控商业模式创新中的线下一站式服务平台，5S店的战略定位是成为用户身边的自动化管家，5S 店的服务整体表现出三大特色：近、专、全。作为工业智能自动化生态平台接口，5S店通过与 S2B 线上平台协同创新，共同深挖护城河、高筑护城墙、增强客户黏性，共筑"工业服务 + 互联网 + 物联网"的新型工业智造生态，形成线上线下的立体式作战体系，打造工业智能自动化核心生态圈，助力工业企业客户达到优秀，走向卓越。

近：物理距离，心理距离

5S 店专注于化工园区，以"就近化服务"为客户提供"门对门、端到端"的全方位无忧服务，真正做到贴近客户，快速响应客户全方位需求，构建高效响应的全域服务生态机制。5S 店以"为客户创造价值"为导向，以服务为切入点，通过增强客户黏性来巩固关系，始终保持与客户的紧密联系，成为连接合作伙伴与客户的重要桥梁，

这一过程无形中拉近了与客户的心理距离。

专：全专家级团队，规范化服务

5S 店具备专家级服务团队和规范化管理标准体系，对内打造四大类业务营销铁军、懂工艺善控制的工程铁军、专家型仪表控制自动化铁军三支专业化铁军队伍。面对用户不同阶段、不同程度的需求，链接供应商、服务商、合作伙伴等行业专家资源，提供"急诊医生、专家门诊、专家会诊"的服务模式。对外积极探索并构建合作生态圈，将专家纳入 5S 店生态圈范围内，全面提升 5S 店的专家服务综合竞争力。目前，5S 店的外部专家包括但不限于安全专家、生产专家、设备专家、环保专家、工艺专家、产品专家。

全：数字全方位，立体化服务

5S 店为客户提供"产品＋服务"的全方位和立体化服务，在全国华东、华南、华中、东北、西南、西北六大区及海外区域构建了完善的营销网络和服务体系，以更加灵活和高效的资源调配和协作机制，为客户提供更为及时且全面的个性化服务。5S 店围绕工业一站式服务模式，为客户提供优质、高效的自动化服务，覆盖工业企业生产运营全生命周期。

5S 店的运营管理

在 5S 店的运营管理上，中控通过构建 5S 店卓越运营模型，树立 5S 店运营标杆，牵引全国其余门店标准化运营，快速成长。在店长培养上，中控结合 5S 店发展战略，以及对店长综合能力的要求，提出店长 V–SPORT 模型，从六个维度建立店长能力画像。其中："V"是 Value，企业文化与公司核心价值观的传承者；"S"是

Strategy，5S 店战略的制定与执行者；"P"是 Project，项目经营与管理的领导者；"O"是 Operation，5S 店运营管理的责任者；"R"是 Relationship，客户关系平台和生态圈的建设与维护者；"T"是 Team，高绩效团队的建设者。同时，中控还从业务能力、管理能力、综合素质、经营能力等方面萃取历年金牌店长成功经验，构建金牌店长能力模型，为店长的选聘与培养提供坚实的基石，并有力促进公司 5S 店业务的中长期发展。

全方位的组织赋能体系

为了更好地赋能 5S 店，中控建立了全方位的组织赋能体系。包括铁三角作战体系、LTC（从线索到现金）标准化流程、5S 店运营评估体系和店长培养体系。

铁三角作战体系通过打造 5S 店铁三角队伍，从单兵作战到团队协作模式转型，通过铁三角 AR（Account Responsible，客户经理）、SR（Solution Responsible，解决方案经理）、FR（Fufill Responsible，交付经理）的紧密合作，形成"以客户为中心、以项目为中心"的团队作战模式，全面理解客户需求，主动对接客户，主动响应客户，持续为客户创造价值，打造"召之即来，来之能战，战则必胜，永不言败"的集团军部队和坚不可摧的作战体系。

LTC 标准化流程体系，通过建立从管理线索到管理机会点，再到管理合同执行的整套"以客户为中心"的 LTC 流程架构及体系，将工作中职能化的思维方式转变为流程化的思维方式，全面提升为客户创造价值的能力。

5S 店运营评估体系根据 5S 店的不同发展阶段，以公司战略导向为牵引，从管理、运营、经济指标三大维度，建立全面的 5S 店运营评估体系，形成每月监测、排名、改进、监督、提升的机制。树典范，鞭落后，快速提升 5S 店的标准化运营水平。

店长培养体系主要结合当前店长能力分布地图，依据店长 V-SPORT 模型及金牌店长模型，建立店长分级分类培养体系，开设线上 / 线下培训课程，打造学习型组织。通过训、战、考的方式，强化验证培训效果，全面提升 5S 店人员业务、经营、管理等综合能力，为快速做大业务做好有效支撑。

另外，中控还分别从"文化品牌""门店建设""管理""业务""技术""基础信息"等多个维度，总结输出超 600 页的《5S 店工作指导手册》，指导 5S 店快速开展工作。

全方位的数字化赋能体系

在数字化赋能方面，中控通过 5S 运营指挥中心、5S 店运营驾驶舱、SPM（销售过程管理）标准流程库为 5S 店提供全方位数字化赋能体系。

5S 运营指挥中心是中控对 5S 店进行运营监测的重要信息化、可视化工具，主要包含业务完成情况数据、运营数据、财务数据、人力分布数据、工程质量服务数据、大区市场数据等，并设置了相关的预警功能。其为店长管理 5S 店，提供了有效数据支撑，提升了管理效率。

驾驶舱主要包含关键经济指标完成情况、市场竞争信息、日常运营等板块。在 PC 端及移动端实时动态呈现，为 5S 店长管理提供数据支撑。

SPM 标准流程库萃取 5S 店建设、运营等标准化、数字化管理标准和体系，以标准流程形式集中沉淀至 SPM 平台，提升 5S 店整体运营效率。

全方位的制度赋能体系

在制度赋能方面，中控通过建立金牌店长赋能制度，建立线上、线下巡店标准化工作，沟通落实近期碰到的问题，形成线上/线下5S店巡店记录单。通过5S店运营团队对接帮扶、公司高管结对指导等多种方式，不断提升5S店整体运营水平。

7.2 线上工业"沃尔玛"

作为 PLANTMATE ®一站式工业服务新模式的线上平台端，S2B平台的定位是工业"沃尔玛"，即以自营方式满足客户几乎所有的日常采购需求。与常见的电商平台模式相比，S2B平台采用自营方式，可以更好地把控所售产品的质量，进而保障客户的生产安全。S2B平台围绕在线商城、需求派单、联储联备、知识培训、工业SaaS，打造工业一站式"5S"服务模式，形成了以"5S"为基础的平台五大功能服务体系。

线上商城

PLANTMATE ®线上平台，针对客户合规要求高、库存成本高、供应商管理难度高、物料复杂度高、流程成本高、商品交付质量低等采购痛点，为客户提供一站式线上采购平台。平台目前拥有两大类产品：定制类工业品和标准MRO（非生产原料）工业品。定制类工业品包括工业软件、仪表阀门、传感器、安全栅、工业通信设备、电气机柜等。标准MRO工业品包括劳动防护、工具、电气产品、电工辅料、照明、综合布线、机械轴承、办公用品、计算机和外设等。

围绕 5S 服务，PLANTMATE®线上平台以帮助工业企业提升供应链能力为目标，构建了 5R 智慧供应链服务体系。在智慧供应链体系打造过程中，遵循 5R 原则：适时（right time），即在正确的时间；适质（right quality），即正确的品质；适量（right quantity），即保证正确的质量和数量；适价（right price），即用正确的价格；适地（right place），即在正确的地点。中控希望以贴心态度，有效专业，快速响应，精准数据，为工业提供高效的服务。

另外，线上商城还通过数字化对接系统，与客户企业的采购系统无缝衔接，帮助客户实现采购数字化转型。通过电商平台型客户 API（Application Programming Interface，系统接口对接）和 Punch-Out（企业目录化阳光采购）解决方案，帮助客户实现在线阳光透明采购。通过客户采购系统无缝集成产品目录，帮助客户实现线上采购闭环。

联储联备

对于工业企业来说，库存成本是占用资金的重要方面，库存管理和库存周转率因而成为很多企业精益生产、降低成本、提升效率的重要抓手。为了解决工业企业库存资金占用大、响应时效差、呆滞风险高、专业服务水平低等痛点，PLANTMATE®平台创新推出了"联储联备"解决方案，以共享共建为核心，采用 5G、大数据、云计算及物联网技术，打破空间和信息的壁垒，实现"用户＋平台＋供应商"的无缝衔接，实现对企业备品备件需求的精准预测及高效的就地化响应。中控联储联备商业模式如图 7-2 所示。

另外，联储联备还通过云仓部署、厂仓合一、共享仓储的方式盘活现有库存，帮助客户以较少人力物力成本，实现"零"库存、

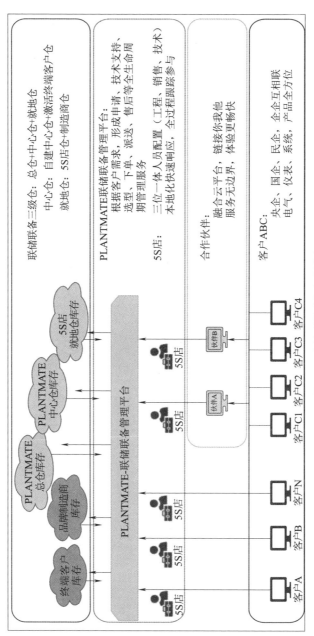

图 7-2 中控联储备商业模式

联储联备三级仓：总仓+中心仓+就地仓
中心仓：自建中心仓+激活终端客户仓
就地仓：5S店仓+制造商仓

PLANTMATE联储联备管理平台：
根据客户需求，形成申请、技术支持、造型、下单、派送、售后等全生命周期管理服务

5S店：三位一体人员配置（工程、销售、技术）本地化快速响应，全过程跟踪参与

合作伙伴：
融合云平台、链接你我他
服务无边界，体验更畅快

客户ABC：
央企、国企、民企、企业互相联电气、仪表、系统、产品全方位

轻资产、无忧保障的运营目标。PLANTMATE®平台提供技术支持、选型、下单、派送、售后等全生命周期管理服务，协同线下 5S 店提供工程、销售、技术等本地化快速响应，通过设备管理系统、调拨计划系统、库存健康系统、仓内补货系统，基于大数据精准分析和预测，打造数据服务供应链，实现对企业备件需求的精准预测和科学、高效地就地快速响应，链接上下游企业协作共享共建，减少备件库存资源浪费，实现产业协同，助力低碳经营。

需求派单

针对工业客户服务需求受理时效性难以保证、服务资源匹配难、信息的互通与流转复杂、质量管理与验收难、服务所需备件缺乏有效管理、费用结算管理难等痛点，中控 PLANTMATE®平台推出需求派单服务。客户通过 PLANTMATE®平台发起需求，平台就近匹配线下 5S 店或其他当地服务资源，快速响应客户需求，有效提升服务效率、服务质量和客户满意度。

知识培训

工业企业的员工培训具有知识专业性高、封闭性强、企业人才培养成本高、培训体系不完善、个人自学难度大、费用高、培训资源渠道少、行业权威认证机构少、费用高等特点。针对工业企业的培训痛点，PLANTMATE®平台推出知识培训模块，主要面向流程工业企业用户，打造开放、共享、实用的工业化知识社区平台，为用户提供优质的学习资源和快捷、高效的学习阵地，学员可通过在线课堂，实现远程培训。

工业 SaaS

随着互联网、物联网、大数据、AI（人工智能）等技术的发展，企业数字化转型势在必行。目前大多数工业企业存在信息化系统众多，孤岛现象严重，本地信息化系统落后臃肿、更新缓慢，设备信息和数据无法采集和有效应用，本地信息和行业不通，信息价值链无法闭环，本地云服务投入成本大，实施周期长等问题。为了帮助客户企业解决数字化过程的痛点，PLANTMATE ®平台推出工业 SaaS 服务，其中中控智能工厂云平台提供了可覆盖能源管理、生产管理、安全管理、设备管理、质量管理等生产制造核心业务场景的 200 多个工业 SaaS；RDMS（远程诊断维护系统）为客户提供方便快捷的一体化远程诊断维护服务；设备管理功能板块采用预知性维修管理模式，可协助客户进行设备的档案管理，除了可实时查看设备详情和状态、设备维修履历等信息，还提供设备维修预警。

7.3 供应链数字化客户服务

"5S 店 + S2B 平台"一站式工业服务新模式通过建立"更快、更专、更全"的线上线下一站式服务体系，帮助企业实现高效、专业、透明、价优的工业品采购，并基于大数据、AI 算法，精准地把脉客户的痛点和预测客户的需求，为客户提供"全科医生"式的供应链数字化服务，显著提升客户的效益。

从生态构建的视角来看，"5S 店 + S2B 平台"的商业模式致力于搭建工业智能化资源服务生态圈，希望以"需求 + 资源 + 产品 + 解决方案"的服务模式，更好地为客户创造价值，实现客户与中控的价值双赢。

从服务形式来看，"5S 店 + S2B 平台"的商业模式采用线上线下相结合的方式。通过"线上 + 线下"相互支撑、相互协同的服务运营模式，为工业客户提供更加优质、高效的全方位自动化服务。其中线下平台以 5S 店的形式运营，门店紧贴客户园区，为客户提供一站式产品和解决方案。线上平台则主要围绕在线商城、需求派单、联储联备、知识培训、工业 SaaS 五大功能板块，打造线上工业一站式"5S"服务模式，为客户提供 24 小时全天候的服务。

从经营理念来看，"5S 店 + S2B 平台"商业模式的经营理念来自 PLANTMATE®品牌"工业伴侣，智能专家"的服务理念，即中控既是工业用户最亲密的伴侣，也是数字化发展趋势大环境下最贴身的智能专家。就如崔山所说的："希望客户有任何需求，一定要第一个想到找中控。"PLANTMATE®的目标是帮助工业企业提升供应链能力为目标，构建智慧化供应链服务体系。未来，中控会继续坚持"离客户近，专业化强，服务内容全，服务速度快"的原则，为工业客户提供更加优质、高效的全方位自动化服务，帮助企业朝着安全生产、节能降耗、提高质量、降本增效、绿色环保五大目标前进，真正为客户创造价值，为客户成就价值。

从创新管理的视角来看，"5S 店 + S2B 平台"是中控在商业模式方面的开创性举措和大胆尝试。"5S 店 + S2B 平台"开创性地把消费领域的电商平台模式、零售领域的沃尔玛模式、汽车 4S 店模式和互联网领域的 O2O 模式等商业模式有机融合在一起，形成线上 S2B 平台与线下 5S 店联动的制造业商业模式。该模式充分展现了在时代发展浪潮中，中控对实现传统工业自动化服务模式的创新与智慧，以及褚健作为企业家的创新与冒险精神。

2021 年 3 月 19 日，在"中国制造数字化服务峰会 2021 CAIMRS 暨年度评选颁奖盛典"上，工控网重磅发布《2021 中国自动化 + 数字化之变暨品牌 50 强》榜单。中控荣登年度中国自动化 + 数字化品牌 50 强榜单。中控打造的 PLANTMATE® 一站式服务平台，荣获服务创新奖。

2022 年 11 月 9 日，《哈佛商业评论》创刊百年中国年会在北京举行，"中控'5S 店 + S2B 平台'一站式工业服务新模式"项目在近 300 个管理实践案例中脱颖而出，项目入选《哈佛商业评论》中文版案例库，崔山荣获 2022 年"拉姆·查兰管理实践奖创新创业实践奖"。

7.4 C 观点："破壁"的商业模式创新

得益于近年来互联网广泛应用、以高新技术为基础的新兴经济体的发展及后工业时代的企业发展需求，大众对于商业模式概念的关注度越来越高。在学术界，对商业模式的研究自 20 世纪 90 年代开始逐渐引起广泛关注。

沃顿商学院的拉斐尔·阿密特教授（Raphael Amit）与合作者克里斯托弗·佐特（Christoph Zotter）从战略管理的视角，以价值创造为出发点，把商业模式作为一个独特的分析单元来考察交易的治理模式与卓越经营绩效转向创造价值。他们认为，商业模式是反映商业活动的价值创造、价值提供和价值分配等活动的架构，商业模式分析具有总体性和系统性，能够同时解释价值创造与价值获取的过程。因此，商业模式创新指的是"为寻求竞争优势而充分发掘技术创新或非技术服务创新的潜在价值，以更好地实现消费者价值主张的一整套连续的和动态的逻辑"。相对于产品创新和技术创新，商业模式创新能够以更快速和高质量的方式满足顾客多样化的需求，并且能够重塑产业，创造新的价值增长点，帮助企业超越竞争对手。

中控的"5S 店 + S2B 平台"无疑是工业领域商业模式创新的成功案例。在发展的前 20 年，中控在商业模式上，一直是相对比较传统的工业企业的运营模式。即以总部辐射全国开始，逐渐在贴近客户的地理范围内设立销售机构，服务当地客户。销售和市场团队在获取客户项目线索后，在售前技术人员的支持下，完成合同竞标，之后由工程实施部门进行交付，安装运行后移交客户，并根据合同承担相应的售后服务。

进入 21 世纪，借助国家加入世界贸易组织、大力发展"两化融合"业务等市场机会窗口和政策机会窗口，中控逐渐缩小与国际一流企业的差距，成长为行业的领跑者。面对取得的成绩与进步的同时，中控的领导者也看到了国内流程工业控制系统市场容量的天花板。为了寻求新的增长点，中控开始探索技术创新、产品创新和商业模式创新。中控发现，中国有 5 万多家规模以上流程工业企业，其中有 3 万多家企业都是中控的客户。而且，石油、石化、化工等行业开始园区化发展。

为更好地服务于这些进驻园区的企业，中控在跨界学习消费领域商业模式创新的基础上，创造性地推出"线下 5S 门店 + 线上 S2B 平台"的商业模式，并打造了 PLANTMATE® 高端服务运营品牌。这种类似汽车 4S 店一样的方式，把技术服务人员布到下游客户的身边，再加上 S2B 线上线下相结合的互联网模式，使得客户备品备件、增值服务等各种需求得以被快速响应。中控从以前被动地满足客户需求到现在主动地去预知客户的需求，发现客户的问题，为客户提供针对性的解决方案，再配置硬软件产品和合作生态伙伴的产品，形成一个整体的解决方案，最终形成行业、区域、产品交叉覆盖的服务网络，为客户提供 24 小时全天候服务。

未来，中控将会持续致力于让 5S 店覆盖更多的化工园区，以及时、专业、全方位的服务为宗旨，打造最优化服务网络，并进一步构建智能化资源服务生态圈，提供"需求 + 资源 + 产品 + 解决方案"一站式服务，更好地为客户创造价值。

"5S 门店 + S2B 平台"的商业模式立足客户 + 自身核心技术优势 + 市场资源优势，提前布局"线上 + 线下"立体、全方位服务网络，打造流程工业服务生态链，不仅满足了中控众多客户石化产业园区化、集中化发展趋势的需要，更是推动中控业务非线性增长的重要创新之举，也体现了褚健作为企业家的高瞻远瞩的战略眼光。

第8章 拥抱大时代

　　宁东能源化工基地是我国规划建设的 13 个亿吨级大型煤炭生产基地之一。神华宁夏煤业集团有限责任公司（以下简称：神华宁煤）是神华集团的控股子公司，是宁夏回族自治区最大的煤炭企业，也是宁东国家能源基地建设的主力军。2015 年 4 月 27 日，中控中标神华宁煤"百万吨级烯烃智能工厂"建设项目。经过项目各方近 3 年的共同努力，2018 年 2 月，神华宁煤智能工厂系统正式投入使用。该智能工厂的成功建设，有效解决了石化行业资源利用率、能源消耗、污染排放、生产安全等方面普遍存在的问题，提高了我国石化行业的核心竞争力。同时，项目通过技术攻关和创新实践，实现了信息化与工业化在百万吨级烯烃智能工厂中的深度融合，沉淀了一系列自主知识产权成果，包括石油化工企业智能工厂通信网络架构导则、烯烃生产能效评估方法、MES 与 ERP（企业资源计划）系统的集成技术规范等三项智能制造标准草案，为石油化工行业智能制造新模式的探索和行业标准的建设提供了有效支撑。

8.1 从产品到解决方案

> "在打破垄断的过程中，困难非常多。但这就像我们登山一样，从一个山峰攀登到另一个山峰，登上最高山峰的时候，回过头看好像就那么回事。所以相比较接下去可能面临的困难，过去的困难都走过来了，已经被踩在脚底下，不算什么困难了。未来，我们面临的困难会更多，现在想的是解决，而不是回顾。"
>
> ——褚健，2021 年，《如何在艰难环境下坚持自主创新》

"两化融合"：中国特色的工业 3.0

工业革命通常被认为是 18 世纪 60 年代起源于英格兰中部。200多年来，先后经历了工业 1.0 蒸汽机时代、工业 2.0 电气化时代和工业 3.0 信息化时代，目前正逐步从工业 3.0 走向工业 4.0 数字智能化时代。

制造业是国民经济的主体，是立国之本、兴国之器、强国之基。我国的制造业由于起步比西方发达国家晚了将近 200 年，发展路径与西方发达国家有所不同。发达国家都是先进入工业化时代，再进入信息化时代，而我国则是工业化和信息化同步发展。改革开放以来，我国在工业化和信息化方面不断探索，也逐渐摸索出了适合自身的发展规律并提出"两化融合"的概念。2002 年 11 月，党的十六大首次提出"以信息化带动工业化、以工业化促进信息化"的战略思想，这是"两化融合"的概念首次被正式提出。2007 年，党的十七大报告再次强调"发展现代产业体系，大力推进信息化与工业化融合，促进工业由大变强""发展现代产业体系，大力推进信息化与工业化融合，促进工业由大变强"。2010 年，十七届五中全会进一步提出"推动信息化和工业化深度融合，加快经济社会各领域信息化"。2013 年，工信部印发《信息化和工业化深度融合专项行动计划（2013—2018 年）》，提出"两化融合"管理体系贯标的要求。

从产业政策导向可以看出，"两化融合"概念的核心，是以信息化为支撑，走新型工业化道路，追求可持续发展模式。"两化融合"作为信息化与工业化两个历史进程的交汇点，是信息技术在工业领域应用不断深化的过程，是实现生产力、生产方式、生产关系不断变革的重要途径。"两化融合"主要在技术、产品、业务、产业四个方面进行融合。在"两化融合"政策的推动下，企业的生产经营管理发生了根本性变化，企业的经济社会效益、整体素质和适应市场变化的反应能力得到大幅提升，形成了新的生产力和竞争力。同时，"两化融合"还促进了行业内部、行业上下游之间的协作，提高了产业链的运行效率。随着信息技术的快速迭代与创新，"两化融合"从起步到制造业与互联网深度融合，再到新一代信息技术与制造业融合发展，并逐步进入制造业数字化转型为核心特征和重要模式的新阶段。

流程工业作为制造业的重要组成部分，是指以连续流程为基础的生产方式，其生产过程是连续的、稳定的。在流程工业中，原材料经过一系列的化学、物理和生物反应，最终转化成成品。我国经过多年的发展，已发展成为世界门类最齐全、规模最庞大的流程工业大国。进入 21 世纪以来，我国流程工业受资源紧缺、能源消耗大、环境污染等因素制约，发展方向逐渐从局部、粗放生产的传统流程工业向全流程、精细化生产的现代流程工业发展，以提高资源与能源利用率、减少污染排放。在"两化融合"工程中，生产工艺和流程控制的信息化是流程工业转型升级的主要手段。通过 DCS、SIS、PLC（可编程逻辑控制器）、SCADA（数据采集与监视控制系统）、APC 等信息和控制技术，可以有效实现流程工业的回路闭环控制、过程监控和运行优化，帮助流程工业实现节能、降耗、提升效率的目标。

工业 4.0 与智能制造

随着移动互联网、物联网技术、大数据和 AI 技术的发展，制造业逐渐从自动化、信息化时代进入数字化、智能化时代。2013 年的德国汉诺威工业博览会上，工业 4.0 的概念被首次提出。它包含了由集中式控制向分散式增强型控制的基本模式转变，目标是建立一个高度灵活的个性化和数字化的产品与服务的生产模式。在这种模式中，传统的行业界限将消失，产业链分工将被重组，并由此产生各种新的活动领域和合作形式。德国学术界和产业界认为，工业 4.0 代表了以智能化制造为主导的第四次工业革命，或革命性的生产方法，通过制造新秩序的建立，推动传统制造业向智能化制造转型。

工业 4.0 不仅仅是技术的转变、生产过程的转变，也意味着整个管理和组织结构的调整。企业实施工业 4.0 的基本要素包括智能工厂、虚拟的物理系统和信息交流技术。工业 4.0 的核心是制造业的智能化改造。与以往集中式控制的工业生产模式不同，工业 4.0 更强调建立一个高度灵活的个性化、数字化的生产模式。

可以看出，工业 4.0 与我国多年来推行的"两化融合"战略有着很高的共同性，是"两化融合"的进一步升级。"两化融合"强调工业化与信息化的融合，"以信息化带动工业化、以工业化促进信息化"。工业 4.0 则是以生产流程为基础，强调"智能工厂"与"智能生产",实质是在信息化与自动化技术高度集成的基础上,通过数字化和智能化联动整个制造业产业价值链,帮助制造业提升运营效益,化解生产成本攀升的压力,并以工业智能化推动生产力提升。可以说,工业 4.0 和智能制造,是"两化融合"的继承和发展,是"两化融合"在新技术背景下的新模式、新技术范式。与"两化融合"相比,工业 4.0 在信息化的基础上,更加突出数字化和智能化。

与工业 3.0 和"两化融合"相比,工业 4.0 具有互联、数据、集成、创新、转型五大特点。从技术的角度看工业 4.0,除了信息化技术和物联网技术,大数据、云计算、AI、工业机器人、3D 打印、工业网络安全、虚拟现实等新兴技术也是工业 4.0 的核心技术。2022 年 10 月 24 日,世界经济论坛(World Economic Forum,WEF)发布的《第四次工业革命对供应链的影响》白皮书的数据显示,数字化转型使制造企业成本降低了 17.6%、营收增加 22.6%,使物流服务业成本降低 34.2%、营收增加 33.6%。

伴随着"两化融合"工程的推进和工业 4.0 时代的到来,"智能制造"的概念也越来越被制造业企业重视。智能制造最早由美国学者怀特教授(P. K. Wright)和布恩教授(D. A. Bourne)在其著作《智能制造》(*Manufacturing Intelligence*)中提出,他们将智能制造定义为机器人应用制造软件系统技术、集成系统工程及机器人视觉等技术,实行批量生产的系统性过程。我国工业和信息化部出台的《智能制造发展规划(2016—2020 年)》中,将智能制造定义为基于新一代信息通信技术与先进制造技术深度融合,贯穿于设计、生产、管理、服务等制造活动的各个环节,具有自感知、自学习、自决策、自执行、自适应等功能的新型生产方式。

从智能制造的定义可以看出，智能制造代表着先进制造技术与信息化技术的融合，是通过新一代信息技术、自动化技术、工业软件及现代管理思想在制造企业全领域、全流程的系统应用而产生的一种全新的生产方式。智能制造的应用能够使制造业企业实现生产智能化、管理智能化、服务智能化与产品智能化。智能制造的核心是生产过程的自动化、少人化。从技术视角来看，智能制造的实现，主要在于"制造设备自动化"和"智能网络传输"，MES、PLC、APC 等工业软件是制造业实现智能制造的核心要素。

中国作为全球第一大制造国，经济发展已经由高速增长阶段逐渐转入高质量发展阶段。尽管制造业增加值在全国 GDP（国内生产总值）总量中的比例呈下降趋势，但以制造业为代表的实体经济仍然是中国经济高质量发展的核心动力。原材料、土地、人力资源等制造业生产要素成本的不断上涨，使制造业本就不高的利润率进一步承压。发展智能制造成为制造业提高质量效益、转变生产方式的有效手段和必由之路。

流程工业数字化解决方案供应商

在 30 年的发展中，中控始终专注于流程工业自动化这一领域，坚持聚焦和深耕战略，目标是成为流程工业自动化领域最强大的供应商，中控内部反复强调"我们要深耕流程工业自动化领域，最好是 1 米宽、100 米深"。这里聚焦和深耕并不是一成不变的意思。相反，中控自创立以来，始终围绕流程工业客户的需要调整自己的技术、产品和市场战略，并坚持技术和产品创新。可以说中控的发展，始终随着客户行业的变化和发展而快速变化和发展。中控和客户行业在某种意义上，共同组成了一个上升的双螺旋体，互相促进，互相驱动，共同进步。中控的发展，见证了中国工业化和信息化的发展历程。流程工业由于生产过程极其复杂，装置很难在没有人工干预的情况下保持平稳生产。无人化、少人化的智能制造对于流程工业来说，复杂度更高，难度更大。要解决这一问题，需要在掌握行业know-how 的基础上，以信息化、自动化等系统作为支撑，在替代部分简单重复性人工操作的同时，大幅提升知识传承的可用性和效率。

作为工业自动化、信息化领域的领军企业，中控很早就提出了集控制、优化、调度、管理、运营于一体的工厂自动化解决方案，其核心目的是全面提升用户企业产品质量、生产能力、信息化水平及综合竞争力。这与智能制造所要实现的目标不谋而合，充分体现了中控在该领域的技术前瞻性和战略眼光。

随着数字科技的发展，数据化、智能化发展逐步渗透到流程工业产业链。同时，复杂多变的国际局势也促使高成本、高能耗的流程工业迫切期望通过数字化转型实现降本增效。为帮助用户更好地实现"两化融合"和智能制造，中控基于多年来在流程工业各类装置积累的控制和优化经验，提出了针对不同行业领域的流程工业工厂自动化解决方案，通过生产设备的互联互通、基于大数据分析的决策支持，实现从高效的原料供应到精准的产品销售全过程的智能化、数字化、网络化，打造真正意义上的智能工厂。随着智能制造技术的发展，为了更好地帮助流程工业企业实现智能制造，中控提出业务全面从服务工业 3.0 向服务工业 3.0 + 工业 4.0 转型（图 8-1），全面致力于帮助流程工业实现生产过程自动化和企业运营自动化。

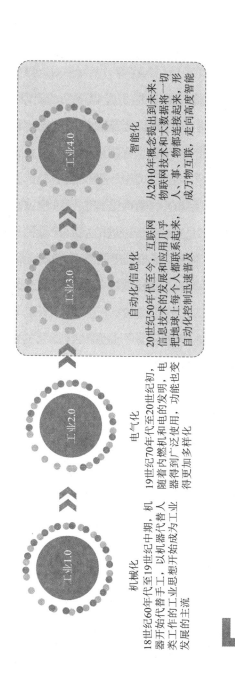

机械化
18世纪60年代中期至19世纪中期，机器人开始替手工，以机器替人类工作的工业思想开始成为工业发展的主流

工业1.0

电气化
19世纪70年代至20世纪初，随着内燃机和电的发明，电器得到广泛使用，功能也变得更加多样化

工业2.0

自动化/信息化
20世纪50年代至今，互联网、信息技术的发展和应用几乎把地球上每个人都联系起来，自动化控制迅速普及

工业3.0

智能化
从2010年概念提出到未来，物联网技术和大数据将一切人、事、物都连接起来，形成万物互联，走向高度智能

工业4.0

图8-1 中控从服务工业3.0向服务工业4.0转型

中控成立于1993年，以"振兴民族工业自动化"为己任，初衷就是为中国的流程工业企业装上"国产大脑"，即实现工业3.0。如今，随着物联网和ABC时代的到来，中控将肩负起推动从工业3.0到工业4.0升级即实现智能化的重任。

8.2　工业软件是工业创造的灵魂

　　软件的价值是隐性的，不像硬件那样是肉眼可见的有形资产。因此，在改革开放早期，国内用户对软件产品的接受度比较低，导致中国很多企业在产品开发中，都存在"重视硬件开发、忽视软件开发"的问题。很多企业更是在产品管理中，仅仅把硬件产品看作产品，而把软件作为随硬件产品赠送的附件。这也导致中国许多工业部门在向"世界工厂"宏伟目标大踏步迈进的同时，软件产业远远落后于我们的亚洲邻国——印度。根据公开的统计数据，2002 年中国计算机普及率是印度的 2~3 倍，而同期的软件产业规模仅有印度的十分之一。

　　达尔文说："能够生存下来的物种，并不是那些最强壮的，也不是那些最聪明的，而是那些能对变化做出快速反应的。"唯一不变的是变化本身，唯有保持开放、合作与竞争的智人和企业组织才能笑到最后。面对迎面而来的工业 4.0，中控提出"在工业 3.0 走向工业 4.0 的路上贡献自己的力量"的时代使命，并积极调整公司战略，从服务工业 3.0 向服务工业 3.0 + 工业 4.0 转型。

　　对于工业 4.0，中控的理解是："工业 4.0 是由软件驱动的工业革命。"要想数百万制造企业都能够享受到工业互联网、智能制造的好处，需要把所有的生产过程、所有的参数、所有的设备连接起来，同时还要有大量的应用软件。在中控看来："控制系统就是工业的大脑。一个工厂，如果没有大脑，就会陷入瘫痪。如果说工业 3.0 需要一个工业大脑，那么工业 4.0 就是需要一个'聪明'且智能的工业大脑。"以智能手机为例，"手机的智能化源于安卓商店、苹果商店，没有这样的 APP（应用程序），智能手机就无从谈起"。智能工厂与智能手机类似，"如果有一个类似于安卓、苹果的操作系统，把工厂里面所有的数据，比如设备、生产过程、资金流等连在一起，同时，各行各业的人，包括用户自己可以通过这个系统开发出各种工业软件，软件还能像安卓商店一样方便下载，中国制造业就能够上去"。"两化融合"工程的推进和工业 4.0 时代的到来，对我国的工业软件产业发展提出了新的要求。"工业 4.0 是由软件驱动的工业革命"，中控要实现"从服务工业 3.0 向服务工业 3.0 + 工业 4.0 的战略转型"，工业软件产品体系的打造是关键。

持续打造工业软件产品体系

创业早期，中控虽然很重视软件产品的开发，但受市场环境和自身资源、能力的限制，产品开发也只能以硬件产品为主，软件产品的开发主要聚焦在 DCS 配套组态软件和实时监控软件方面。2012年以来，中控战略重心逐渐从以 DCS 为核心的自动化硬件产品提供商向以"硬件产品 + 工业软件"为核心的工业自动化整体解决方案提供商转型，同时提出了产品与服务并重的发展目标，希望通过加快工业软件和智能制造整体解决方案的发展，赋能流程工业用户提升自动化、数字化、智能化水平，实现流程工业企业高效自动化生产和智能化管理。

"两化融合"阶段以来，随着工业软件研发投入的持续增加，中控的软件产品体系逐渐发展到覆盖流程工业生产管理全流程的上百种工业软件，包括生产管控软件、安全环保软件、供应链管理软件、资产管理软件、能源管理软件和基础软件六大类工业软件产品。

在"两化融合"的早期，工业软件都是单独安装、独立运行的。随着工业技术和数字经济的发展，工业企业信息孤岛、缺乏顶层设计、垂直应用软件呈现烟囱式等问题日渐凸显。企业虽然坐拥海量数据资产，但生产数据、管理数据、运营数据融合困难，无法真正为企业创造价值。为帮助流程工业客户解决以上困难，中控的工业软件开发逐渐从单一软件开发转向行业整体解决方案软件的开发，先后推出面向大型石化和煤化工行业的整体解决方案软件、面向精细化工和医药的行业整体解决方案软件，不仅提升了行业化的专业性，还进一步完善了智能制造管控一体化的功能。中控工业软件产品体系发展历程如图 8-2 所示。

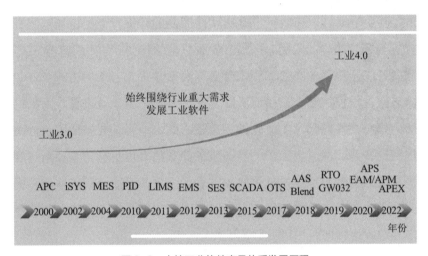

图 8-2　中控工业软件产品体系发展历程

APC 软件

APC（Advanced Process Control，先进控制）技术是流程工业企

业智能工厂的核心技术之一，通常在 DCS、PLC、FCS 等计算机控制系统已有常规控制的基础上，采用多变量预测控制、智能控制、软测量和工艺计算等策略，提高复杂工业过程的控制品质，增强系统的抗干扰能力和鲁棒性，降低劳动强度，进而实现节能增效和提高企业综合竞争力。而这一切，都需要依靠 APC 软件来实现。中控 APC-Suite 软件在节能降耗方面的典型效益如表 8-1 所示。

表 8-1　中控 APC-Suite 的典型效益

类型	数值
节约特定的能量消耗	2%~5%
降低特定的物料消耗	1%~5%
增加处理量	1%~5%
增加目标产品收率	1%~5%
减少关键工艺变量波动的标准差	50%+
减少不合格产品、降低重新加工的成本	未统计
减少污染物排放、实现环境友好	未统计

中控的 APC 软件开发最早可以追溯到 1997 年，是在为国外预测控制 APC 软件包服务的基础上，创新开发出来的。国外软件包引进时，仅仅是一款实验室产品，软件界面化程度很低，所以初始的产品创新主要在界面和功能改造方面。

无论是硬件产品开发，还是软件产品开发，中控一直都非常注重用户体验。长期以来，国外品牌的 APC 软件在国内企业生产装置应用时往往存在水土不服的问题。究其原因，除了文化差异、操作习惯和使用便利性等因素之外，APC 软件不灵活，难以处理特殊工况和结合操作经验也是一个重要因素。中控 APC 软件从早期开发起，就面临着处理精馏塔液泛等特殊工况及实现一些特定控制策略的问题。因此，中控 APC 软件不仅开发了通用的先进控制模块，还在先进控制平台上增加了软件开发工具，支持实现专家规则和逻辑控制功能。这一创新扩展了 APC 的外延，在增加 APC 软件便利性的同时，强化了 APC 系统的应用效果。实际上，国内企业的工艺工程师、操作人员并不关心采用何种控制方法或工具，工艺工程师更关注控制与操作问题的解决及由此能给装置带来的经济效益，操作人员则更看重减少操作频次、降低劳动强度。

为了适用不同行业的用户，中控还在通用 APC 产品的基础上结合一些装置的特性和行业特点，不断推出面向行业推广的 APC 解决方案和专用控制包。从石油石化行业到煤化工、精细化工、建材、冶金等行业，中控的 APC 软件从最初的一台设备（精馏塔）到一个单元（精馏塔系），再到一套装置乃至联合装置（乙烯 / 芳烃），系统规模越做越大。

在客户应用方面，中控 APC 从扬子石化、仪征化纤和金陵石化的芳烃抽提、PTA（精对苯二甲酸）和烷基苯装置，逐步拓展到中石化集团，再进一步拓展到整个炼化行业。2005 年的扬子石化 130 万吨 / 年连续重整装置（当时亚洲规模最大）APC 和优化项目中，中控不仅帮助用户实现了整个装置的 APC，而且基于重整反应集总动力学模型实现了装置全流程模拟与离线优化。2007 年镇海炼化 45 万吨 / 年 PX 联合装置 APC 项目中，中控首次实现了在大型联合装置上应用国内自主开发的 APC 软件，项目团队克服了工艺差异、设备与仪表缺陷等多方面困难，完美地实现了预定目标，帮助客户获得 1100 多万元的年经济效益。随着中石化 APC 项目的推广，中石油也开始引入中控的 APC 软件项目。如中国石油大庆油田轻烃分馏装置、锦州石化炼油厂气分装置 APC 项目、兰州石化芳烃抽提装置 APC 项目和云南石化 APC 项目、中捷石化气分装置 APC 项目和连续重整装置 APC 项目等。

经过 20 多年的发展，中控 APC 软件产品系列已经很早就完全脱离了国外 APC 软件包的架构，重塑了核心控制算法内核，实现了完全的国产自主化，产品逐步完善，先后完成了数百个 APC 项目，结合装置工艺特点形成了数十个 APC 专用解决方案，从而丰富了中控流程工业智能工厂解决方案的内涵。另外，中控还积极开展国内APC 标准的建设推进工作，牵头制定了 APC 与优化国家标准，为APC 业务发展提供了规范与保障。而这一切正是中控在 APC 领域蓬勃发展、引领未来的关键。截至 2023 年底，中控 APC 控制软件国内市场占有率达到 28.29%，已连续五年排名第一。

流程工业的 MES

MES 是一种用于监控和管理生产过程的软件系统，可以实现对生产进程进行实时监控、数据采集、分析和报告等功能。MES 作为流程工业综合自动化的中间层，在企业管理层和生产控制层之间架起一座信息沟通和管理的桥梁，使企业更容易建立一个快速反应、精细化、统一的信息化环境。MES 对提高企业生产效率、提高产品质量、降低消耗具有重要的作用。

作为流程工业 MES 国家标准的制定单位和 MES 国际标准的参与起草单位，中控凭借对流程工业的深刻理解，针对石化、冶金、造纸、电力等流程工业企业开发了完整的综合自动化 MES 解决方案。中控 MES 产品的早期开发，可以说是完全从零开始。无论是团队、产品、技术，还是知识、经验和业绩，都经历了从无到有、从小到大、从大到强的过程。

万事开头难。中控的第一个 MES 项目是扬子石化芳烃厂物料平衡暨装置运行分析项目。根据时任项目经理赵路军回忆，当时由于缺乏实施经验，也没有成型的软件产品，项目实施团队的压力是非常大的。从项目调研到需求分析，从方案设计到系统架构，从数据库设计到工厂建模，从算法研究到功能实现，从文档编写到用户培训，从系统测试到上线运行，可以说项目中的每个阶段、每项工作基本都是从零开始。在整个项目的实施过程中，项目组不停地查阅资料、讨论，不断验证、不断迭代，就这样经过 14 个月的努力，系统才成功上线并通过验收，得到了用户的高度认可。

扬子石化芳烃厂 MES 项目的实施，对于软件产品团队来说有着非凡的意义：开发了软件、积累了经验、形成了模板、锻炼了队伍、有了 MES 业绩……由此点燃了中控软件在流程工业 MES 业务领域发展的"星星之火"。

随着"两化融合"的不断深入，流程工业用户的 MES 需求越来越广泛。为更好地帮助流程工业用户实现"两化融合"，中控在总结多年对流程工业 MES 的开发、建设经验的基础上，为石化、化工、冶金、造纸、电力等行业开发了完整的 MES 解决方案——MES-Suite。

从产品功能来看，中控 MES-Suite 生产执行系统具有综合信息平台、计划管理、调度管理、操作管理、生产统计、物料平衡、设备监控、文档管理、移动应用、绩效管理十大功能。这个系统基于统一信息集成和建模平台框架，实现规范的业务操作流程，生产过程的统计分析，生产运行参数和状态的实时监控，也能实现移动端的生产管理应用，为企业实现精细化、数字化管理提供强有力的支撑。

在中控不懈的努力和用户的信任与支持下，经过十多年的发展，伴随着"两化融合"工程的深度应用，中控已经逐渐发展成为国内MES业务领先的服务商，为流程工业"两化融合"做出了巨大贡献。截至2023年底，中控MES-Suite在石油、石化行业拥有超过200个应用业绩，成为中石化、中石油MES解决方案战略合作供应商。2023年，中控MES国内流程工业市场占有率达到20.7%，连续两年位居MES系统国内流程工业市场占有率第一。

实时数据库

实时数据库（Real Time Database）是一种对不断快速变化的数据进行读写的数据库系统，兴起于20世纪80年代中期的美国，主要应用于工业监控领域。20世纪90年代，实时数据库逐步在全球推广。新世纪以来，实时数据库在我国也逐步推广应用。

在工业领域，实时数据库的核心作用是为用户解决工厂数据的自动采集、存储和监控问题，是连接底层生产控制系统和上层企业经营管理系统的桥梁。通过高效的数据采集和存储，记录企业生产过程数据，为企业实现先进控制、流程模拟、生产管理、能源管理、安全管理等提供了底层的数据基础，是企业信息化的重要环节。

中控实时数据库i-SYS起步早、发展稳、功能全。早在2002年，中控就发布了i-SYS实时数据库软件V1.0版本。经过20年的发展和7次大版本迭代，逐步丰富了双机热备、报警、流程图、分布式集群等多种功能，形成了围绕数据采集、存储、处理的整体业务和功能架构。其中数据采集支持 100 种以上的数据采集协议，支持分布式的跨网采集，支持断点续传和高可用；数据存储支持分布式存储和高效压缩算法；数据处理围绕监控和分析，形成了流程图、指标系统、报警系统、高级计算等系统，提供了完整、全面的数据处理解决方案。

实时数据库 i-SYS 的发展，与中控的发展和中国的工业化进程密不可分。在过去的 20 年间，依托中控在流程工业领域的迅猛发展，伴随中国工业化进程的推进，i-SYS 服务了近千家大大小小的工业企业，为客户提高生产效率，为生产活动保驾护航。2018 年以来，i-SYS 完全自研、自主可控的优势逐渐凸显。在工业领域，尤其是实时数据库领域，i-SYS 因解决了"卡脖子"问题而备受企业和国家的关注。i-SYS 也响应国家号召，充分适配国产操作系统和服务器，为中国工业的自主化添砖加瓦。

截至 2023 年 7 月，中控实时数据库 i-SYS 已发展至 V7.1 版本，并广泛应用于数据采集与监控、信息化集成、国产化替代、SaaS 化应用等各类场景。仅在石化行业已服务超过 500 家生产企业，其中包括茂名石化、广东石化、榆林化学等。在茂名石化的全厂级实时数据库项目中，i-SYS 促进了生产管控、装置管理、能源管理和协同管理等核心业务领域智能化，为客户的生产活动降低成本、提高效率，创造了巨大价值。

SES（生产安全管理软件）

在当今经济社会的各个领域，信息已成为重要的生产要素，渗透到生产经营活动的全过程，融入安全生产管理的各个环节。2016年，原国家安全生产监督管理总局发布了《全国安全生产信息化总体建设方案》。之后，国家有关部门又先后印发了《"工业互联网＋安全生产"行动计划（2021—2023年）》《"工业互联网＋危化安全生产"试点建设方案》《危险化学品企业安全风险智能化管控平台建设指南（试行）》等一系列文件，信息化在安全生产领域得到了高速发展。

SES是中控为满足不同类型企业的安全管理需求而开发的"工业互联网平台＋安全生产"软件产品。该产品围绕最新安全生产相关法律法规、标准规范的管理要求，同时结合企业实际应用场景，与物联网、大数据、云计算、AI、5G等新兴技术深度融合，重点建设安全基础信息、重大危险源管理、双重预防机制、作业许可、智能巡检、人员定位、教育培训、承包商管理等主要功能模块，辅以标准化全要素管理，致力于推动企业安全管理数字化转型，增强企业安全风险的感知、监测、评估、预警、处置能力。

中控生产安全软件初代产品2011年起步于流程工业企业应急指挥系统项目。在该项目中，中控项目团队通过全面深入理解和系统分析用户实际需求，总结出了一套适合用户实际业务应用的需求分析及应用设计方法，为产品的后续发展打下了良好基础。此后，中控以《安全生产应急管理"十二五"规划》为契机，结合某大型企业安全应急管理基础，重新整体规划了其安全应急信息化发展方向，攻克了工业危险源智能识别、风险评估、安全应急资源管理及大规模组网等关键技术，研发了基于物联网的工业系统风险智能识别与安全应急软硬件系统，建立了一套适用于复杂流程工业行业的安全应急管理系统，形成了日常安全管理、智能风险分析、风险监测预警、辅助决策管理、应急指挥调度的全过程风险管理产品体系即 SES 1.0。

在国家产业政策的推进下，中控先后推出了 SES 3.0 到 SES 6.0 等系列生产安全软件产品，并在神华宁煤、东北制药、新安化工马目智能园区、江苏索普安全应急指挥系统、江苏"五位一体"、中海壳牌、大金氟化工、传化化学、山东神驰集团、山东东岳集团、宁波中金石化、联化科技等重点项目客户中得到广泛应用和实践，总结出了具有中控特点的 SES 产品发展新模式。

从产品视角来看，中控 SES 紧紧围绕影响企业安全生产的相关要素，结合企业安全管理业务应用场景、园区应用场景和工业 APP 功能应用，依托中控领先的自动化、智能化技术优势，汇集工厂各类业务风险数据，经过算法模型分析，有效解决了企业安全生产风险"看不住、管不全、管不好"等难点、痛点问题。同时，产品采用模块化、组件化模式开发，实现系统的灵活应用配置，可根据用户实际应用需求对系统模块进行组合和拆解，具备良好的二次开发实施和应用扩展能力，对于各种不同类型数据源及第三方系统，能够通过接口开发实现有效集成。

经过十几年的发展，中控 SES 产品逐步由大客户定制软件产品成长为独立软件产品，通过项目应用不断打磨，持续迭代，在国内流程工业领域得到了用户企业广泛认可。

OTS 系统

中控持续致力于流程模拟与仿真领域的研究并自主研发了 OTS（Operator Training Simulator，操作员仿真培训）系统。

作为中控仿真技术解决方案的一个重要方向，OTS系统基于严格机理模型的动态仿真技术和先进的虚拟控制器技术，可逼真地模拟工厂的开车、停车、正常运行和各种事故过程的现象和操作，不仅可应用于操作员仿真培训、工艺优化及控制验证、工况预测等，更是"数字孪生""工业元宇宙"的基座，是生产装置操作工培训和工艺方案研究的高效手段。该系统的推出，可以充分满足流程工业企业操作人员技能培训、操作技能考核鉴定等需求，提高装置技术人员安全分析事故处理、设计验证工艺优化能力，解决企业操作人才梯队建设问题，进而帮助流程工业企业识别生产故障、减少停工期、减少设备损坏或故障、避免意外事故、提升产品合格率和正常生产力。企业使用OTS系统前后的生产运营效率对比如图8-3所示。

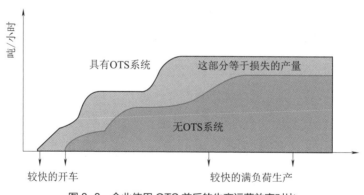

图8-3 企业使用OTS前后的生产运营效率对比

经过多年的发展，中控的OTS软件产品从最初的几套装置到现在的每年几百套装置应用；从中小客户的慢慢积累，到现在已得到中石化、中石油、陕煤等用户的信任支持；从国内用户的广泛使用，慢慢深入马来西亚、印度等国家的用户。

除 OTS 软件产品之外，中控还长期探索基于仿真的数字孪生应用技术和场景，搭建了以仿真模型驱动的数字孪生平台，基于机理建模、数学模型、专家经验模型、虚拟控制器、大数据等，形成工业数字孪生核心平台，并以此为基础支持包括可行性分析、控制验证、操作模拟分析、工况分析、动态预警、事故重演与根因分析、虚拟调试等业务融合场景。

在中控的不懈努力和用户的信任与支持下，中控已逐渐发展成为国内 OTS 业务领先的服务商、全生命周期的数字孪生方案的先行者，为流程工业智能化建设做出了巨大贡献。截至 2023 年 7 月，中控 OTS 系统首次位居国内流程工业市场占有率第一。

InPlantUtilities 能源优化解决方案

能源作为炼化企业原油加工过程中的主要费用性支出，占企业加工成本的 30%~50%，其运行状况直接决定着石化企业的安全、环保与经济效益，是企业节能降耗的关注焦点。为降低能源费用投入，发达国家经过长期的技术积累，形成了一批成熟的能源技术产品，通过强化能源的精细化管理、优化运营，使炼油企业的公用介质消耗平均降低了 10%~30%。

我国炼化企业能源的管理与操作相对粗放，由于缺少专业的信息化、智能化工具，操作及管理人员对能源的运行状态、利用水平等认识不清，难以找到有效的节能降耗途径和方向，使得这种粗放的操作模式长期延续。炼化企业氢气资源利用率低、制氢成本高，蒸汽冷凝、能量损失大，瓦斯气放火炬、燃料利用率低，循环水动能损失大、水资源回收及利用率低等问题尤为突出，不仅严重压缩了炼化企业的效益，还造成了安全风险、三废排放等一系列问题。

为帮助流程工业企业解决能源管理与应用效率问题，中控多年来一直致力于能源优化技术攻关和产品研发。在深入分析国内炼化企业能源系统的管理模式及运行特征的基础上，2018 年中控成功推出了面向炼化企业的 InPlantUtilities 能源优化整体解决方案。

从技术视角来看，InPlantUtilities 能源优化整体解决方案以大型实时数据库、综合信息化平台等基础软件为支撑，构建能源信息化集中管控平台，实现生产、输送、存储、利用、回收等全方位的精细化闭环管控，并采用大数据分析、机理建模、优化算法等，构建产耗预测模型、操作优化模型、管网模拟模型、调度优化模型等，实现基于模型的优化操作、优化运行、科学调度、应急指挥，有效提升调度及管理水平，有效降低生产过程中的能源消耗。

从产品功能来看，InPlantUtilities 能源优化整体解决方案解决了流程工业用户能源点多面广、信息相对分散，管理人员对运行状态、利用水平缺乏全面认识、难以有效管控的问题，有效提升了能源管控的精细化程度，解决了能源产耗平衡率低、损耗量大、操作粗放、运行波动大、调度及操作调整被动的技术难题，以及长期制约公用介质生产成本高、输送效率低、跑冒滴漏严重等瓶颈问题，实现流程工业企业能源管控精细化、运行最优化、利用最大化。

截至目前，中控 InPlantUtilities 能源优化解决方案已经在中石化镇海炼化、茂名石化、齐鲁石化、天津石化、洛阳石化、武汉石化、广州石化、石家庄炼化、沧州炼化、湛江东兴石化、中石油独山子石化、山东汇丰石化等国内十余家大型炼化企业进行了应用并获得了显著的节能减排效果。相关技术已入选国家发改委 2018 年度"双十佳"节能技术推广名录。实施案例统计显示，中控能源优化解决方案通常能达到图 8-4 所示的节能减排效果。

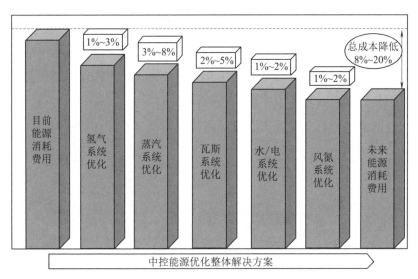

图 8-4　中控能源优化解决方案节能减排效果

8.3　数智工厂

工厂操作系统 +APP

在"两化融合"工程中，工业企业信息化模式，大多是基于单独工业软件的模块式信息化。比如 OA、ERP、MES 的使用，基本是不同厂家、不同数据格式的独立软件，软件和数据呈烟囱式，相互独立。随着软件使用种类和数量的增加，企业会发现这种烟囱式信息系统数据不统一、业务融合困难，从而导致数据利用率低、IT 成本高、业务决策困难等问题。

随着智能制造时代的到来，中控逐渐从自动化产品供应商转型到行业解决方案提供商，并在完善工业软件产品体系的基础上，基于多年来在流程工业各类装置积累的控制和优化经验，提出了针对不同行业领域的流程工业工厂自动化解决方案。随着"两化融合"工程的深入，为帮助用户消除信息孤岛，提升用户数字资产的利用率，降低用户 IT 成本，中控基于工业软件产品体系的升级和完善，在工厂自动化解决方案的基础上，推出"工厂操作系统＋工业 APP"新模式。其中，工厂操作系统有三个定位：第一是消除信息孤岛，数据集成融合，通过顶层设计，消除多个烟囱式的垂直应用，统一企业级工业大数据集成平台，生产数据、管理数据、运营数据融合联动。第二是开放的工业智能应用平台，该平台支持用户专家、供应商参与开发。第三是开放、互联的工厂，该平台采用工业互联和智能为核心的产业协同模式，包含云、企、端三层架构，可与企业外部、产业链上下游进行有效衔接，真正实现开放、互联。

此后，中控以"工厂操作系统＋工业 APP"平台为核心，凭借专注工业自动化领域、持续的技术创新投入及和世界知名自动化公司的良好合作，进一步夯实了在本土自动化市场的领先地位。

基于工厂操作系统的全流程工业软件 APP

"工业软件是我们的一大类产品，也是工业 4.0 的核心产品。控制系统和现场仪表更多是硬件角度，属于工业 3.0 的产品。我们说'软件定义未来'，工业软件就属于工业 4.0 范畴。"工业 4.0 时代，为满足不同行业用户的应用需求，中控在为用户提供企业级工厂操作系统的同时，通过工业软件 APP 化，开发了流程工业客户所需的各类工业软件 APP。中控基于工厂操作系统的全流程工业软件 APP 如图 8-5 所示。

从应用场景来看，中控工业软件 APP 可以分为智慧运营与自主运行两大类。包括数字孪生、供应链管理、生产管控、资产管理、能源管理、安全环保、工业 AI 等在内的智慧运营类 APP，主要帮助用户实现生产运营管理的数字化与智能化。而自主运行类 APP 主要帮助用户实现生产过程管理的自动化、少人化，用最少的干预来实现装置的安全、高效运行。针对工业装置开停车、牌号切换、周期性计划任务、平稳运行、升降负荷等生产过程，应用各类智能化技术解决装置生产过程中的自动控制问题，达到少人化和无人化运行状态，达到真正的"自主运行"。

"工厂操作系统 + 工业 APP"整体解决方案，可以帮助企业实现高度自动化的生产运行，打造设备的在线智能监测、远程智能运维诊断、生产本质安全智能化管控等，真正打通全厂数据建立管控一体化，最终实现减员增效的目的。截至 2023 年底，中控"工厂操作系统 +APP"新模式已有 4000 多个应用案例，其中有十余个超大型智能工厂项目，包括传化化学大江东智能工厂项目、广西华谊智能工厂项目、大金氟化工智能制造项目、延长石油、新和成等项目。

基于"工厂操作系统 +APP"的智能工厂

"智能工厂"的概念最早由美国罗克韦尔自动化有限公司 CEO 奇思·诺斯布希（Keith Nosbusch）于 2009 年提出，其核心是工业化和信息化的高度融合。智能工厂是以数字化技术为核心，利用物联网技术和设备监控技术加强信息管理和服务。通过大数据与分析平台，将云计算中由大型工业机器产生的数据转化为实时信息（云端智能工厂），并结合绿色智能的手段和智能系统等新兴技术，构建一个高效节能、绿色环保、环境舒适的人性化工厂。智能工厂的核心之一是行业 know-how 的传承。因此，如何以信息化、自动化等系统作为支撑，在替代部分简单重复性人工操作的同时，大幅提升知识传承的可用性和效率，是智能工厂建设的关键。

我国的工业企业门类众多，从大类上可以分为流程型企业、离散型企业及混合型企业，不同类型企业的工艺、装备、生产、运营管理的特点有很多不同。不同企业进行智能工厂建设，因所处行业、基础条件、发展阶段、重要关注点等存在的显著差异，会影响到智能工厂建设的路线、内容及效果。中控基于多年在智能工厂领域的研究经验，总结智能工厂建设要注意以下六大方面的挑战：处理好总体规划与分步实施的关系，处理好基础建设与"效益导向"的关系，处理好业务需求与新技术选择的关系，处理好学习借鉴与自主创新的关系，处理好当前发展与未来发展的关系，处理好局部与全局的关系。

中控作为流程工业智能制造解决方案提供商，拥有涵盖各个层次的产品库积累。中控基于多年流程工业自动化业务的实践经验，加之多年来深耕行业，对客户需求和产品了解得更为深入、透彻，因此，对智能工厂建设有着深刻理解，在智能工厂建设方面表现优秀。在"工厂操作系统＋工业 APP"新模式的助力下，中控先后打造了神华宁煤、东北制药、新安化工、九江石化、衢化集团等一

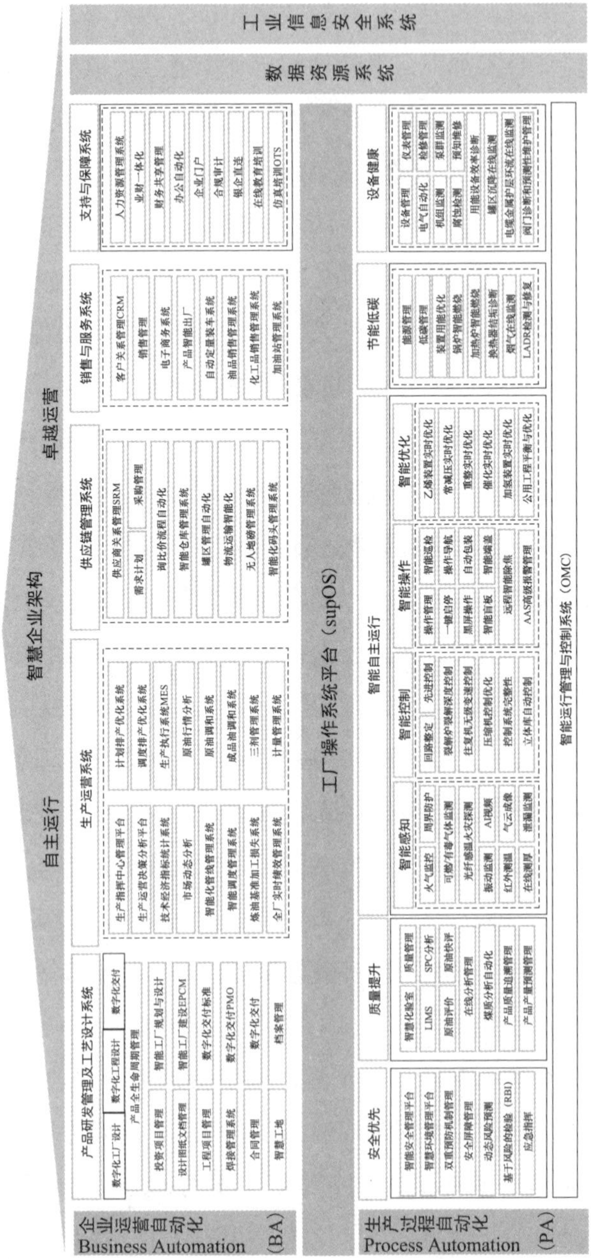

图 8-5　中控基于工厂操作系统的全流程工业软件 APP

系列智能工厂样板工程，成为流程工业智能制造领域的一流服务商。在神华宁煤百万吨级烯烃智能工厂建设项目中，中控实现了国产 DCS 在百万吨级系统装置上的首套使用，涵盖了从生产底层的智能传感与控制装备，到上层的软件及网络设备的产品和系统级应用，对提升装备制造水平、保障国家战略安全意义重大。2020年，中控基于丰富的智能制造项目实施经验，总结提炼出了帮助用户打造"智能工厂"的三部曲：智能制造准备度评估、智能工厂规划咨询、智能工厂落地建设。在智能制造准备度评估阶段，中控基于对流程工业的理解，结合国际标准、国内政策导向、企业发展需求和行业技术发展，制定了流程工业智能制造准备度评估模型，并以此对企业进行全面诊断，定位企业需要重点改进的薄弱环节。在智能工厂规划咨询阶段，中控可以依据成熟的智能工厂规划方法论，对企业智能工厂进行顶层设计，为企业提供从需求规格定义到产品技术选型、从项目实施路径到项目建设管理、从项目投资估算到经济效益测算的整体解决方案，保障智能工厂建设的有效性。在智能工厂落地建设阶段，中控可以基于"工厂操作系统＋工业 APP"的新模式，为用户提供从仪表阀门到控制系统，从管理平台到科学决策，覆盖生产、能源、安全、质量、设备、科研、供应链、财务、人力、仓储物流十大业务领域的集成化整体解决方案。

广西华谊：中控灯塔工厂示范工程

在中控"工厂操作系统＋工业 APP"技术架构的支持下，2022 年，中控推出了"广西华谊灯塔工厂示范工程"。

广西华谊——打造世界领先的数字化灯塔工厂

2022 年 8 月 3 日，中控与广西华谊能源化工有限公司等单位携手开展的工业气体岛智能工厂项目正式入选工信部 2022 年度智能制造标准应用试点项目，标志着作为"数智华谊"数字化转型战略代表的华谊钦州化工新材料一体化基地项目已成为国内行业领先的数字化灯塔工厂，为流程工业智能工厂建设树立了标杆。

华谊钦州化工新材料一体化基地项目位于钦州石化产业园区，占地约 8000 亩，分三期实施。一期"广西华谊能化工业气体岛项目"主要涉及煤化工产业链，包括新建 5 套 2000 吨级航天炉、一台华谊炉制气、联产 180 万吨/年甲醇、20 万吨/年乙二醇、120 万吨/年醋酸装置及相关配套辅助设施。甲醇、醋酸、乙二醇作为广西华谊能化公司的三大核心拳头产品，守住安全底线、减少能耗、降本增效是本次项目建设的核心目标。

智能工厂建设的关键在于构建切实可行的顶层设计。在项目中，中控作为项目总集成单位，负责工厂的整体设计与建设。根据客户的实际业务情况，在方案设计中，中控将"安全、绿色、效益"作为工厂建设的核心目标，希望将项目铸造为一流的生产自动化、管理可视化、能耗最优化、运营智能化、监控诊断远程化的能源化工智能工厂和生态产业链示范性基地。

根据整体规划要求及项目存在的难点，结合客户具体业务管控需求，中控决定采用"工厂操作系统 + 工业 APP"的系统架构，从优化控制层、智能生产层和智慧运营层，围绕生产管理、质量管理、设备管理、安全管理、蒸汽平衡优化、报警管理等重点领域的多个子系统展开攻关。根据规划，"工厂操作系统+工业APP"平台作为项目的关键组成，向上需要支撑工业智能APP快速开发与部署，向下需要连接海量工业装备、仪器及产品，实现数据采集实时化、生产过程透明化、质量管理体系化、设备管理科学化、安全管理数字化、能源管理精细化、决策支持智能化等功能，是项目的关键组成，也是项目成败的关键。从实施角度来看，项目存在集成度高、技术领域广、定制化开发多等多项难关，同时面临新项目、新平台、新人员及系统多、接口多、问题多等诸多挑战。

依托"工厂操作系统+工业APP"架构，中控完成了40余个工业APP的定制开发；在操作系统方面，综合考虑控制系统、生产管理与经营管理系统之间的数据协同和打通问题，通过定义规范的生产主数据和经营主数据系统，实现各个环节的数据标准化，满足客户数据快速访问和无缝融合的要求。针对智能工厂项目系统之间集成难度大等问题，中控在集成方案中重点制定接口规范，开发并实现了ESB集成总线APP对各系统间接口的统一管理，统一注册、统一发布、统一报文、协议转换、过程监控、接口日志等功能一体化实现。

另外，中控还通过计划优化APS（高级生产计划与排程系统）与PI实时数据库、EWM（扩展仓库管理）、ERP、MES的集成，成功实现了系统间的数据互通，使高级计划优化排产系统内基于安全库存、采购提前期、生产提前期、生产过程数据等要素而开展的生产能力计算具备了数据基础，产品时效利润率提升5%。

经过项目各方两年多的共同努力，2022 年 5 月，中控负责的 DCS、GDS、AAS、蒸汽平衡系统全面通过验收。与此同时，中控收到一封来自项目业主单位的感谢信。信中，广西华谊能源化工有限公司对中控过硬的产品、精湛的技术、优质的服务和高质量的交付给予了高度的肯定。该项目的圆满成功，不仅为流程工业智能工厂建设立下标杆，更标志着中控"工厂操作系统＋工业 APP"平台和灯塔工厂建设能力达到国家级"智能制造标杆企业"水平。

广西华谊项目的顺利实施，是中控在化工新材料领域的重要突破。在项目交付过程中，中控克服了外配供货困难、关键节点紧张、现场环境湿热等种种困难，挖掘工艺控制需求，深入研究行业技术方案，全面统筹、紧盯落实，凭借专业的行业能力和技术水平，中控助力华谊新材料建成化工新材料行业新标杆。

面向未来，中控将持续深入挖掘流程工业领域的用户需求，持续助力企业智能化升级，为用户打造从方案设计、产品开发到方案实施一条龙服务，赋能用户，推动资源在全社会范围内的优化配置和高效使用，让一个个高效、节能、安全、绿色的智能工厂不断崛起。

8.4　C 观点：穿越周期的"机会窗口"

对于新的技术范式，从新兴期到成长期再到成熟期，就是一个取代旧有技术范式的过程，而根据技术演化规律，未来也必然会有一个新的技术范式超越并取代现有的技术范式，如图 8-6 所示。比

如数码相机取代传统相机、新能源汽车取代燃油动力汽车、分布式
计算网络取代传统互联网技术网络等。

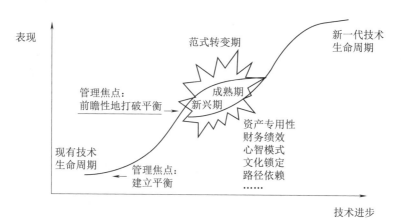

图 8-6　技术演化规律

　　在技术范式转变的混沌期，技术进步是非线性的、不连续的，
相应的产品形态和对应的商业模式也是不同的，且与之相适应的企
业战略、组织结构、管理体系等也会随之不同。由此可见，在技术
范式转变的混沌期，既存在巨大风险，也蕴含着大量机会，这样的
混沌期也可以被称为"机会窗口"期。

　　在企业的发展中，外部环境是始终在变化的，而技术的发展、
政策的发布和市场的变化是非连续的过程，存在机会窗口。企业在
发展的不同阶段，会经历不同的机会窗口，不仅包括技术范式转变
的机会窗口，也包括市场机会窗口和政策机会窗口等。

　　对于创业企业，如果能及早识别并抓住机会窗口，即可实现弯
道超车，在新一轮产业竞争中快速成长壮大。在位的行业领先企

业，如果没有抓住范式转变的机会窗口，则可能会被新进入领域的创业企业所颠覆和取代。企业必须打破固有思维模式、主动求变、敏锐思考、敏捷行动，从而抓住范式转变的机会窗口、实现跨越式发展。

20 世纪 70 年代中期，在生产过程大型化、连续化带来的控制市场需求和大规模集成电路技术、微处理器技术进步的双重作用下，DCS 诞生。中控刚进入 DCS 业务领域时，在市场方面，正值国内流程工业大力发展、用户对 DCS 需求快速上升的市场机会窗口期；在技术方面，微处理器的相关技术已经迭代到 32 位，个人计算机、通用监控图形软件也已经出现；在政策方面，邓小平南方谈话之后，中国坚持改革开放的政策和路线更加明确。可以说中控选择进入 DCS 业务领域的时机，正好是叠加了技术机会窗口、市场机会窗口和政策机会窗口的三重利好时机。中控基于已有的科研成果，在消化吸收国外厂商成熟产品技术的基础上，很快就实现了DCS 的国产化，推出了自有品牌的 DCS 控制系统。外部机会窗口和自身的技术创新、产品创新，是中控创业初期能够快速切入市场的基础。

随着自动化技术和信息技术的发展，企业对工业软件的需求大幅增加。为抓住这一变化的政策与市场机会窗口，中控快速调整战略，从以硬件产品为主转向硬件与软件并重。由此，中控软硬件产品和解决方案的市场占有率实现了新一轮快速提升，大大缩小了与国外公司的技术和产品差距，DCS 国内市场销量跃居行业第一。

随着智能制造和数字化技术的进一步发展，中控也敏锐地抓住了这个新的机会窗口，快速部署数字化车间、智能工厂等建设。例如针对不同行业，中控推出了行业智能制造工厂解决方案，通过生产设备的互联互通、基于大数据分析的决策支持，帮助用户实现从高效的原料供应到精准的产品销售全过程的智能化、数字化、网络化，打造真正意义上的智能工厂，实现了市场占有率和业绩的全面提升。

对话 **3**

在时代的激流中

吴晓波：根据研究，不同的企业对于研发的探索意愿是不同的，有的企业更关注市场销售端，对研发投入不够重视。中控从大学来，有很多不一样的基因，我们可以数一数，比如说始终会对接科技发展的最前沿。在研究开发上面，中控相比其他企业是不是探索的意愿更强？中控在研发上体现了什么样的特征？

褚　健：在我看来，企业有企业的使命和责任。企业不能冒太大的风险，活着是第一责任。因此，纯理论的研究我们一般不做，尤其是创业早期，我们更多的是关注可以产品化的技术研究。作为企业，技术研究的目的就是要做出产品。企业是商业机构，投入的每一分钱，都要赚钱，这是企业的本质。因此，我不会把学校的观点套过来，纯粹去搞一些没有商业用途的研究，这个也说服不了团队的其他人。

企业就是企业，要有企业的定位，包括社会责任。

很多人会认为，企业的社会责任是捐款，是公益活动。虽然我们这些年也做了很多社会公益活动，但在我看来，企业最大的社会责任其实是活着。企业活下去，就可以解决很多人的就业问题，满足很多的客户需求，为社会创造价值，这个责任是最大的。所以在我看来，企业真正的责任，是怎么推动社会进步，这是企业最大的社会责任。

当然，企业为了活着，必须重视研发投入。没有自己的核心技术，企业难以持续发展。随着持续的研发投入，我们慢慢有了一定影响力，有了一定的市场占有率，也积累了一定的人力资源，然后再有一定的利润投入研发。2016年、2017年我们研发投入占4%多一点，我要求每年增长1%，上不封顶。事实上经过不到5年的时间，去年我们的研发投入已经接近12%了，提高很快。过去5年，随着研发投入的增加，我们的利润也增长了，利润增长了10倍。2016年我们利润大概五六千万元，2021年大概6亿多元。

吴晓波：我们在研究中，遇到一些技术团队创业的案例，技术团队创业容易执着于技术，陷入"为了技术研究而技术研究"的陷阱，进而因为忽视市场需求而失去市场。中控有没有这方面的问题？具体是怎么处理的？

褚　健：中控不存在这个问题，我们坚持服务于客户，一直秉持以客户为中心的理念。我们不会在技术上追求极致。作为一个企业，活着最重要、客户的需求最重要、客户的抱怨最重要。1995年、1996年，我提出一个观点：我不要求所有的客户都说我好，但我要求所有的客户都不说我坏，你想想看我这个要求高还是低？非常非常高，都说我好这是不可能的事儿，但是不说我坏也是很难很难。质量不说，你服务不好、不请人家吃饭，再加上有点问题，人家怎么不说你坏呢？所以你仔细琢磨，这个要求很高。所以我不会纯粹为了技术而技术，毕竟这是企业。屁股决定脑袋，这个我很坚定，企业就是企业。这两个字理解透了，很多偏差是不会出现的。

吴晓波：中控的活法与很多企业不一样。很多企业靠国家投入或者各种各样的资源链接活着。中控这样的企业主要靠技术创新活着。对此，你有什么看法？

褚　健：这个确实不一样，我们靠别人靠不住，只能靠自己。一开始我们什么也不懂，不懂技术、不懂管理、不懂市场、不懂成本控制，因为我们不是职业经理人。无非我们在商言商，站在公司的角度，努力学习怎么营销、怎么做管理、怎么控制成本，无非就是在学。好在我们学习能力还比较强，爱学习，也学得快。我们这个行业竞争者很少，主要是跟跨国公司在争。中国市场大，需求总归还在。我们运气好，开始信息不透明，跨国公司不知道我们存在，不重视我们。如果刚开始它们就打压我们，那就不行。

正好我们也赌对了一些技术路线。我们控制系统都有个监控设备，现在都是 PC 机，开始都是专用机。每个公司都做自己的专用机，我们没钱做这个，就赌用 PC 机来代替专用机，后来成了趋势。当时 PC 机不稳定，容易死机，可靠性差，有一堆问题。好在我们知道摩尔定律，相信每 18 个月，PC 机的性能提高一倍，成本降低一半。这个赌对了。还有一个我们很早就投入以太网，那时候以太网也很慢。后来大家都用以太网，我们又赌对了。

吴晓波：你说的这个情况，在我们 C 理论研究中，就是技术范式选择的问题。在你看来是赌对了，从我们 C 理论的视角来看，这个不是赌。在新旧技术范式转变的机会窗口，存在混沌期，这个时候企业需要选择技术范式，也就是通常所说的技术路线。选对了，就能进入新一轮增长；选错了，就会错过一次发展机会，甚至被淘汰。你们每次都选对了，这说明中控在战略选择方面，有前瞻性。这应该与你们的研发基因有关，与你们的研发优势密不可分。也正是这些基因和优势，让你们能够在时代的激流中，灵活地调转船头，顺势而为并立于不败之地。

第四篇
信心：构筑新格局

我希望每一位中控人充满信心：不仅有美好的 2023 年——三十而立的中控，我们还将迎来壮年的 40 岁中控、创造"百年老店"的强大中控。这是我们大家的共同愿望、共同信心、共同使命。我们齐心协力、一路向前。

——褚健，《解放思想全面转型——中控集团 2021 云享年会上的讲话》，

2021 年 1 月 17 日

　　明者因时而变，知者随事而制。随着数字化时代的到来，面对数字化生态建设的全面冲击，任何一家企业都无法独善其身。企业只有两个选择，要么参与生态，要么主导生态。同时，企业没有其他选择，只有融入、参与或主导生态，才可能更好地抓住机会，更好地与时代共舞。每家企业都要持续不断地讨论和探索自身的数字化问题。只有把数字化企业或者数字化组织的目标定义清楚了，才会有清晰的前进方向。工控企业本身就带着数字化的基因，能否充分利用大数据、AI 技术，确保企业的决策流程自动化，并朝向智慧化升级，达成运营的智能化目标，提升决策的效率和质量，决定着企业未来能走多远。

　　进入 21 世纪 20 年代，中控经过 30 年的发展，已经成为国内流程工业控制领域的领军企业。截至 2023 年，其 DCS 市场销量已经连续 13 年位居国内市场第一，实现了对国际先进企业的追赶和超越追赶。在流程工业领域之外，中控基于 5T 技术的创新和裂变，布局诸多新赛道业务，与流程工业领域的业务形成很好的互补。未来，中控将从国内领先走向国际领先，从超越追赶走向国际引领。面对数字化时代的到来，中控提出二次创业的战略目标，面向智慧城市和智能制造两大战略领域，把工业大数据、工厂操作系统和工控网络安全作为三大核心战略方向，并依托长期以来积累的技术优势、行业知识、资源和经验，构建了"互补性多元生态"价值网络。

第 9 章　穿越周期的价值生态

2022 年 6 月，兴发集团有机硅新材料一体化循环项目 15 万吨 /年离子膜烧碱装置一次性开车成功，2022 年 11 月完成项目整体上线投运。在中控 OMC 系统的支持下，该项目实现了运行管理高度自动化、智能化，数据综合利用率超过 80%，年浓度酸消耗控制在 5 吨以内，定员人数由行业普遍的 120 人左右减少到 40 人以下，运行人力下降 67%，中控室由人均监控 I/O 点 500 点提升到 1500 点，真正实现无人巡检、无人操作、无人记录，各项行业指标达到国际先进、国内领先。

9.1　客户价值的再创新

开放式创新聚变与裂变

开放式创新最早起源于大学科研机构之间的学术交流与合作。20 世纪 90 年代，一些科技企业发现，研发团队规模越大，传统科层制管理创新效率越难提升。于是率先觉悟的企业展开了科研创新管理变革，通过与企业外部和内部具有突破想法的工程师合作，激发产品和服务创意,并通过创新基金,使创新生态体系化,以提高创新效率。随着第四次工业革命的到来,互联网和数字科技产业大量运用开放式创新取得了爆发式的创新增长。如今,开放式创新已经成为全球数字经济产业生态的重要组成部分和数字经济发展的关键动力。

根据组织方式,开放式创新可以分为裂变和聚变两种模式。裂变模式要求核心的产品和业务分裂出新的产品和服务,进而占领更细分的市场,为企业带来销售收入和利润的增长。聚变模式则是微小的创新个体通过聚集并发生本质变化。聚变模式能够发挥人才资本、技术资本、金融资本的协同效应,以实现更高效能的价值创造。价值聚变模式发现和激发人的创新能量,让平凡的人做出不平凡的事。开放式创新聚变与裂变模式的要素及作用机制如图 9-1 所示。

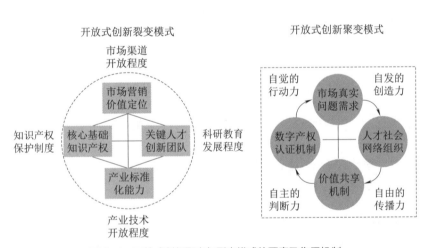

图 9-1 开放式创新聚变与裂变模式的要素及作用机制

中控创业团队的校园基因,让中控在开放式创新方面,尤其是与高校的科研合作方面,一直走在同行的前列,并逐渐从早期的校企合作开始，延伸到产业链的各个领域。在生态网络构建方面，中控对内通过技术裂变构建集团内部的价值网络和生态体系；对外通过聚变与战略合作伙伴构建利益共同体，达成开放式技术创新与商业模式创新。与此同时，基于5T技术[①]融合发展，集合生态圈的力量，为客户提供全新数字化转型、智能工厂建设整体解决方案、智慧城市整体解决方案、智慧实验室解决方案等，助力客户成功。2022年8月26日，中控召开"共建共享·共生共赢"为主题的合作伙伴大会，为与会的服务委托合作伙伴、经销渠道合作伙伴、供应渠道合作伙伴颁发了12个"战略合作伙伴"奖、32个"优秀供应商"奖、22个"优秀合作伙伴奖"、3个"卓越合作伙伴奖"、4个"同舟奖"。从奖项的数量之多、覆盖的范围之广，可以窥见中控生态价值网络的规模性和多样性。

135 客户价值创新模式

2022年11月13日至17日，作为全球石油化工行业五大顶级峰会之一的"第十三届中国国际石油化工大会"在宁波召开。大会以"可持续的韧性新增长"为主题，围绕全球经济发展新动力、新增长，供应链韧性发展和重构，产融结合，绿色"一

[①] AT（自动化技术，Automation Technology）、IT（信息技术，Information Technology）、PT（工艺技术，Process Technology）、OT（运营技术，Operation Technology）、ET（设备技术，Equipment Technology）。5T技术是中控技术首家提出的，打破技术领域隔阂，实现5T技术全面融合，构建颠覆性的技术形态，有效破解工厂在工程设计、工程建设、运营管理、运维服务全生命周期中单项技术无法解决的难题。帮助企业构建领先的技术能力，提升企业核心竞争力。

带一路"与 ESG，塑料循环经济，区域经济一体化和可持续发展等相关内容展开。会上，中控推出"1 种商业模式 +3 大产品平台 +5T 技术"为核心构成的"135 客户价值创新模式"。

在流程工业领域，中控通过持续的创新，孵化了许多新业务，并形成了鲜明的三大成长曲线：第一条成长曲线是以 DCS 为核心的传统工业自动化产品；在此基础上，中控逐步构建出"5S 店 + S2B 平台"一站式工业服务新模式，打造了 OMC 系统、"工厂操作系统 + 工业 APP"和 APEX 等三大产品平台，形成了第二条成长曲线；而第三条成长曲线则是依托于 5T 融合技术的新布局。5T 技术的深度融合可有效破解单项技术无法解决的产业难题。

基于三大成长曲线，中控面向"工业 3.0 + 工业 4.0"构建了创新业务模式——"135 客户价值创新模式"，如图 9-2 所示。其中的"1"代表 1 种商业模式，即"5S 店 + S2B 平台"一站式工业服务新模式；"3"代表 3 大产品平台，即新一代全流程智能运行管理与控制系统（OMC）、"工厂操作系统 + 工业 APP"、流程工业过程模拟与设计平台（APEX）；"5"代表 5T 技术战略。在商业模式上，中控以"5S 店 + S2B 平台"一站式工业服务新模式深度贴近用户，为流程工业用户提供全生命周期快捷、专业、极致的服务。在产品平台上，中控以新一代全流程智能运行管理与控制系统（OMC）、"工厂操作系统 + 工业 APP"技术架构、流程工业过程模拟与设计平台（APEX）三大产品平台，全方位、多维度助力流程工业用户从生产过程自动化到企业运营自动化的数字化转型与演进。在技术平台上，中控以 5T 技术为支撑，助力企业构建领先的技术能力，提升企业的核心竞争力，打造行业新型生产形态，引领流程工业的全面产业升级。

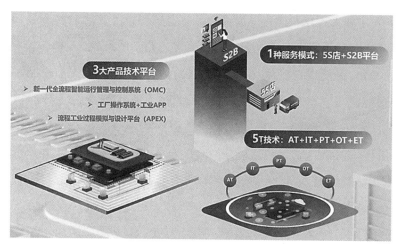

图 9-2　中控"135 客户价值创新模式"

OMC：新一代全流程智能运行管理与控制系统

流程工业企业由于生产过程长、生产工艺复杂，生产过程控制中存在大量手动操作，严重依赖操作工人的操作水平。而优秀操作工人的缺乏，使流程工业用户生产运行控制水平长期得不到有效提升。

尽管随着国家产业政策的引导和智能制造的大力发展，我国流程工业企业的自动化率得到极大提升。然而，这并没有让工厂操作人员完全摆脱对手动控制的依赖，意外的参数扰动很有可能造成操作不当、报警泛滥，进而引发生产过程失衡甚至非计划停车。工业 4.0 的浪潮推动数字化、智能化的发展，给流程工业企业工厂智能运营提出了更高的要求，"如何实现安全、平稳、高效的生产"成为困扰流程工业企业的新问题。

为了更好地帮助流程工业用户通过"自主运行"解决生产装置过程控制的痛点，优化工艺操作过程、降低生产操作频次，实现

"少人化和无人化"操作，提高产品收益率和经济效益，中控于 2022 年 7 月推出新一代全流程智能运行管理与控制系统 OMC。

OMC 系统以"开放、智能"为核心理念，在传统集散控制系统的功能之上，深度融合工厂操作系统、工业 AIoT（人工智能物联网）、先进工业网络、智能优化、模型预测等技术优势，致力于实现流程工业从自动化到智能化运行的重大创新和升级，为客户带来"成本优化、减少人力、安全平稳、经验沉淀、资产增值"等重要价值。

如果把控制系统比作手机，那么 DCS 系统就是功能手机，而 OMC 系统则是智能手机。虽然二者都可以看成手机，但 OMC 系统是基于 DCS 架构之上的全面升级，与 DCS 系统相比，OMC 系统有着质的飞跃。具体而言，该系统包含"E 网到底、工厂操作系统 + 工业 APP、自主运行"三大亮点。

在数据与网络融合方面，OMC 系统"E 网到底"融合了业内领先的数据传输方案，拥有分布式部署、高可靠、强扩展、易维护和一体化等多种优势，为行业提供了更加灵活、简单、快速的项目工程执行和调试方法，可有效响应流程工业企业在升级转型时成本更低、数据传输更快、实施周期更短、信息获取更全面的诉求和挑战。

在数据治理与共享方面，面对流程工业企业普遍存在大量的"烟囱式"应用、数据孤岛林立、信息碎片化的现状，OMC 系统以"工厂操作系统平台 + 工业 APP"的架构，构建出开放、可持续、多方参与的统一工业数字基座，可极大促进流程工业企业在工业数据融合与集成、工业数据综合治理与加工、工业数据价值挖掘与应用、生产流程优化与业务协同等方面进行可持续的改进和提升。

在自主运行方面，OMC 系统基于中控在流程工业过程控制和优化的经验积累，深度融合智能算法、专家经验和工艺机理知识与海量运行数据的 AI 智能分析，在生产过程的全生命周期实现操作去技能化，全面提升了装置的自控率、平稳率和安全性，大幅降低装置操作频次，实现装置生产全过程的自主协同运行，达到"少人化"直至"无人化"操作，稳定产品质量，提高产品收率，降低能耗、物耗。

从用户使用效果方面来看，OMC 系统作为中控持续探索的重要产物，其技术突破在某化工企业进行示范阶段期间，帮助客户实现了操作频次下降 90% 以上，生产平稳率达到 99% 以上，大部分装置自控率达到了 100%。在兴发集团的离子膜烧碱项目中，实现全自动及黑屏操作、一键启停烧碱装置等，定员由 120 人减少到 40 人以下，更好地实现了企业的少人化、无人化、自动化、智能化等需求。可以看出，OMC 系统的应用，在设备自控率、生产平稳度、操作频次、安全控制等方面都有较大幅度提升。OMC 系统在氯碱行业的应用效果如图 9-3 所示。

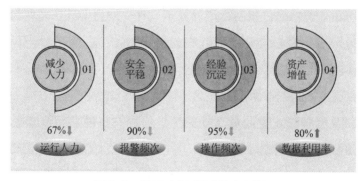

图 9-3 OMC 在氯碱行业的应用效果

APEX：流程工业过程模拟与设计平台

2012 年，NASA（美国国家航空航天局）给出了数字孪生的概念描述：数字孪生是指充分利用物理模型、传感器、运行历史等数据，集成多学科、多尺度的仿真过程，它作为虚拟空间中对实体产品的镜像，反映了相对应物理实体产品的全生命周期过程。数字孪生也可以用来指代将一个工厂的厂房及产线，在没有建造之前，就完成数字化模型，从而在虚拟的空间中对工厂进行仿真和模拟，并将真实参数传给实际的工厂建设；在厂房和产线建成投产后，在日常的运维中，模拟系统与真实的运行系统进行信息交互。数字孪生作为工业领域中的逆向思维产物，对制造业最重要的意义在于，能够自动提供关于设备和产品性能的全面信息，而无须人工参与。

流程工业领域数字孪生的核心技术是流程模拟软件，这也是流程工业领域的核心基础软件，相当于芯片行业的 EDA（电子设计自动化）软件，贯穿于现代流程工业企业全生命周期，在工艺研发、工程设计、装置投运、操作运行及装置改造中都发挥着无与伦比的重要作用。遗憾的是受制于流程模拟软件研发门槛高、人才少、投入大等因素影响，国内此前并无成熟的商业化国产流程模拟软件，造成国内流程工业核心能力缺失。

为顺应流程工业企业数字化、智能化的发展和竞争力提升的需求，以及流程工业企业对高效便捷、协同共享的通用流程模拟软件的迫切需求，2022 年 11 月，中控推出流程工业过程模拟与设计平台 APEX。APEX 是对流程工业进行机理建模和流程模拟，支撑工厂工艺设计、过程模拟与分析、工艺改进和孪生工厂开发，

赋能工厂全生命周期优化决策的核心工业基础软件平台。APEX
的诞生，一方面能够顺应行业数字化、智能化的发展和竞争力提
升的需求，满足流程企业对高效、协同、共享的通用流程模拟软
件的需求；另一方面对填补国内流程工业基础软件空白具有重要
意义。可以说，APEX 的诞生给行业带来了惊喜，成为助推产业
变革的"重器"。

9.2 面向服务价值的技术生态重构

深耕流程工业 5T 技术

数字经济时代，制造业服务化已成为全球趋势，传统组织的边
界也已经被打破，组织呈现出"共生"的态势，商业生态系统（网
络）成为大企业间竞争的基础单元。在这样的新形势下，企业要建
立和培养新的竞争优势，不仅要在内部建立"互补性多元生态"，在
外部构建利益共同体，还要根据技术的发展和业务的需要，重构技
术生态系统。

对于创新，中控坚持聚焦战略，并坚持"1 米宽、100 米深"的创
新理念。基于在流程工业自动化领域的多年积累，2021 年，中控在自动
化技术 AT（Automation Technology）和信息技术 IT（Information Technology）
的基础上，深度融合工业用户工艺技术 PT（Process Technology）、
运营技术 OT（Operation Technology）和设备技术 ET（Equipment Technology），
形成 5T 融合的技术创新战略和技术发展方向。

5T 战略的提出，是中控基于技术融合的发展方向而进行的技
术生态重构。其中 AT 和 IT 组成了 AI，既有各自 Automation 和

Information 的含义，这也是中控一直以来的核心技术，同时又蕴含了人工智能的含义，预示中控在 AI 方向进行挖掘和探索。PT、OT、ET 则是围绕 AT 和 IT 核心逐步扩大和探索延展的技术和产品方向。在中控看来，无论是流程工业，还是离散工业，光有自动化技术（AT）和信息技术（IT），不懂客户的生产工艺（PT）、不懂客户的运营流程（OT）、不了解客户的生产设备（ET），还是无法很好地服务客户。5T 技术贯穿于客户企业生产和运营管理的各个环节，缺少任何一个技术，都无法很好地为客户创造价值，帮助客户成功。因此，需要系统地看待 5T 技术。作为深耕流程工业智能制造和解决方案多年的供应商，中控正在基于 5T 技术全面推进生态体系建设。而 5T 战略作为中控的技术发展战略和方向，将会成为中控在产品和技术发展上的推动力。

未来，中控将以 5T 技术为支撑，以 5T 融合的方式，有效破解单项技术无法解决的技术难题，提升工业控制系统、加大工业软件研发力度等，从安全、质量、低碳、效益等四个方面，提升工业企业用户的数字化水平和市场竞争力，为工业企业用户创造新的价值，最终实现在产品链上的全面覆盖和行业生态的新突破。正如中控技术董事长兼总裁崔山在 5T 战略品牌发布会上所说的："无论是我们的自主研发、生态合作，都将围绕这个目标进行。中控将 5T 技术融合创新驱动流程工业低碳化、绿色化、智能化转型。在全新战略指引下，中控未来将更加坚定、高效地走好增长的每一步。"

完善研发体系

作为深耕流程工业自动化的中国企业，中控高度重视研发体系的建设，30 年来持续保持高额研发投入，积极引入并培育各类研发管理人才和专业技术人才。根据中控年报，截至 2023 年底，中控研发人员 2219 人，占公司员工总数的 34.28%，比 2022年底增加 6.07%。为满足不同行业应用领域的客户对自动化、数字化、智能化产品及技术不断深入的需求，中控积极通过集成产品开发变革搭建全新矩阵化研发体系，将研发团队向市场端、销售端前移，通过客户需求与技术创新"双轮驱动"，进一步提高研发与战略、市场的协同性，打造满足客户需求、有竞争力的高质量产品和解决方案，增强核心竞争力。2023 年，中控研发投入 9.08亿元，同比增长 31.13%，占营收比例超过 10.53%，处于行业领先地位。对此，崔山说："高比例的研发投入为中控的创新提供了支撑，未来的研发投入还会持续增加。"

未来，中控将持续深耕 5T 技术，更好地为客户创造价值。随着"两化融合"的深入和工业 4.0、智能制造的推进，自动化、数字化、智能化将在各个领域大力发展。而持续高强度的研发投入，也使中控的技术研发从最初的二次创新逐渐走向原始创新，让中控从行业跟随地位逐渐走向引领地位。

9.3　全球业务延伸

走出国门

中控创业的初衷，是要"振兴民族工业自动化"，要实现工业自动化产业的自主可控，要把这颗制造业"皇冠上的明珠"牢牢地掌握在中国人自己手中。想要实现这个目标，仅仅成为国内市场领

先企业是远远不够的，还需要跻身世界工业自动化强者之林。早在
2001 年的总结大会上，中控就明确提出："'做中国最知名的自动化
公司'的目标已经基本实现；我们的下一个目标是使中控跻身世界
工业自动化的强者之林。"自此，中控国际化的帷幕正式拉开，中控
的产品也逐渐走出国门。

　　中控早期的海外业务主要是在东南亚、印度、巴基斯坦等地区
和国家，通过与当地渠道代理商合作销售，接单后再派国内工程服
务人员进行施工服务的模式展开。由于没有专职人员派驻当地，业
务进展非常缓慢。之后，随着"一带一路"倡议的提出和相关政策
的出台，在企业"走出去"的大背景下，中控开始逐渐加快国际化
的进程，通过派出国内员工＋本地化招聘的方式，扩大国际市场拓
展队伍和工程服务队伍。同时还通过渠道合作，整合当地资源，加
速国际市场的推进进程，并取得了局部的业务突破。

加速国际化进程

　　2017 年以来，随着崔山等国际化人才的加入，中控的国际化进程
逐步加快。2021 年以来，中控逐步加大了海外业务的布局和投入，在
新加坡、马来西亚、泰国、印度尼西亚等国家成立子公司，在印度、
沙特阿拉伯等国家和地区成立合资公司。未来 3~5 年，中控将聚
焦中东、非洲、东南亚、南亚、欧亚几大重点区域，以各区域的实
体公司为引领，同时也会考虑与海外公司进行资本层面的合作。中控
国际化业务的四个重点战略举措包括：一是加快提升在海外的知名
度；二是加强与高端国际集团客户的合作；三是拓展各地区渠道商；
四是打造国际化业务生态圈。

在推进国际化业务布局的同时，中控还加大研发投入，根据海外市场客户需求改进产品。与国内用户相比，海外客户的差异化需求，主要体现在软件方面；而国内企业更喜欢整体解决方案，更看重服务。因此，服务国内客户，中控在需求洞察、个性化定制和服务方面更有优势；而国外客户更喜欢购买成熟的产品，并根据实际需要自行解决二次开发使用和维护问题。针对海外客户的使用习惯，中控系统着力提升了软件产品的标准化和成熟度。

在市场拓展和服务方面，海外客户一开始对中国制造是缺乏信心的，但在真正接触和了解中控后，都会感受到中控以客户为中心、帮解决客户痛点难点问题、为客户创造价值的理念，对中控的产品性能、性价比和服务认同性也比较高。在全体海外员工的共同努力之下，中控海外市场的业务拓展局面逐渐打开，从之前完全依靠主动开拓客户到现在逐渐有客户主动找上门来。近年来，海外市场的营业收入也持续快速增长，2023 年实现合同额约 10 亿元，同比增长约100%。

高举高打的国际化

"早些年，我们海外市场的打法是点状结构，现在要系统性设计整个海外架构，定义国际化运作策略、人才布局、管理模式、交易模式等。海外市场和国内市场有一定的共性，对数字化的需求也非常强烈，我们明年计划大量派出人才前往海外，希望明年能成为公司国际化的突破年。"

——崔山，《域见中控：锻造三大成长曲线开启技术领跑》，

2022 年 11 月 8 日

回想创业初期，中控作为本土企业的"星星之火"，无法与那些国际公司抗衡，市场开拓战略只能走"农村包围城市"的道路。而经过前期 30 年的发展和积累，中控无论在技术沉淀、产品打磨、工程经验、质量水平、市场口碑还是品牌声誉方面，都早已今非昔比。在开拓国际化市场时，中控走的是一条与当初迥然不同的"高举高打"的全面国际化道路：全面、重点加强与国际集团客户的合作。

通过打造海外市场解决方案，拓展渠道生态伙伴，中控核心产品目前已应用至 50 多个国家，并与壳牌、马来西亚 Petronas、泰国 EGAT、印尼 SinarMas、巴基斯坦 WAPDA 等国际企业建立了良好的合作关系，获得全球化高端客户认可。2020 年，中控与沙特阿美签订谅解备忘录，2022 年 3 月旗下子公司通过沙特阿美供应商审核，成功进入其供应商名录；2021 年进入巴斯夫合格供应商名录，2022 年获得巴斯夫、壳牌等企业的订单。凭借领先的自动化控制系统、工业软件及海外市场解决方案技术和产品质量，2023 年中控实现海外新签合同额同比增长超过 100%。目前，中控已经在新加坡、沙特阿拉伯、马来西亚、印度尼西亚等国家完成多家本地化公司注册运营，并逐步向东南亚、中东、非洲、东欧等区域扩张。

截至 2023 年底，在不断创新的基础上，中控已经累计服务了超过 3 万家流程工业企业，沉淀了大量宝贵的知识和经验，也不断推出了许多优质的产品。这时候进军国际市场，选择高举高打，直接与各国、各领域头部企业合作，是水到渠成的事。在中控看来，加强与高端国际集团客户的合作关系，有三方面价值：与高端国际集团客户合作，代表中控的技术、产品和工程项目能力得到高端国际集团客户的认可，拓展了自身品牌的国际影响；与高端国际集团客户合作，可以让中控及时把握客户所在流程工业行业的全球最新发展趋势；与高端国际集团客户的合作，有助于为中控的技术发展与国际化业务拓展培养国际一流人才，提供国际化人才储备。

跨国并购

在中控国际化的进程中，跨国并购发挥了积极的推动作用。

2022年10月，中控完成对上海众一石化工程技术有限公司持有的众一伍德工程有限公司（以下简称Wood中国）20%的股权收购。Wood中国是国际工程咨询公司Wood在中国的业务执行平台，专注于石油天然气、炼油、石化、化工、煤化工、新材料、矿业、生命科学及环境等领域，提供涵盖工程咨询、项目管理、工程设计、项目交付、试车、资产优化、供应链管理及数字化等覆盖资产全生命周期的一站式国际化工程服务解决方案。此次收购基于双方此前签订的战略合作协议，旨在加强在5T技术方案及应用上的拓展及在智慧工厂全生命周期整体解决方案的覆盖，提升在工厂全生命周期自动化、数字化及智能化建设方面的综合竞争力。

2023年3月，中控完成对荷兰Hobré公司100%股权收购协议的签订，该收购完成后，Hobré公司将成为中控全资子公司。成立于1978年的Hobré公司是全球市场在线分析仪、样品系统和集成产品解决方案领域的领军公司，其主要客户集中在石油化工、气体输送、上游油气行业，与中控服务的流程工业客户群体高度重叠。目前，Hobré公司已建立起覆盖欧洲、北美、中东、非洲、中国等区域和国家的完整营销和服务体系。其核心产品如热值分析仪、激光气体分析仪、非色散红外分析仪、XRF 荧光光谱分析仪、拉曼分析仪等的技术和研发实力居于国际领先地位，被广泛应用于世界 500 强企业、全球领先的石化化工企业壳牌、埃克森美孚、BP（英国石油公司）、巴斯夫等，拥有强大的品牌影响力。分析仪器作为专用设备，在电力、石化、制药、科学研究等领域有着重要的作用，涉及的专业知识广而深，导致自主研发和市场开发的难度非常大，存在较高的技术壁垒，其高端性可以称为仪器仪表行业中"皇冠上的明珠"。国内目前还缺乏综合性、横跨多领域、具有明显优势地位的供应商。中控通过此次收购，将快速获得国际领先的、横跨多领域的技术和团队，扩充高端分析仪产品体系，增强分析仪研发和集成能力，迅速填补国内高端分析仪市场的空缺。与 Hobré 公司的结合，将进一步完善中控在高端仪器仪表领域的产品技术实力，补足智能制造底层关键的测量感知技术。

多元文化吸引国际人才

近年来，为了加快国际化的进程，中控在人才梯队建设方面也加快了步伐。"烈火计划"推行之后，中控一改此前以内部培养为主的人才发展路线，开始加大外部人才引进的力度，通过构建多元文化，吸引国际型人才、留住国际型人才，为公司国际化发展提供人才保障。在加入中控之前，崔山感知到的中控，是一支非常有意志力和战斗力的团队，在中控人的身上，他感到的是一种不屈的精神、一种情怀和一种文化。这也是未来中控需要传承和发扬的东西。

对于为什么会选择加入中控，崔山表示，吸引他来中控的，是褚健对行业的敏锐感知力、前瞻性和对中控未来的业务布局。此前他在的跨国公司也会有中长期的战略规划，但是中控给人的感觉，并不是循规蹈矩的，而是有很多跨界的东西，让人感觉有很多的想象空间。在跨国公司无法实现的，在中控却充满可能。这让崔山觉得，未来有希望看到一个不一样的中控。中控这条船虽然没有跨国公司那么大，但非常灵活，在追逐技术进步、市场开拓的过程中，中控表现得更快、更有效率和战斗力。

中控虽然很早就开始进军海外，但在早期，中控海外市场的打法是点状结构。近年来，随着国际化进程的加速，中控开始对海外业务架构进行系统性设计，对国际化运作策略、人才布局、管理模式、交易模式等重新进行了定义。除了外部引进国际化人才，俞海斌、仲卫涛等核心高管也成为海外业务推进的中流砥柱。同时，随着国内数字化需求的提升，海外业务对数字化的需求也日渐强烈。未来，中控将进一步加大海外市场的人才配置，在国内外同步设立研发中心，建立结构化人才体系，并持续增加研发的投入。在人才和技术创新的共同驱动下，相信中控会很快迎来国际化的全面突破。

9.4 C观点：创新 2.0

把不确定性纳入管理系统

当今不仅是创新的时代，更是创新涌现的时代。新旧范式转换的混沌期，存在着高度不确定性，到处朝气蓬勃，同时也有许多企业被淘汰。面对高度的不确定性，企业所面对的战略管理往往是矛盾的，因此企业内部的灰度管理将成为解决矛盾的关键所在，迭代、试错、流动成为核心内容，新旧范式转换期间正是"灰度管理"发挥价值的时期。把不确定性容纳到管理体系中，才有可能成功穿越周期，实现非线性成长。

企业要在混沌期主动打破平衡，不断激发组织和组织中的人，使组织和组织中的人有高度差、温差、速度差，使组织和组织中的人的"不可使用"的能量变成"可使用"的势能、动能、效能。

"换道超车"走向国际引领

技术范式转变的机会窗口期，既存在巨大风险，也充满了潜在的机会。正是在这样的技术范式交替中，科技才得以螺旋式地上升和进步。在过去的 40 多年中，虽然中国有着惊人的发展速度，与西方发达国家的技术差距也在逐渐缩小，但从整个技术周期来看，中国所经历的技术周期仍处于工业 2.0 和工业 3.0 初期，工业 2.0 和工业 3.0 技术创新的动力和源头仍然在欧美和日本等地区和国家，我国企业仍然处于跟随和追赶的状态。而面对工业 3.0 到工业 4.0 的技术机会窗口期，AI、5G 等技术领域快速发展，中国企业更需要理解周期规律，打破固有思维模式、主动求变、敏锐思考、敏捷行动，"换道超车"，从而抓住范式转变的机会窗口、穿越周期，实现跨越式发展。

作为科技驱动的创新型企业，中控自成立以来，一直非常重视技术开发，持续高额投入研发。在上一轮竞争中，中控抓住从工业 2.0 到工业 3.0 的技术机会窗口和"两化融合"的政策机会窗口，实现了从追赶到超越追赶，DCS 国内市场占有率 13 年来稳居第一，遥遥领先于其他友商。

面对工业 3.0 到工业 4.0 的巨大机会窗口期，中控以客户价值为中心，继续加大研发投入，深耕 5T 技术开发和产品平台开发，提升技术创新能力。为满足不同行业应用领域的客户对自动化、数字化、智能化产品和技术的需求，中控通过 IPD 变革搭建全新矩阵化研发体系，将研发团队向市场端、销售端前移。在产品平台开发方面，中控通过 5T 技术的持续投入，打造智能运行管理与控制系统 OMC、流程工业过程模拟与设计平台 APEX，将 AI 技术、大数据技术融入新一代控制系统和设计平台，来满足流程工业用户工业控制、工艺设计和优化的需要。除了提高内部创新资源投入，中控还通过开放式创新合作，与产业链上下游企业、高校和研究机构展开全方位合作。在资本市场的支持下，中控还将通过海外并购的方式，获取国际先进技术，来弥补自身的短板，进一步提升技术竞争优势。相信在高额研发投入和资本市场的助力下，中控将在新的技术范式竞争周期中占据主动优势，换道超车，实现技术的全面引领，成长为国际一流新秀企业。

第 10 章　e 城市 · 易生活

1998 年，因为一次偶然的机会，中控参与了大溪岭—湖雾岭隧道机电控制工程的招标项目。在该项目方案中，中控依靠在工业控制领域积累的先进控制技术，开创性地将工业领域的"双环光缆冗余 Profibus 现场总线"技术应用于隧道机电控制项目。依靠该技术，中控为客户大幅降低了材料成本，获得了专家组和业主方的认同和支持。此后，"双环光缆冗余 Profibus 现场总线"技术成为国家公路建设的技术标准，沿用至今。中控也因此跨入城市信息化建设领域。

10.1　都市丛林中的数字化

开枝散叶：水务信息化和建筑智能化

大溪岭—湖雾岭隧道项目的成功，让褚健看到了工业控制技术在城市信息化项目中的优势，也让中控的项目团队对自己的技术和能力有了充分的信心。此后，中控在交通领域又接连完成了五六个项目。这让商业嗅觉本就敏锐的褚健捕捉到了公司成熟的工业控制技术在城市信息化等公用工程领域的应用前景。于是褚健决定从技术中心抽调人员全力投入城市信息化等公用工程领域的市场需求调研、技术研究和项目交付。赵鸿鸣等第一批从技术中心抽调到项目团队的技术人员，在中控信息的发展中发挥了重要的作用。他们后来大都成了中控信息在各个业务条线独当一面的中流砥柱，在坚持中控自主创新发展理念的同时，持续深耕城市信息化。

随着技术的进步和项目经验的积累，中控的城市信息化业务逐渐从交通领域延伸到水务信息化、建筑智能化等领域。2000 年，中控承接嘉兴联合污水厂的仪表和自动化控制系统项目，在该项目中采用全网络化自动控制和监控系统方案，赢得了业主的肯定和信任，就此进入水务信息化行业。2001 年，中控承接晶晖商务大厦弱电系统项目，首次参与建筑智能化项目。当时，全国的楼宇还停留在综合布线阶段，大楼机电设备运行的协调控制，还只有少数国外公司能做。中控凭借在工业控制和隧道机电项目中积累的经验，成功获得客户认同，并随之进入智能建筑行业。

为了更好地服务客户，响应市场需求，中控先后组建了隧道机电工程、水务工程、建筑智能化三大领域的专业化运营团队，这使得中控的城市信息化业务快速发展。2005 年，中控信息业务确定为高速公路、水务、智能建筑等非工业领域的城市信息化建设。自此，中控技术坚持深耕流程工业控制领域，中控信息坚持深耕城市信息化领域，构成了中控翱翔蓝天的双翼。

更大空间：城市交通和轨道交通

进入 21 世纪以来，随着经济的高速增长和城市化进程的加快，城市人口大量增加，给城市交通带来了巨大压力，尤其是大中型城市，交通压力更为突出。加强城市智能交通建设，改善城市交通状况，越来越成为各大城市信息化的重点工作。对商业机会的敏锐察觉一直是褚健的优势，他建议中控信息寻找机会，随时准备进入城市智能交通建设领域。机会总是留给有准备之人的。很快，中控信息就迎来了 2005 年杭州江南大道双向"绿波带"工程和 2008 年杭州地铁 1 号线综合监控集成项目。

2005 年 10 月 18 日，杭州市滨江区江南大道双向"绿波带"交通工程完成最终控制方案的调整后，顺利投入使用。这是杭州市首条双向"绿波带"控制道路，也是全国第一条"绿波带"控制道路。在该项目中，"绿波带"的概念首次由中控信息提出，后来逐渐被全国各大城市学习和借鉴。

"绿波带"的核心技术是双向"绿波带"协调控制技术，该技术把纳入控制范围的一个区域或一条道路上的所有信号灯全部纳入计算机控制系统，通过先进的计算方法，根据车流量科学合理地指挥交通。根据测试，走完全长 10 公里、包含 15 个红绿灯、3 个黄闪灯的江南大道，正常情况下汽车需要行驶至少 20 分钟，但是在"绿波带"状态下，9 分钟即可走完全程。"绿波带"的投入使用，使得在特殊时刻，不需要通过道路封锁、交警人工指挥等方式去进行交通指挥和协调，最大限度地降低了特殊出行需求对正常交通的影响。

在项目方案设计的过程中，为了更好地改善江南大道的交通状况，确保项目成功，中控信息项目团队在对现场进行了长期、细致的考察后，针对周边早晚交通高峰期车流情况，将原来的两相位控制系统改为三相位控制系统，并通过网通光纤网络进行通信对时控制。这样，就可以确保在双向"绿波带"控制区域内，车辆只要保持车速，就能实现一路绿灯通行的梦想。江南大道双向"绿波带"项目的投入使用，极大地改善了滨江区的交通状况。这项成果也成为中控信息在城市交通自动化控制中的一个里程碑。

在"绿波带"之后，中控信息又根据交警支队解决出行拥堵的需求，开发了一系列外场设备及控制系统，并逐渐形成"一平台三系统"的整体解决方案，即一个指挥平台加诱导/信号/非现场执法三个系统。2017年，中控信息开始与阿里建立战略合作，进行城市大脑方面的合作，目前已在萧山、余杭、澳门等地实现了"城市大脑"对交通拥堵的治理。从最初用技术和系统集成打入市场，到以整体解决方案打动客户，再到"城市大脑"的成功应用，中控信息在城市智能交通领域实现了一个又一个的跨越式发展。

2008年10月9日，中控信息又迎来杭州地铁1号线工程综合监控集成工程项目中标通知书。其实早在2004年，杭州地铁1号线工程综合监控集成工程项目的招标工作就已经启动。该项目是杭州地铁机电系统项目中最大的标段之一，包括综合监控系统、火灾自动报警系统、环境与设备监控系统、门禁系统等多个系统的供货、服务及施工。该项目作为国内地铁行业具有战略意义的重大机电项目而备受瞩目，吸引了国内外多家轨道交通领域的知名厂商参与竞标。

在该项目的争取过程中，公司上下高度重视。项目团队从设备选型、技术方案、工程计划等方面反复推敲，提出了最优化设计方案，本着认真负责的工作精神，每一个环节都严格把握，展现了中控信息一流的技术水平与极强的团队精神，才最终在激烈的竞争中脱颖而出。该项目的中标，不仅是对中控信息 4 年不懈努力的认同，更标志着中控信息取得了轨道交通行业历史性的突破，为全面进军轨道交通行业奠定了基础。同时，也再次证明了中控信息在新行业的开拓及集成创新方面取得了更长足的进步。

早期的城市信息化领域，并没有统一的技术标准，各个行业的需求差异大、变化多，项目需求多为单项单系统或单项综合系统，产品也都不是标准化的产品。与工业控制领域的自动化技术相比，当时的城市信息化领域自动化技术相对落后，这让中控信息一进入该领域，就形成了跨界打击、降维打击之势。正是凭借扎实的技术基础和为客户解决问题的踏实作风，中控信息逐渐赢得客户的信任，拿下了一个个项目，并通过最终的项目实施质量和服务，获得了客户的认可。早期的中控信息还顺利完成了舟山国家石油储备、杭州湾跨海大桥道路监控和收费等重大项目，在石油储备、桥梁监控领域也迈出了可喜的一步。

从业务发展的角度来看，城市信息化领域是中控自动控制技术第一次在非工业领域的裂变和成长。回想起当初因为很偶然的机会，参与大溪岭—湖雾岭隧道机电工程项目招标，竟然从此孵化出如今几十亿的智慧城市大产业，褚健感慨良多。在他看来，中控绝对算不上发展大潮中的幸运儿，只不过是因为顺势而为、乘势而上，敏锐预见和把握住了发展机会而已。

"e 城市·易生活"：从城市信息化到智慧城市的新阶段

2008 年，全球金融危机爆发，各国都在努力寻找有效对策。2008

年11月，IBM提出"智慧地球"的概念；2009年，中国政府也提出"感知中国"的概念；随后，构建物联网的热潮逐渐变成政府和企业的行动，催生和加速了智慧城市行业的发展。

面对"智慧城市"的热潮，再看中控信息走过的路，才发现中控信息此前所做的那些项目，像是不知不觉中在为即将到来的智慧城市发展做准备。从北京301医院项目到杭州轨道交通1号线项目；从江南大道"绿波带"到西溪湿地智慧文旅，中控信息的业务逐步拓展到城市运行"医、食、住、行、游"的方方面面。随着"智慧城市"概念的提出，中控信息未来的发展道路越来越清晰：中控信息将致力于做智慧城市的建设者和先行者。

2010年，中控信息正式提出"e城市·易生活"的智慧城市理念，标志着中控信息全面进入以智慧城市为核心的全新发展阶段。"e城市"寓意为中控信息作为建设者，助力城市数字化、智能化发展，促进城市管理更科学、更高效，其核心目的是让城市人民出行和生活更宜居、更易居，也即中控信息坚持的"易生活"理念。

这一阶段，中控信息逐渐成长为全国性智慧城市建设者。轨道交通领域，成功中标"武汉地铁2号线"；城市交通、公路交通领域，省外市场开拓取得实质性进展；丽江古城世界文化遗产保护信息化项目，让中控信息在世界文化遗产保护信息化领域取得领军地位；上海中山医院软件项目，标志着其在智能建筑运维管理领域取得新突破……中控信息不断开拓，在规模化发展道路上做大做优。

10.2 多元网络的内在引擎

一次标志性会议：自主创新和发展动能

中控信息早期业务以系统集成为主，行业技术门槛不高。那段时间，公司的一群"高技术人才"自我嘲讽："除了身上背着一台电脑，其他看上去与工程人员没什么两样。"虽然嘴上这么说，但他们内心知道，作为科技型人才，他们每个人都不甘于做简单的系统集成商，而是渴望着能够给这个行业带来一些变化。

知识分子出身的褚健，内心和他们有着一样的情怀。中控信息的系统集成业务取得了一个又一个的突破，然而褚健并没有感到项目成功的喜悦，反而一直在思考：这个公司的核心竞争力到底是什么？如果只是做系统集成业务，没有自己的核心产品与能力，那么，中控信息的价值是什么？系统集成商的定位不符合中控自主创新的基因，也绝非中控想要做的。在褚健看来，一个企业如果没有核心竞争力，迟早要被市场淘汰出局。在褚健心里，中控技术也好，中控信息也好，都要做行业的引领者，中控要振兴中国的民族工业自动化，也要引领中国的城市信息化发展。

为此，2003 年，中控信息管理团队特别组织了"中控信息核心竞争力建设讨论会"，重点讨论公司的核心竞争力是什么。讨论的结果是中控信息一定要坚持研发和自主创新，通过技术创新和产品创新构建自己的核心竞争力。正是有了褚健的时时思考和刻刻提醒，再加上早期团队成员的果毅坚持，中控信息传承和发扬了自主创新的中控基因，聚焦软硬件产品的技术研发和创新，以科技创新培育发展动能，为行业带来新的变化。

通常，项目型公司在系统集成领域的核心能力体现在三方面：一是解决方案能力，二是软件开发能力，三是服务能力。在解决方案能力方面，中控信息的团队基于此前在流程工业领域积累的项目经验，能够紧密围绕客户的个性化需求，把模糊的隐性需求显性化，变为可实施可操作的解决方案。在软件开发能力方面，当时系统集成项目大多以硬件集成为主，软件占比相对较低，且主要围绕硬件设施设备，软件的功能性并没有得到很好的体现。在服务方面，不仅指服务态度，更注重服务质量与增值服务。在这一点上，曾依靠优质服务起家的中控，更是有着深刻的理解。

整体而言，三方面能力中，软件能力相对是短板，也是最能快速提高整体竞争力的方面。于是褚健对中控信息团队提出明确要求：要成为拥有行业整体解决方案的高级系统集成服务商，就要在软件研发方面下功夫，因为高级主要就体现在软件层面。因此，中控信息决定把软件开发能力作为重点突破口，持续加大研发投入。2009年，随着轨道交通大型综合监控系统 Metroview 平台开发项目的启动，中控信息研发中心正式成立，以自主研发能力打造丰富的软件产品体系，助推公司创新发展。

双业务驱动战略：软件定义世界，数据创造价值

2016 年，时任中控信息总裁赵鸿鸣开创性提出"双业务驱动战略"，即"传统系统集成业务＋新兴高端软件与服务业务"双业务共同驱动公司未来发展，并明确"软件定义世界，数据创造价值"的科技创新理念。双业务驱动战略的核心，是倡导公司业务由"以顾客为中心"向"以用户为中心"转变，将高端软件业务与服务作为

公司战略新兴业务，让每一个传统业务都能匹配发展出一个新兴高端软件与服务业务。

双业务驱动战略顺应了市场发展的大趋势和新要求，发布后中控信息在业务拓展、竞争力重塑、自主软件应用提升等方面成绩显著，城市交通、轨道交通、公路交通、智慧水务、智能建筑、智慧文旅、智慧管廊等领域均取得业内领先的行业地位。软件和自主产品成为中控信息新的盈利增长点。

在双业务驱动战略的指引下，2016 年中控信息在此前研发中心的基础上，建立两级研发体系。其中公司研发中心作为公司一级研发部门，致力于共有技术、基础技术、前沿技术的研究和共用平台产品的研发。各事业群研发部门作为公司二级研发部门，重在贴近和深度理解行业用户需求，以行业理解加自主技术来解决用户问题，在开发行业软件和行业硬件装备类产品的基础上，根据行业用户的不同场景需求，形成行业综合解决方案。

经过多年的研发积累和持续创新，中控信息基于控制技术和数据智能算法，形成了一系列行业应用软件产品和综合解决方案，成为智慧城市建设的领军企业，打造涵盖大交通、大环境领域的众多智能基础设施，使"智慧城市""城市大脑"成功从概念走向现实。

"城市大脑"优秀案例：行业影响力凸显

在业内极具影响力的杭州"城市大脑"第一个应用案例诞生——基于"城市大脑"的信号灯智能优化，正是中控信息战略升级的突出成果。

2020 年 7 月 23 日，浙江省城市大脑（智慧城市）应用优秀典型案例评选结果揭晓，本次全省各地相关企事业单位共有 140 个案例参与评选，通过网络票选及专家推荐，最终 35 个案例入选，中控信息"基于城市大脑的信号灯智能优化应用"案例从众多案例中脱颖而出，被推荐为优秀典型案例。

"基于城市大脑的智能广域信号优化控制应用"方案是中控信息基于城市大脑架构体系，立足于城市交通治理中最迫切的广域交通管控需求，结合前沿的大数据和 AI 技术，及中控信息自主研发的多源异构交通大数据处理技术、城市广域交通 AI 信号控制技术等自主专利技术而形成的行业综合解决方案。在该方案中，中控信息通过大数据加 AI 来理解交通规律和交通模式，形成一套科学有效的交通信号优化管控理论方法、应用技术和核心产品。

自 2017 年首次用于萧山城市大脑建设以来，中控信息城市大脑方案又深度参与澳门、德清、海口、郑州等地的城市大脑建设，通过成功的示范应用和推广，有效提高城市交通管控的智能化水平和运行效率，收获了用户一致好评，创造了显著的经济效益和社会效益。在杭州市萧山区，城市大脑交通场景实现区域平均通行速度提升超过 15%、出行时间平均缩短 3 分钟、应急车辆生命通道提速超过 50%。在杭州市余杭区，城市大脑交通场景实现区域通行能力显著提升，全区高德日均拥堵指数 1.18，同比下降 4%。德清县通过智能广域信号优化部署，主干道停车率降低 18% 以上，通行效率提升 24%，出行时间成本降低 19.1%。

eCityOS：打造数字世界的底座

在积累大量智慧城市项目实践的同时，中控信息也碰到了行业普遍的发展瓶颈和痛点问题——需求变化快、更新周期短、迭代要求高、多系统融合难……能不能把各个系统独立使用的设施设备、数据资源和应用软件进行解耦，打造类似安卓一样的操作系统，把智慧城市中各类感知终端和机电设备抽象成手机元器件，通过类似"OS+APPs"的方式，实现更多敏捷开发和快速分发，从而增加建设灵活度，降低迭代成本，提高客户满意度。

经过反复严密的论证，中控信息于 2018 年启动"eCityOS"研发计划，希望打造一个泛在的操作系统，各类智能终端、物联设备和公共数据资源通过 eCityOS 被智慧城市各领域智能应用便捷按需调用，从而发挥更大的价值。2021 年，中控信息推出 eCityOS 基础设施数智化平台，其作为物理世界与数字世界的连接器，是基础设施数智化的基石，是城市动态数据管理和调用的中枢，也是沉淀各领域智能算法和行业应用公共组件的容器。eCityOS 最大的特性在于"构建无处不在的连接"和"支撑无处不在的智能"。它搭载在智慧城市基础设施之上、智慧化应用之下，向下连接和控制智慧城市中的各类感知终端和机电设备，向上提供公共组件和接口，支持各类智慧城市应用的开发、运行和协调联动，是各个智慧城市应用和业务系统的底座。

eCityOS 融合了"物联智控、数字孪生、智能数据、智能算法、移动应用、低代码开发"六大能力，构建了物联智控平台、数字孪生平台、智能数据中台、智能算法平台、移动应用平台、低代码开发平台六大能力组件平台，如图 10-1 所示。这样的架构就像手机操作系统一样，能使所有软硬件和数字资源最大限度地发挥作用，提供友好的可视化用户界面，为其他软件的开发提供必要的服务和相应的接口。

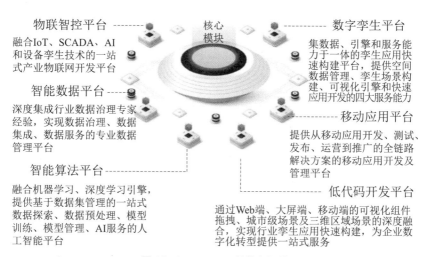

物联智控平台
融合IoT、SCADA、AI和设备孪生技术的一站式产业物联网开发平台

核心模块

数字孪生平台
集数据、引擎和服务能力于一体的孪生应用快速构建平台，提供空间数据管理、孪生场景构建、可视化引擎和快速应用开发的四大服务能力

智能数据平台
深度集成行业数据治理专家经验，实现数据治理、数据集成、数据服务的专业数据管理平台

移动应用平台
提供从移动应用开发、测试、发布、运营到推广的全链路解决方案的移动应用开发及管理平台

智能算法平台
融合机器学习、深度学习引擎，提供基于数据集管理的一站式数据探索、数据预处理、模型训练、模型管理、AI服务的人工智能平台

低代码开发平台
通过Web端、大屏端、移动端的可视化组件拖拽、城市级场景及三维区域场景的深度融合，实现行业孪生应用快速构建，为企业数字化转型提供一站式服务

图 10-1　eCityOS 的能力组件

　　中控信息 eCityOS 发布后，赢得了行业广泛关注。截至 2022 年底，eCityOS 已在全国十多座城市的数十个细分领域落地应用，为当地智慧城市带去了发展理念、关键技术、应用模式等实践经验，并通过创新应用，服务城市现代化升级。

双业务驱动战略 2.0：激活数智化发展

　　随着基础平台、应用软件和硬件装备等自主产品能力在行业竞争中地位日益重要，中控信息对公司发展战略做出调整，于 2021 年底发布双业务驱动战略 2.0，从"智慧城市系统集成服务"向"领先的基础设施数智化平台与解决方案服务"升级，并提出"基础设施数智化服务商"的全新战略定位，致力于打造"设施设备智能化，承载业务信息化、综合应用数字化、主动服务智慧化"的新一代基础设施。在新定位新战略下，中控信息聚焦基础设施数智化主航道，

推动发展动力、路径和方式的全方位转型升级。双业务驱动战略 2.0
如图 10-2 所示。

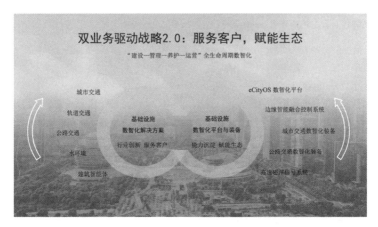

图 10-2　双业务驱动战略 2.0

　　从市场表现看，经过多轮智慧城市信息化建设热潮后，各地对
数字化、智能化的价值认知已逐渐清晰，发力方向、投资规模和建
设步骤上越来越理性。人们看到了城市大脑在宏观层面的无限可能，
更看清了在微观层面增强现有基础设施数字化、智能化能力的必要
性和急迫性。因此，"新基建"各类激励配套政策不断出台，叠加城
市有机更新和高质量发展等建设浪潮，新一轮的基础设施数智化改
造大幕正在徐徐拉开，新的万亿级赛道正在逐步形成。面向新基建
时代，新的业务战略定位生动诠释了中控信息勇立时代潮头的气魄。

5T 技术：引领发展，面向未来

　　经过 20 多年的耕耘沉淀，中控信息业务版图不断扩大，城市交通、轨道交通、公路交通、智慧水务、智能建筑、智慧文旅、智慧管廊……中控信息取得了一个又一个突破和佳绩，沉淀了丰富的技术创新和自主知识产权的软硬件产品。中控信息通过 6500 多个项目实践，逐渐明确了"安全、低碳、增效、善治、惠民"五大智慧城市发展目标，和 ET、A-IoT、DT、IT、OT 相融合的 5T 技术，作为支撑未来业务和技术发展的指引和方向。5T 融合技术的核心价值如图 10-3 所示。

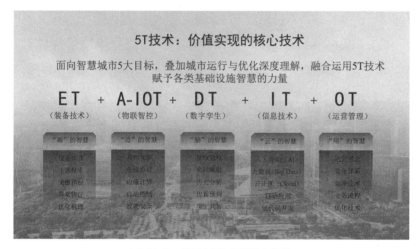

图 10-3　5T 融合技术的核心价值

ET（equipment technology，装备技术），是指传感器、机电装置、控制系统、显示设备等装备的内在技术，以及其承载的业务流程、关键工艺、异常特征、调节机理等行业技术。作为智慧城市在物理空间的全面触角和数字化界面，装备也是传统城市智慧化提升的前提基础和公众最能直观感受到的前端载体。在 ET 技术的支持下，中控信息新一代交通数智化装备使道路在智能红绿灯和实时可变车道的指挥下变得更流畅；新一代智慧水务装备使城市供排水可根据实际情况提前预判智能运转。

A-IoT（AT+IoT，物联智控技术），是指物联网技术 IoT 与自动化技术 AT 的融合技术。中控信息 A-IoT 技术，将设备接入、数据采集、SCADA、边缘计算、数据转发、远程运维等技术充分融合，搭建物理世界与数字世界的双向通道和雾计算能力，从而实现任何时间、任何地点"人、机、物"的互联互通、主动思考与智能控制，不断提升"边"的"智慧"。

DT（digital technology，数字孪生技术），是指中控信息基于多年技术创新积累的"人类社会 + 自然物理社会 + 数字社会"三元空间的数字孪生技术。中控信息 DT 技术能够构建适应运营与治理需求的动态数字孪生等价信息模型，有效叠加智慧城市更需要的车流、人流、物流、资金流、信息流、管理流等动态信息，通过仿真、分析、数据挖掘、业务优化等技术，形成虚实融合的实时映射、互操作和仿真预判，帮助管理者更好地发挥数据的力量，回溯过往、洞悉当下、预见未来。

IT（信息技术）是指包含大数据、云计算和 AI 在内的信息技术。中控信息多年来持续深耕行业，将 IT 技术与不断迭代的行业治理与服务需求相结合，持续升级行业信息化解决方案，全面提升行业信息管理水平和智能化应用水平。

OT（运营管理技术），是中控信息充分结合智慧城市各领域行业特点、积累行业数据、运营管理规律而积累的用户行业运营管理技术。OT 技术可以不断提升用户系统投运后的运营管理效率，为客户创造更多价值。

5T 技术作为城市积极拥抱数智化的有效路径，既有融合应用的整体性，也有分层次应用的解构性。其中"ET+A–IoT"实现了城市的数字化，"DT"构建了物理城市和数字城市的映射和互操作空间，"IT+OT"完成了数字的城市化。最终，城市与数字的融合、循环和螺旋促进，不断开创现代城市文明进步的空间。

10.3　C 观点：双轮驱动

组织的"二元性"——利用与探索

"二元性"指的是组织同时高效开展探索性活动（exploration）和利用性活动（exploitation）。探索性活动包括对新机会、新资源和能力的学习与开发等，强调探索新的机会。而利用性活动更多的是强调对现有机会、资源和能力的调动与应用等，即侧重于现有状况的改善与进步。保持探索与利用的二元平衡是企业重要的战略选择。

美国学者图斯曼（Tushman）和奥赖利（O'Reilly）经过多年的科学研究，发现在成熟企业中存在着阻碍突破性创新的结构惰性和文化惰性，继而提出了"二元性组织"（ambidextrous organization）的创新组织模式，以解决大企业如何把握突破性创新机会的问题。其后，克里斯滕森在此研究基础上发现，那些能够在突破性技术领域及时占领一席之地的成熟企业，几乎都由经理人员成立了独立的围绕新技术开发相关的事业部。

因此，"二元性"组织模式的含义是，在面临突破性创新时，企业可以通过二元的组织结构来摆脱困境。一方面，维持在企业主流组织中运用渐进性创新来稳定发展；另一方面，及时跳出原有结构惰性，成立相对独立的突破性技术研发事业部或机构。"二元性"组织模式强调在组织结构与文化上突破探索性创新和利用性创新的壁垒，在"二元性"组织模式下，企业往往存在着两个不同方向的组织或业务，以克服企业在原有路径上受结构惰性和文化惰性限制而失去创新与活力的问题。尤其是在面对范式转变期与高度不确定的未来时，"二元性"思维模式已越来越成为组织和个人应对环境不确定性的基本要求。企业打造"二元性"组织模式以主动求变，在转型中成功实现现有业务的平稳增长与新业务的突破。

中控信息早期业务以系统集成为主，在软件开发能力方面技术水平相对较低。随着互联网与移动技术的快速发展，项目型公司在系统集成领域对软件的功能性与复杂性要求不断提升。为了应对未来业务需要，中控信息于 2008 年成立了单独的研发中心，致力于攻坚克难快速升级软件开发能力，打造丰富的软件产品体系，助推公司未来业务的发展。其后在 2016 年，中控信息更是发布了双业务驱动战略，即"信息系统集成业务 + 软件与大数据业务"双业务共同驱动公司未来发展，将高端软件业务与服务作为公司战略新兴业务，基于控制技术和数据智能算法，形成了一系列行业应用软件产品和综合解决方案，成为智慧城市建设的领军企业。

技术创新与商业模式创新的共演机制

企业在发展的过程中，技术创新优势并不直接等同于竞争优势，将技术创新成果转化为企业在市场竞争中的优势，还需要与之相匹配的商业模式创新。商业模式创新能够为企业带来新客户与新市场或改变过去的价值创造方式，从而使企业的技术创新成果真正转化成为企业的竞争优势。如果技术创新不能和商业模式很好地相互匹配和促进，企业就像是在单脚走路，很难持续高质量发展。

技术创新、商业模式创新及两者之间的互动关系，在后发企业的超越追赶过程中均具有非常重要的作用，可以称作超越追赶的"双轮作用"。中国企业实现超越追赶和走向国际引领，是技术创新与商业模式创新双轮驱动的结果。一方面，技术创新创造了把技术推向市场的需求及满足消费者潜在需求的机会，即技术创新会带动商业模式创新，并影响后续的商业模式；另一方面，新产品的开发（新技术的商业化）必须要有一个合适的商业模式进行配合，否则，技术创新无法给个人、企业和国家带来利益。如果没有与之相适应的商业模式，企业的技术能力便难于实现客户价值，从而难以实现其商业价值。如果没有技术支持，单纯的商业模式创新缺乏技术壁垒的保护，很容易被模仿和超越，难以持久。近年来很多共享单车运营企业"昙花一现"就是因为其缺乏真正的技术壁垒，仅靠单纯的商业模式创新难以持久。

技术创新与商业模式创新的共演互动是"双轮"驱动的核心机理，如图10-4所示。后发企业充分利用技术创新和商业模式创新共演互动关系带来的丰富的市场机会窗口、技术机会窗口及制度变革机会窗口，同时实现知识产权控制与市场控制，属于超越追赶模式，这也是后发国家和后发企业实现赶超的核心模式。

中控信息起步初期，开创性地把现场总线技术用于基础设施建设中的机电控制工程项目。虽然此前缺少城市信息化建设的项目经

图 10-4 "双轮"驱动理论框架

验和市场资源，但由于当时工业领域的信息控制技术领先于城市信息化领域的信息控制技术，这让中控信息在技术上占据了一定的优势。凭借技术上的领先和项目服务能力，中控信息从隧道机电控制项目开始，业务逐渐延伸到其他城市信息化领域，利用技术创新与商业模式创新联动开拓不同细分市场。

在城市信息化领域站稳脚跟后，中控信息并没有满足于做简单的系统集成商，而是开始思考如何构建核心竞争力。从技术创新的视角来看，中控信息基于面向智慧城市的 5T 技术创新，构建了智慧城市操作系统 eCityOS。从商业模式创新的视角来看，中控信息在"双业务驱动战略"基础上，以 eCityOS 为平台和底座，构建了面向不同行业的业务解决方案。在技术创新和商业模式创新的双轮驱动下，中控信息逐渐从行业的追赶者成为行业引领者，在技术上逐渐实现全面自主创新和国产化替代，为我国城市现代化做出了巨大贡献。

第 11 章　大航海

2017 年 12 月 8 日，在第二届世界智能制造大会上，褚健发布了第一款自主知识产权的国产工业操作系统——supOS 工厂操作系统。supOS 工厂操作系统采用了模块化的设计，可快速搭建物联网平台，支持工业设备捕捉、数据感知和应用开发等一系列功能，并提供多个关键应用场景，如工业安全、智能制造、智能仓储等。同时，这个工业操作系统被设计为网络安全性高、可靠性强、兼容性好的高效操作系统。

11.1　定海神针

数字经济时代，是操作系统的时代

数字经济时代的业务模式分为三个层次：提供操作系统，提供中间平台，提供应用创新。不容置疑，操作系统（Operating System，OS）是数字经济时代生态竞争的基础与核心。

操作系统是指一组主管并控制计算机操作、运用和运行软硬件资源和提供公共服务来组织用户交互的相互关联的系统软件程序。根据运行环境的不同，操作系统可分为桌面操作系统、手机操作系统、服务器操作系统和嵌入式操作系统等。在任何一个运行环境中，操作系统都是最基本也最为重要的基础性系统软件。人们广为熟知的操作系统包括 Windows 操作系统、iOS 操作系统和安卓操作系统。

在 PC 机领域，Windows 操作系统几乎占据了所有的 PC 终端系统。从 1985 年基于 MSDOS 2.0 推出 Windows 1.0 开始，微软便开启了 PC 机的新时代。30 多年来，以 Windows 操作系统为核心打造的微软商业帝国，让创始人比尔·盖茨多年占据世界首富的位置，而微软也持续多年占据全球市值第一的宝座。

在移动互联网领域，手机终端市场长期被苹果 iOS 系统和安卓系统所占领。直到近两年，华为推出鸿蒙系统，才打破了移动互联网领域的竞争格局。谷歌虽然并不是一家硬件提供商，但这并不妨碍安卓操作系统给谷歌带来巨大的商业收益。苹果生态系统没有安卓生态系统开放，但其通过相对安全与高效的特点，吸引了大量中高端消费者群体，苹果手机占据了全球手机利润的 90%，其生态系统功不可没。

由此可见，数字经济时代，商业竞争的根本，就是操作系统的竞争。对技术和商业的敏锐让褚健深刻意识到："如果把 Windows 看作第一代操作系统，把安卓和 iOS 看作第二代操作系统，那么，第三代操作系统一定是诞生于工业，聚焦工厂操作系统在数字驱动的工业变革中，将发挥关键性平台作用，将成为构建新型工业化体系的关键。可以预见，即将到来的工业互联网时代，也将是一个工业操作系统群雄逐鹿的时代。"

软件"平台化"破解"双输"困境

经过前期 20 多年的发展，公司无论在硬件还是在软件的技术和产品开发能力上都有了大幅提升。加上可靠性工程、CMMI 等质量体系的建立和完善，公司逐渐实现了"硬件可靠、软件稳定"的目标。

然而，随着工业互联网的发展和软件应用场景的增加，中控在解决掉稳定性、可靠性和规模应用的问题之后，又面临着新的问题：行业化和场景化的问题。相对消费领域的软件而言，工业软件由于应用场景比较细分，呈现出更加多样化和定制化的趋势。每个行业、每个企业的需求都是不同的。因此，工业软件普遍面临着定制化比例相对较高的问题，即由于客户的个性化、多样性需求，工业软件多以定制化项目的形式交付。受客户不同行业、不同企业的个性需求定制化影响，工业软件的产品化程度非常低。

这种产品化程度低，对于甲方用户企业和项目实施单位来讲，是一个双输的局面。对于甲方用户企业来说："你交付给我的是一个不成熟的产品，你是需要根据我的情况来进行定制开发的，同时你还不太懂我工厂的应用场景。"因为真正了解工厂现场控制和经营管理的，一定是工厂中的老工人或者有多年经验的管理人员。所以软件再怎么去定制化开发，与用户不断深入思考的需求之间，总还是存在一定的差距。这就导致了甲方用户对软件产品的满意度普遍不高，即便是定制化开发的软件也不例外。而对于乙方软件供应商来说，用定制的方式完成 MES 等信息化项目的交付，一定会导致高成本。因为通常能做定制开发的，都是高级别的软件开发人员，他们的人力成本非常高。这些高级软件开发人员投入大量精力开发的成果，复用性不强，进而导致总成本也很高。从公司运营角度思考，这不是一种良性循环。可以说，大比例定制开发这种"甲方不满意、乙方不赚钱"的局面，是目前大多数软件企业面临的行业困境。用蓝卓总经理谭彰的话说："软件定制化开发是一个双输的结果。客户永远会认为，你的软件对我的了解不够深刻。客户内部不同岗位、不同职能的人，对同一款软件的理解会不同。中控为了客户的个性化需求耗费大量的人力物力，获得的是一个大部分不可复用的产出，投入产出比失衡。"

为了摆脱工业软件产品定制化开发双输的困境，更好地为客户创造价值、帮助客户成功，公司开始探索新的解决思路。这时，房地产企业"积木化""工业化"盖房子的做法，引起了褚健的关注。

2015 年，一则题为"一天三层，中国新常态"的视频在美国某视频网站发布后，"中国速度"震惊国外。视频显示，远大地产用"积木化"建筑方式，在 19 天内搭出高 205 米的"小天城"：一天盖 3 层楼，19 天时间，一座 57 层、高 205 米的"小天城"在长沙拔地而起。远大"积木化"盖房子的思路，来自于工业化生产。其实早在 1999 年，万科就提出建筑工业化的理念，"像造汽车一样建房子"，形象地讲，就是像造汽车一样，凡是能在施工现场分解出来的部件，都拿到工厂的生产线上，按照标准化做出来。然后，运到工地像"搭积木"一样组装起来，再加上不同装饰，摆在不同位置，变成不同的产品——房子。经过十几年的发展，房地产建造从最初的预制件到工厂标准化预制件，从装配式内墙到免抹灰内外墙，房地产企业通过住宅专业化设计，大大减少了建筑所需的能源，通过在车间生产出来的各种墙体、地板，降低了人工成本，提升了建筑效率。而且这些标准件由于设计已经优化过了，所以质量是可控的。根据统计，通过标准化设计、工厂化生产、装配式安装、信息化管理的新型工业化建筑方式进行房屋建造，相比传统建筑节能 80%，节水 85%，节省混凝土 60%，建筑垃圾也只有传统建筑方式的 1%。

房地产企业这种"积木化""工业化"盖房子的做法，给了公司一个很好的启发：既然通过定制化去满足客户的方式是一条"甲方不满意、乙方不赚钱"的双输路径，那么，软件开发是否也可以像盖房子一样，拆分成很多可复制、可复用的标准件，然后再由这些标准件组成软件平台，通过平台为用户提供类似低代码开发的方式，让用户可以把这些标准件、软件模块，组合成新的工业软件？这样既可以加速工业软件开发的过程，让工业软件的开发更加快速、可靠，同时还可以把这些开发平台的工具开放给用户，让用户能够参与到开发过程中来。因为用户才真正懂工厂、懂生产工艺，他们具有持续改进的想法，有的用户甚至平时可能就在做一些技术分析，只是因为缺少具体的软件开发工具，无法实现软件的即时优化和升级。如果公司能够通过软件平台，把工具能力开放给这些用户人群，让没有开发能力、不会编码的人也能够根据需要自己编程并随时根据生产需要进行程序优化，就等于把"授之以鱼"变成"授之以渔"了。这样既满足了客户个性化应用场景的实际需求，也解决了公司产品化程度低的困境。

在充分的技术和商业论证后，公司开始构建工业操作系统平台。

打造中国人自己的工业安卓

2017 年 11 月，国务院印发《关于深化"互联网＋先进制造业"

发展工业互联网的指导意见》，成为我国工业互联网发展的纲领性文件，开启了我国工业互联网发展的新时代，成为加快制造业数字化转型和支撑我国经济高质量发展的健康力量。2017 年 12 月 8 日，在第二届世界智能制造大会上，褚健发布面向未来的工厂操作系统——supOS，并决定用"蓝卓"的品牌运营 supOS 系统。

蓝卓作为面向工业操作系统领域打造的新品牌，其核心产品supOS 工业操作系统是第一款自主知识产权的国产工业操作系统。蓝卓的品牌定位"数字蓝海，工业安卓"，包含了多层含义，既有打造工业安卓的寓意，也有追求卓越、共创蓝海的企业理念。基于工业操作系统平台，其实是把很多工业软件进行颠覆性地重构，而且在这个过程中，把很多生态伙伴拉到一起，构成类似智能手机中安卓系统这样的平台特性。可以说，蓝卓 supOS 工业操作系统是工业企业中工业大数据、工业软件应用汇聚的基础底座，是工厂的数据与信息联通器，为企业实现生产控制、生产管理、企业经营提供可定义、可扩展、可组态的个性化服务。在褚健看来，工业互联网操作系统相当于 PC 领域的 Windows 操作系统和移动领域的安卓系统，是工业互联网时代企业数字化转型的基础设施，是"新一代高速公路"。

从技术的角度来讲，工业互联网操作系统是基于工业企业数字化转型所需要的共性技术而构建的开放式平台，依托高效的设备集成模块、强大的数据处理引擎、开放的开发环境工具和组件化的工业知识微服务，工业互联网平台向下连接海量工业设备、仪器、仪表、产品，为各类设备提供统一的接口，实现不同设备之间的互联互通；向上连接各类工业应用软件，将企业内部的生产数据、运营数据、管理数据汇集起来，是链接海量工业设备和各类应用软件的桥梁。通过工业互联网操作系统，可以使企业的设备控制、生产管理、运营管理从分散式管理走向一站式集中管理，从而有效解决企业数据孤岛问题，实现数据的有效融合，让海量数据为企业创造新的价值。

数据底座，上下互联

如图 11-1 所示，蓝卓 supOS 为工厂提供了一个统一的数据底座，把不同的设备和生产系统数据汇聚在同一个平台上，让生态合作伙伴在平台上围绕安全生产、节能降耗、提质降本增效等需求开发各种应用，把传统的工业软件转变为运行在平台上的轻量化的工业APP，供制造企业按需下载使用。蓝卓 supOS 以"平台 +APP"模式重构传统工厂生产模式、运营模式和管理模式，构建新一代智能工厂新范式。

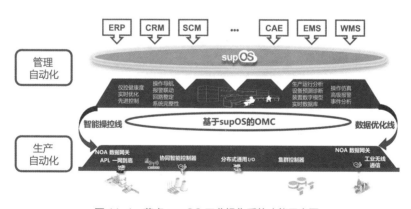

图 11-1 蓝卓 supOS 工业操作系统功能示意图

supOS 作为蓝卓自主研发的国内首个自主知识产权的工业操作系

统，是集工业大数据全集成平台、工业智能 APP 组态开发平台、工业大数据分析平台、工业 AI 引擎服务、工业智能 APP 等为一体的工业操作系统，可实现云、企、端三层架构管控一体化交换。其中云指云互联网平台，企是指工厂互联网平台，端是指边缘计算节点。

supOS 的定位是一个中立的、开放的平台，无论是第三方生态伙伴，还是工业企业用户，都可以参与其中。supOS 以打造中国的工业安卓、夯实工业数字底座为使命。简单说来就是把一个工厂看成一个手机，为每个工厂装上一个操作系统，工厂原先"烟囱式"的业务软件变成运行在上面的一个个 APP，不同厂家的工业软件运行在统一的平台上，实现"操作系统 OS+ 智能 APP"的智能工厂新模式。类似智能手机中安卓对于手机软件颠覆性的改变。其中开放的工业操作系统是智能制造的引擎，智能工厂操作系统可以从资产 / 设备优化，到流程优化，再到全局优化，从而带来产业效率的提升和商业模式的变革。

在产品方面，supOS 工业操作系统主要为工业企业工厂服务，一般部署于企业内部服务器或私有云中，作为单个工厂或同一工业企业集团内部多个工厂的数字化转型相关业务的基础平台。目前，蓝卓推出 supOS 工厂操作系统、行业云操作系统、产业大脑操作系统三大平台产品系列，分别满足中大型工厂、中小型工业企业及产业链 / 供应链数字化的需求。

在商业模式方面，蓝卓坚持"平台 + 生态 +APP"战略。蓝卓基于统一技术架构将平台能力开放给合作伙伴，成千上万的软件开发者为工厂提供丰富的应用，并负责面向客户的交付与实施，满足各行业客户多样化的诉求。supOS "平台 +APP"场景式智能应用模式如图 11-2 所示。

在 2022 全国工业互联网平台赋能深度行暨第二届未来制造大会上，褚健表示："目前中国制造业数字化转型的现状并不理想，尤其在离散行业，真正能够实现自动化的只有 20%~30%，企业面临的困境中典型的就是信息孤岛、数据孤岛、数据综合利用能力薄弱等。"从工业 3.0 到工业 4.0，企业主要面临两大共性问题：一方面，企业的信息化系统缺乏顶层设计，各垂直应用软件呈烟囱式，数据信息呈孤岛状态，MES 等应用软件项目普遍存在定制化程度高、推广困难的问题；另一方面，企业虽然拥有海量生产数据、管理数据、运营数据，但是由于这些数据在格式上存在较大差异，难以相互融合，因而无法真正为客户创造价值。从工业 3.0 到工业 4.0，新一轮数字化变革的核心，是自动化与 IT 技术的创新融合。这需要解决基于工业大数据分析为核心的全生命周期服务问题，和以工业互联与智能为核心的产业协同问题。工业操作系统作为企业数字化转型的基础设施，可以有效解决这一问题。蓝卓当初推出 supOS，正是基于解决客户这一需求和痛点考虑。褚健认为，工业互联网姓"工"不姓"网"。工业互联网也好，智能制造也好，其内涵就是解决企业面临的安全、质量、成本、效益、绿色、低碳等问题，通过这些问题的解决，提升企业的科研创新能力与市场竞争力。

11.2　标准引领

EPA 国际标准之路：从 0 到 1

2009 年，由褚健牵头完成的"新一代高速现场总线技术 EPA"

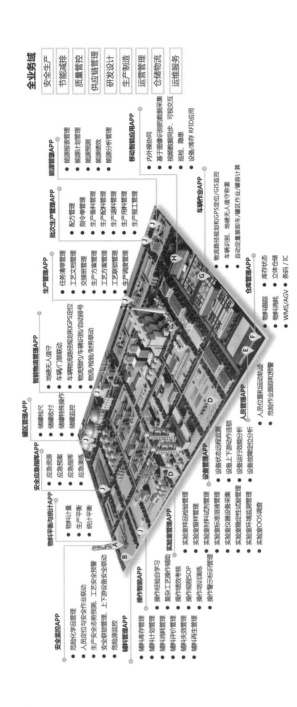

图 11-2 supOS "平台 +APP" 场景式智能应用模式

获国家技术发明二等奖，该项目同时获国家标准化委员会标准化贡献一等奖。该项技术及相应标准在 2008 年 1 月正式被 IEC（国际电工委员会）批准为高速现场总线的国际标准，成为中国自动化领域首个被国际组织批准的国际标准。2011 年底，德国电气电工信息技术委员会（DKE）正式将 EPA 纳入德国国家标准，极大地振奋了国内自动化界的信心，打破了几十年来我们以跟踪、无原创性领先技术为主的局面。时任科技部部长万钢对此批示指出："德国是国际标准制定的大国，EPA 能成为德国的国家标准，具有重要的标志性意义。"事实上，这是当时电子信息领域唯一成为德国国家标准的中国技术和标准。

EPA 的研发还要从 2001 年说起。当时，褚健在向科技部高新技术及产业化司副司长冯纪春汇报"九五"科技攻关成果"现场总线技术"时，冯纪春问褚健："为什么不用现在通信领域的网络技术，而要用自己研发的现场总线呢？"褚健当时的第一反应是："我们现在能跟踪就已经很不错了，真没想过。"在他看来，工业控制领域对实时性、确定性和可靠性有极高的要求，不允许有任何丢包和冲突，从技术上来讲，他认为以太网做不到。而且国外厂商也都是在研究各自的现场总线，跨国公司都没想到的事情，中控肯定是做不了的。这对当时连 DCS 都是模仿和学习跨国公司产品的中控来说，确实是想都不敢想的事情。但是冯纪春却不这么认为，他热心地鼓励褚健去尝试研究一下。

因为潜意识里觉得这是一件不可能的事情，所以褚健一开始并没有认真思考这件事。但是 3 个月之后再见到冯纪春时，他又问起这件事，看得出他对这件事很关心也很认真。受到鼓励的褚健觉得不应该再辜负他的一片好心，于是就找来冯冬芹博士和其他几个技术人员，探讨技术路线及可行性。

3 个月后，初步研究结果令人振奋：从技术上来看，似乎真有成功的可能。虽然以太网直接用于工业控制是绝对不行的，但至少可以利用以太网的物理层作为基础。于是褚健决定开展基于以太网技术的新一代高速现场总线技术研究，并正式命名为 EPA。

现场总线技术最早于 20 世纪 80 年代后期被提出，旨在将沿用几十年的电流 / 电压等模拟信号的传输改为纯数字通信，同时解决实时性、确定性、双向互通和点对点通信的问题。此前已成为 IEC 国际标准的现场总线技术 FF、Profibus、CANBus、LonWorks 等均为低速现场总线，只能连接 8~16 个节点，最多可达 32 个节点，适用于小系统的应用，而对于大规模工业系统的应用会产生许多制约性的问题。国际上，自 2000 年开始，各大跨国公司都投入巨大的人力和财力研发新一代高速现场总线技术，抢占国际标准的制高点，以此最终占领市场。

在褚健决定开展基于以太网技术的新一代高速现场总线技术研究后，研究团队经过深入研究分析后发现，如果要将以太网技术作为新一代现场总线技术的基础，必须要解决十大技术难题，如实时性、确定性、本质安全、信息安全、信息调度等。而这其中每一项技术难题都是一个挑战。研究过程中，团队多次碰到无法逾越的技术瓶颈，如很长一段时间无法攻克本质安全技术，缺少这项技术就无法应用于易燃易爆场合的工业环境，差一点就准备放弃继续研究了。

其间，有一次，褚健在北京科技部开会，会议休息时，他将

EPA 研究的进展及遇到的困难和有点做不下去的想法向科技部副部长、自动化领域专家马颂德教授做了汇报。马颂德教授听后鼓励褚健说："一定要继续研究下去，如果本质安全问题真的无法解决，至少在钢铁厂、电厂等没有易燃易爆的场合可以用。"马颂德教授的话又让褚健重新有了信心和希望，决心继续投入项目研究。在项目团队多年的坚持下，终于攻克了所有的技术难题，最终不仅研究工作取得圆满成功，而且本质安全问题最后也通过电压分层、电流复用的专利技术彻底解决了。此后，经过研究团队的多年努力，EPA 技术成功申请到 IEC 国际标准。

EPA 的成功，特别是在 EPA 成为 IEC 国际标准的过程中，冯冬芹教授做出了不可替代的重要贡献。他时常要在五大洲飞来飞去，克服了舟车劳顿、工作压力、时差等因素。

努力终于得到回报，经过众多专家的多轮讨论后，2005 年 12 月，EPA 终于以 95.5% 的投票通过率作为 IEC 的 PAS（公开可接受文件）被正式接受。此后又经过 2 年多的努力，EPA 才最终成为由一个核心标准和四个应用标准构成的 IEC 标准族，其全部技术包含了 50 多个中国发明专利和若干个国际发明专利。

EPA 技术在所有高速现场总线国际标准中是性能最好的，有些性能和功能，如本质安全和信息安全以及实时性，都是只有 EPA 才具有，或者是指标最好的。自 2005 年 EPA 被 IEC 作为 PAS 文件接受后，IEC/TC65 的专家和西门子、霍尼韦尔的资深专家对褚健、冯冬芹教授及其他中国专家，甚至对中国的看法都大为改观，充满了尊重和赞赏。

从提出标准到最终成为 IEC 国际标准，EPA 绝对是一个奇迹，这中间有太多迷惑和痛苦，当然也有精彩和成功的故事。这件事让褚健更加坚信"不可能等于机会""坚持就有机会""不要轻言放弃""没有不可能"。在他看来，其实很多时候，人们并不是真的没有能力，而是面对困难，少了那么一点信心和坚持。EPA 从立项开始，无论是在研发的过程中还是在申报国际标准的过程中，都经历了重重困难。甚至在已经成为国际标准后，依然要面对只有投入没有产出的窘境。研发团队曾多次生出放弃的念头，如果在其中任何一个环节选择放弃，也就没有如此精彩的故事了。另一个重要经验就是，不能被自己的思想所禁锢。正如卡耐基·梅隆大学机器人研究所金出武雄教授的著作《像外行一样思考，像专家一样实践》中提示的那样：在决策时"要忘记自己知道的东西"，要打破"决策要由专家来做"和"专家的决策才是科学的决策"的固有思维模式和认识习惯。褚健很庆幸没有被自己的思维定势所禁锢。对困难的认知会影响行动的决心，事实上，如前所述，EPA 最初的动力来自科技部领导的鼓励和信任。中控是幸运的。

EPA 应用探索：永不言弃

EPA 作为中国人自己研制、自主可控的总线技术，取得国际标准只是起点。此后，项目团队开始持续探索 EPA 的商业和应用场景。然而要跨越从技术到商业应用的鸿沟，谈何容易。在经过多年研究探索、多次失败之后，2017 年，中控决定以 EPA 技术为基础，进军装备自动化领域，并决定由熟悉现场总线技术的王迎负责组建团队，使用"国利信安"的品牌独立运营。

在 EPA 技术的基础上，国利信安针对特种行业强实时、大带宽、高可靠的应用需求进行改进，研制出了系列全流程完全自主可控、无需任何国外授权的安全实时总线产品。

截至 2023 年 7 月，围绕 EPA 现场总线技术，国信利安已根据特种装备用户需求，开发了 EPA 单机、EPA 通信核心板、EPA 驱动、EPA 芯片、EPA 配套工具等系列产品。

从技术视角来看，EPA 具有全流程自主可控、确定性传输调度、高可靠性与高可用性、高度的灵活与易用性、强大的兼容性、极致的安全性等技术优势。

全流程自主可控：EPA 实现标准、协议、专利、软件、硬件的全流程完全自主可控，100% 掌握核心技术，不需任何国外授权。

确定性传输调度：EPA 基于精确时间同步的分时通信调度与优化技术，变随机发送为确定发送，周期通信分时发送，保证了测控数据通信的绝对实时性，非周期通信按需发送，实现数据复合传输，不改变以太网结构，彻底消除普通以太网随机性和不可控性，实现通信的确定性。

高可靠性与高可用性：EPA 应用网络分布式故障探测与快速恢复技术，支持数据热备份、链路故障自动切换，解决了传统冗余需要切换时间的问题，实现单点故障自愈时延为 0，支持网络链路冗余、设备冗余。

高度的灵活与易用性：EPA 支持星型、线型、环型及混合拓扑结构。星型拓扑采用交换机为中心节点，每一个 EPA 设备均直接连接到交换机；线型拓扑无需交换机，直接把所有的 EPA 设备首尾相连即可；环型交换机无需交换机，在线型拓扑的基础上把两个边界节点相互连接。

强大的兼容性：EPA 支持多业务复合传输，视频流、测控数据、执行指令等均可混合传送且不影响控制实时性，同时具备以太网、CAN（控制器局域网总线）、1553B 等多种总线协议兼容接入能力，便于和成熟设备兼容组网。

极致的安全性：EPA 功能安全通过德国莱茵 TÜV 认证，通信安全完整性水平达到 SIL3 级，能够有效应对可能造成控制系统功能失效的数据破坏、插入、伪装、寻址出错、数据重传等各种通信故障风险；内生支持网络安全，基于身份认证、数据加密、攻击检测与隔离保护技术，可识别检测攻击并隔离攻击，无需像传统网络安全一样外挂网络安全设备。

在团队的共同努力下，截至 2023 年 7 月，EPA 现场总线产品与技术已在特种装备、工业、能源、交通工具等诸多涉及国计民生的重大工程项目中广泛应用，彰显了其强大的通信性能和可靠性。

11.3 联合舰队

让教育站在科技前沿

随着现代工业的发展，自动控制系统已经被普遍应用于工业生产的各个领域。现代工业对生产稳定性与安全性的要求越来越高，工厂自动化所涉及的领域已经从简单的回路控制、单元设备控制发展至全厂综合自动化系统。而自动化技术的迅猛发展与市场经济的日臻完善，也给自动化专业人才的培养提出了更高的要求，高校和企业在专业人才的培养上，更加注重自动化综合能力、工程能力和实践能力的培养。

流程工业的生产通常都是间接生产、设备作业。工人在生产中，不是直接接触产品，而是通过对生产装置的观察、判断、调节、控制来确保产品的质量和品质符合要求，是以脑力为主、体脑结合的劳动。人才的培养必须顺应产业发展的趋势。现代化工业科学化、大型化、自动化、数字化、智能化的发展，对流程工业相关专业的人才培养提出了理论与实践相结合的新要求。而流程工业设备的复杂性、流程工业生产工厂远离城市信息化建设的特性，又像是在理论教学与实践学习之间竖起了一堵墙。如何跨越这道墙，成为提升流程工业领域人才培养的关键所在，是高校和企业需要共同解决的关键问题。

作为从大学校园里走出来的创业团队，中控的文化中有着浙江大学的基因，中控的发展也离不开国内相关院校的合作与支持。褚健、金建祥等人作为曾经的教育工作者，对中国的大学教育有着深入的了解和深厚的感情。因此，在帮助流程工业解决自动化控制的同时，褚健等人也在时时思考中国教育的问题，总想着要为中国的教育事业做点什么，希望能够基于企业的发展来反哺教育。在他们看来，"做科研与产业化之间的桥梁"，不仅要把高校的理论创新实现产业化应用，同时也要把产业化的成果用来反哺教育，打通理论教学和实践学习之间的通道。以科技来改革教学的方式和效果，是中控人的另一种使命，也是中控校园文化的一种情怀。

正是带着这样的使命和情怀，2003 年，中控收购以生产和销售教学仪器及设备为主要业务的杭州惠尔公司，经内部整合后成立教学仪器业务板块，并以"中控教仪"的品牌来独立运营相关产品和业务。中控教仪业务设立的初衷，是持续助力高等教育，为普通高校和职业院校提供实验实训教学整体解决方案。创立初期，中控教仪主要为高校提供化工、过程控制专业教学使用的实验设备。之后，中控教仪基于集团公司在化工行业多年的技术、产品和经验积累，同时综合考虑高等院校专业实验室建设先进性、实用性等多方面需求，又逐步推出了化工实验系列、化工实训系列、化工安全系列和自动化系列教学产品。近年来，中控教仪又基于智慧城市、智能制造业务经验，推出智能楼宇系列、轨道交通系列、虚拟仿真系列、数智工厂系列等实验实训产品。

构建未来智慧实验室

对于流程工业来说，无论是原材料阶段、生产制造过程阶段，还是后期的三废处理阶段，化验分析都是必不可少的环节。尤其是在生产过程中，通过在线分析仪器实时分析关键过程变量的变化，对控制和优化最终的产品质量至关重要。分析结果的准确性和精度关键在于分析测量仪器的准确性和可靠性。同时，随着制造业的快速发展，流程工业企业对实验室检测样品数量、业务管理水平和数据分析能力等方面都提出了更高的要求，传统的人工检测和人工管理方式难以适应未来工厂的发展趋势。

2016 年 3 月，中控创立子公司"中控全世科技（杭州）有限公司"（以下简称中控全世）。中控全世最早是从实验室用在线仪器仪表的研发和生产开始的，从碳监测系统开始，逐渐推出防爆氧含量在线分析系统、在线色谱分析系统、工业过程分析仪、烟气排放在线监测系统 CEMS 和挥发性有机物在线监测系统 VOCs、防爆小屋分析系统等工业过程分析仪器仪表和环境在线分析仪器仪表，填补了国内在相关领域的产品和技术空白。中控全世的业务定位是将分析检测技术和自动化、信息化技术结合，研发分析检测设备及其数字化解决方案。成立以来，中控全世坚持以"助力企业质量控制数字化转型升级"为企业使命，以成为"世界一流分析检测及数字化解决方案提供商"为企业愿景。依托中控的5T技术平台，中控全世先后推出了PAT&EAT过程及环境在线分析仪器仪表、AMADAS在线分析仪管理系统和软硬件产品与服务，赋能用户实现"安全生产、节能降耗、提高质量、降本增效、绿色环保"的目标，成为业界领先的工业自动化、数字化、智能化产品和解决方案供应商，为客户与社会创造价值。

PAT&EAT过程及环境在线分析仪旨在满足流程工业的需要，提供准确、及时的分析结果，以支持工业过程的监测和优化。其中最早推出的碳监测系统，可以监测并分析工业过程中的碳排放情况，为企业在环保和减排方面提供关键支持。

该系列仪器仪表的共同特点是能够在工业生产的实际环境中进行准确的在线分析，从而节省时间和成本。防爆氧含量在线分析系统专注于监测工作环境中的氧气浓度，保障员工的安全；过程色谱分析仪可对工业过程中的化学成分进行实时监测，支持质量控制和工艺优化；烟气排放连续监测系统CEMS和挥发性有机物在线监测系统VOCs在环境保护方面具有重要作用，可以实时监测工厂排放的废气和有机污染物，确保环境合规；防爆小屋分析系统则在特殊环境中提供了一种安全的分析解决方案。

中控全世的在线分析仪产品不仅能够实时分析关键过程变量，还能够与其他自动化系统集成，实现更加精确和高效的生产控制。

PAT&EAT 过程及环境在线分析仪器仪表系列通过其多样性和高度定制化的特点，为流程工业提供了多种适用于不同需求的解决方案，为企业的数字化转型和质量控制提供了有力支持。

为客户创造价值、帮助客户成功是中控的核心价值观，自然也是中控全世的核心价值观。为了更好地满足流程工业客户对于工业环境和生产过程中的产品质量进行在线监测、数据采集、实时监控和在线分析的需要，中控全世在工业过程分析仪器仪表和环境在线分析仪器仪表的基础上，推出在线分析仪管理系统 AMADAS。在线分析仪管理系统 AMADAS 可为用户提供分析仪器的在线管理、数据采集、实时监控，实时采集和在线监控分析仪数据，统计分析仪的关键效能指标，并通过 AI 专家引擎、精准预测及故障定位，快速给出针对性解决方案。

从用户使用 AMADAS 的实际效果来看，该系统可减少 30% 的离线分析频次、提高 15% 的资产利用率、减少 50% 的运维成本、节约 50% 的人工成本、减少 90% 的故障风险，同时还可提高分析仪数据的准确性和分析仪性能的可靠性。

网络安全之中控

随着大数据、云计算、AI、物联网等新一代工业信息技术的发展和国家"两化融合""工业互联网"战略的推进，工业控制系统由最初的封闭独立逐渐走向开放互联，大幅提升了工业企业的生产效率和生产力。与此同时，开放互联的信息化系统也给工控安全带来新的风险和挑战。近年来，工控网络安全事件频发，给国家和企业造成了巨大损失。工控网络安全已经成为影响工业经济的重要因素。

春江水暖鸭先知。作为中控的创始人兼掌舵者、控制领域的专家，褚健有着明显的忧患意识，对控制系统的安全防护一直保持着关注和思考。

2010 年，"震网"病毒的出现，引起了人们对工业控制系统网络安全的普遍重视。控制系统存在的网络安全隐患再次激发了褚健的企业家使命意识和学者责任意识，他觉得重任在肩，中控不仅要振兴民族工业自动化，更要确保工业自动化系统的安全运行。

"震网"病毒之后，中控第一时间组建了项目团队，并成功模拟了"震网"病毒，验证了直接操控工业控制设备达到干扰甚至破坏物理世界的能力。之后，项目团队开始系统研究控制系统的网络安全问题，通过大量检测和实验，验证了我国所使用的工业控制系统，无论是嵌入式软件、系统软件、监控软件还是私有协议上，均存在很多安全漏洞及后门。其中的代码漏洞极易被用来破坏和打击我国的工业生产。当前的工业控制系统普遍逻辑上与互联网相连，这些安全漏洞及后门极易被远程操控和破坏，严重威胁着我国工业控制系统和城市基础设施控制系统的安全运营。

为了解决控制系统的网络安全问题，项目团队持续投入资金和人力，围绕工业控制系统和城市基础设施控制系统的网络安全进行项目攻关，并积极参与制定多项工控网络安全国家标准。

2018 年，项目团队作为重点项目被引入宁波，并以"国利网安"的品牌独立运营，由项目负责人还约辉全面负责国利网安的经营管理工作，并构建了独立自主的技术和产品体系。

国利网安在运营中，坚持"以攻促防、以攻验防"的工控安全理念，以安全可信和主动防御为基础，深入分析用户需求，通过行业细化及深耕，形成具备"全面监测、精确预警、快速应急处置"特点的差异化工控安全产品和技术体系。

经过几年努力，国利网安打造了防护隔离类、识别检测类、监测审计类、安全运维类、应急处置类等系列产品线，开创了包括"工控安全盾""控制器安全防护""控制器完整性监测与恢复"在内的新一代工控系统终端核心安全产品。另外，国利网安还可提供安全规划、风险评估、渗透测试、等保咨询、安全运维、应急响应、应急演练、靶场建设、安全培训等工控安全服务，在油气、炼化、化工、电力、水利、城市供水、燃气、轨道交通、冶金等行业拥有了众多客户，形成了完整的行业解决方案。

未来，国利网安将致力于打造成为世界一流的关键基础设施安全整体解决方案提供商，坚定走"专、精、特、新"的发展之路，不断地挑战自我，追求卓越，更好地服务客户、服务社会、服务国家。

工业控制芯片国产化的使命

早在"十二五"期间，面对发达国家在高端技术方面的封锁，中控管理层就开始思考先进控制领域核心技术国产化的问题。当时先进控制研究课题的主流方向是向高端方向突破，如先进制造、机器人等。作为工业控制领域的专家，褚健认为，需要反向思考基础工业应用层面的核心技术，并关注到国产工业控制芯片领域的技术空白。在工业领域，所有控制系统都需要 CPU（中央处理器）芯片，而所有 CPU 芯片基本都是依靠国外。另外，无论是国内还是国外工

业控制领域，所用的 CPU 芯片都是通用 CPU 芯片，并没有工业控制
领域的专用芯片。通用芯片用于控制系统最大的问题，就是需要大
量的二次开发，这不仅大大降低了开发效率，同时大大增加了开发
成本。

工业控制器常用的开发有两种方式：一种是采用通用处理器，
并进行芯片底层嵌入式开发和上位机软件开发；另一种是在通用处
理器的基础上，直接采用软 PLC 的方案，这样可以省去软件开发的
投入，快速搭建起一套控制器产品，但是软 PLC 开发工具的费用很
高，而且每套产品都需要支付授权费用，成本高昂。

中控希望通过课题研究，解决处理器国产化的同时，解决工业
控制器的专业化需求。于是，他们提出基于工业控制专用芯片的一
种全新的开发模式：在通用处理器的基础上，集成逻辑控制、运动控
制、控制算法、工业通信接口等 ASIC（应用特定集成电路）电路，
以及配套的芯片配置、编程组态等开发工具软件，从而形成工业控
制专用芯片及开发工具。中控的想法得到了科技部专家组的支持。
2012 年，中控与其他 9 家单位联合申请并获得了"十二五"期间的
"863"计划项目。中控项目组由潘再生负责该项目的研发和管理工
作，褚健作为该项目的首席科学家，负责该项目技术方向的把握，
并将项目命名为 CMC 芯片。CMC 的含义是 Control Module on Chip，
即专用于工业控制系统的核心处理芯片。

作为中控 CMC 项目的负责人，潘再生曾是中控第一款 DCS 的
软件负责人，在控制系统、软硬件方面都有着非常丰富的专业知识
和实践经验。项目团队起初的二十多位成员也都有着丰富的专业知
识和控制系统开发经验，但即便是这样，项目研究过程中仍然走了

不少弯路。

在项目早期的方案讨论中，芯片设计不仅要考虑功能、性能，还要同步考虑原材料采购和生产制造工艺的问题，于是，项目组便找到了第一家芯片代工厂合作，并按照代工厂的工艺参数进行设计。然而，第一批芯片生产出来后，经过大量测试和参数调整，整体良率连 10% 都达不到，这让项目团队感到非常困惑。在仔细分析原因后项目组发现，CMC 芯片加工需要 eFlash 工艺。当初之所以选择该代工厂，主要是考虑其有 eFlash 工艺，但未考虑到存储容量的差异。该代工厂此前主要生产银行卡芯片，这种芯片内存容量通常只有几千字节(KB)，而 CMC 芯片的存储容量通常在 512 千字节以上。面对相差两个数量级的存储容量要求，该代工厂的工艺根本无法满足。

于是，项目团队决定重新考虑设计方案，并更换了代工厂。这次的方案设计，项目团队采用直接购买存储芯片与控制芯片集成封装的方式来实现控制与存储功能，并选择由中芯国际代工。在项目团队与中芯国际的共同努力下，CMC 芯片在成本下降 50% 的同时，实现了良率接近 100%。

从功能上看，CMC 芯片通过集成，在同一颗芯片上实现了输入输出、控制运算、通信等共性功能。相较于传统 PLC 控制器，CMC 芯片是一种成本更低廉、设计更简单、可靠性更高的核心控制模块。因此，CMC 芯片被形象地称为片上 PLC。

从技术优势来看，CMC 芯片具有标准化和自主可控、部署环境简洁易用、运动控制功能强大、通信和第三方工具接入功能丰富等技术优势。基于 CMC 芯片的开发平台及软硬件工具套件，用户可以快速开发工业自动化解决方案及产品，如 PLC、运动控制器、专用控制器等。

经过 5 年左右的研发投入，2017 年，项目成果通过科技部验收，并获得六个行业示范应用。然而对于褚健来说，"863"项目通过验收只是起点。他要解决的，并不是工业控制芯片的实现问题，而是普及应用的问题。于是，褚健决定在前期研究成果的基础上，对CMC 芯片项目进行独立的公司化运作，并采用"中控微电子"的品牌，由潘再生作为该品牌运营负责人。

独立运作以来，中控微电子在继续技术研究的同时，将研发重点放在了产品系列化和场景应用上。经过几年的努力，目前已经形成了包含 CMC 芯片、CMC 硬件平台和 CMC 软件开发平台在内的多款产品和多个行业解决方案，并在工业控制器、工业互联网、3C^① 装备、汽配自动化、数控机械、裁切机械和包装机械等领域获得了广泛应用。

作为中控控制系统价值生态中的一颗新星，中控微电子正快速支撑起新的市场应用领域。除了独立应用于各类工业制造领域，未来，以 CMC 芯片为核心的工业控制器还可以无缝接入蓝卓 supOS 工厂操作系统中。基于统一的架构，向上支撑工业 APP 快速开发与部署，向下连接海量工业装备、仪器、产品。在接入方式上，CMC 芯片支持采用 supOS 采集器的方式接入，也可以直接用 MQTT 等协议接入 supOS 中。

_____

① 3C：计算机、通信和消费电子产品的简称。——编者注

11.4　面向不确定的未来

21 世纪是一个充满不确定的世纪。技术快速发展、全球化激烈竞争、世界瞬息万变，给企业经营带来了巨大的不确定性和挑战。能否抗击困难、迎接挑战、不断超越，是每个企业都要面临的问题。

中控自成立以来，始终坚持自主创新，持续投入流程工业自动化控制技术，不断探索控制技术的应用场景。为了更好地迎接未来的不确定时代，中控不仅构建了流程工业领域的生态价值网络，同时还基于 5T 技术创新，积极拓展新的业务领域，在流程工业领域之外，加强"互补性多元生态"体系的构建，裂变和布局新赛道业务。

经过 30 年的发展，中控的价值生态网络已经从最初相对单一的形态发展到现在具有多层级、多维度价值网络的形态。在流程工业控制领域，从最初的 DCS 单一产品到仪器仪表和工业软件，到后来的"135 价值创造新模式"，再到如今的"1 + 2 + N"智能工厂新架构，中控基于自身的持续技术创新和商业模式创新，通过开放式创新与合作，构建了针对流程工业的全域解决方案。在流程工业之外，中控基于工业控制技术，通过蓝卓 supOS 工业底座，把工业控制从流程工业领域延伸到离散工业领域；通过中控全世智慧实验室业务，从流程工业生产过程控制延伸到检验检测领域；通过中控教仪，把工业控制从工业企业生产过程控制延伸到企业及高校人才培养服务领域；通过国信利安，把工业控制延伸到特种装备制造领域；通过中控微电子，进入 CPU 芯片设计领域；通过中控信息，把工业控制技术延伸到城市基础设施建设领域，构建了智慧城市领域的价值生态网络。从流程工业控制领域到离散工业控制领域，再到智慧城市控制领域，中控构建了多层级的价值生态网络，极大地增强了中控的组织韧性。

2020—2022 年，面对新冠疫情和去全球化的双重冲击下，中控仍能以较高的速度保持持续增长，正是多层级价值生态网络带来的组织韧性赋能业务的结果。

11.5　C 观点：创新 3.0

> 我们从原来单一从事 DCS 的开发、制造、销售、服务，到现在能为流程工业企业提供综合自动化整体解决方案，并在高速公路隧道监控、水务工程、智能楼宇、校园网络及教育信息化等领域进行系统集成和增值服务。我们实现了突出主业，以自动化技术为基础的产业拓展。
>
> ——《中控的精神与梦想》

从价值链向价值网络转变的第六代技术创新范式

价值链的概念最早由迈克尔·波特于 1985 年在其代表作《竞争优势》中提出。其核心观点是：企业价值创造是通过一系列活动构成的，包括研发、生产、市场销售和一些辅助性活动等，这些生产过程中相互关联的活动构成了一个链状的价值创造动态过程。波特的价值链概念在相当长的时间中，指导了无数企业的价值创造活动。

随着经济的发展和技术的进步，全球化的交流和经济活动使得企业从封闭的自主创新逐渐转向开放式创新，产业中价值创造也逐渐表现出更强的网络化特征。

在传统的价值链中，价值创造的主体是单一产业内的企业个体，产品、制造、参与者是相对分离的。面对日益复杂多变的外部环境，企业价值链若仅仅局限在单向、静态和缺乏创新的价值创造过程中，不利于新形势下企业保持竞争优势。

根据罗斯韦尔（Rothwell）总结的五代技术创新范式，传统技术创新范式中所涉及的要素主要还是劳动、土地、资本和技术，生产要素之间的关系往往是链式的、聚焦的。伴随数字技术的推进与应用，面对数字经济背景下数字驱动的新情境，已有要素（劳动、土地、资本、技术）之间的关系与组合方式正在重塑，即从价值链的连接模式转变为价值网络的连接模式，前者强调异质性和排他性，后者强调包容性和互补性，如图 11-3 所示。因此，当前创新范式正从第五代技术创新范式演变成为基于价值网络的第六代技术创新范式。第六代创新范式的非链特征使得创新决策模式发生根本性改变，转变为跨企业、行业的开放性包容性决策。

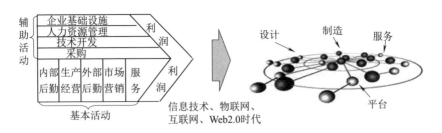

图 11-3　从价值链向价值网络转变

在当前范式交替的机会窗口，对于企业来说，需要进一步关注数智创新的引领作用，踩上第四次产业革命新台阶，布局新型产业链与产业生态系统。通过构建起跨产业、跨领域、全球化的价值生态网络，利用价值网络中不同战略要素的组合，获得协同效应或者溢出效应，成功穿越周期，实现非线性成长。

超越追赶的 C 理论

C 理论是以中国特色的成功创新与发展实践为基础，基于 30 余年的创新管理研究，提炼和总结出的集合中国领先企业崛起实践的特色管理理论与方法。该理论刻画出了在技术范式转变下充斥着高度不确定性的情境中，以"超越追赶"（Beyond Catch-up）为重要命题，以变革（change）、互补竞争力（complementary based competiveness）、共创（co-create）、共建（co-construct)、共享（co-share）为核心特征的创新管理理论体系，如图 11-4 所示。

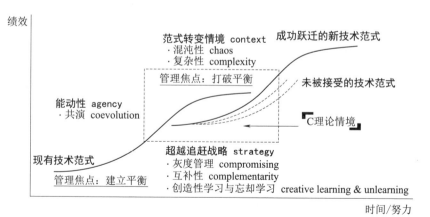

图 11-4 "超越追赶"的 C 理论框架

C 理论的核心概念可以归纳为穿越周期的"CAS 框架"，如

图 11-5 所示。

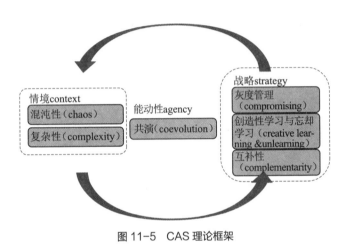

图 11-5　CAS 理论框架

第一，C 理论有明确的研究情境（context）。在范式转变期，企业面临的是混沌（chaos）、复杂（complexity）的情境。C 理论关注的是在范式转变期企业如何通过创新管理抓住机会窗口，致力于揭示范式转变期的一系列非连续性的、非线性演化的规律。

第二，C 理论聚焦后发企业成功穿越技术范式周期、技术范式转变期间的企业战略选择（strategy），重点关注包括灰度管理（compromising）、创造性学习与忘却学习（creative learning & unlearning）与互补性（complimentarity）。灰度管理基于悖论式管理战略（paradox），不同于"取舍"或"二者取一"的"一元思维"，认为未来清晰的方向，是在范式转变的混沌中产生的，因此在范式转变期的战略是"定力"与"柔性"的辩证统一。创造性学习与忘却学习是典型的技术范式转变期的非线性学习模式，与线性学习模式中的适应型学习、维持型学习、发展型学习存在较大差异，是后发企业实现超越追赶的重要学习机制。而互补性则强调技术的成功除了自身的核心能力以外，还需要相应的互补资产。互补资产是将核心技术创新商业化所需的各类其他专门的资产，如互补技术、制造能力、分销渠道、服务网络等资产。互补资产有利于核心技术商业价值的实现和核心技术能力的提升。互补资产具有塑造新的主导设计的潜力，掌握了互补资产的组织在价值网络、生态系统中容易占据核心位置，同时也就具有塑造环境的能力。

C理论强调组织的能动性（agency），从主观能动性视角把握技术范式转变期的情境与企业战略选择的共演机制。行业的范式转变实质上是由该行业中领导者共同塑造的。因此，企业在环境面前并非只能做被动的接受者，而是需要主动为之，发挥自身的能动性，以超越追赶的战略选择参与到塑造范式转变的情境中去。

C理论突破了经典的"五代"技术创新过程模型的框架制约，颠覆了以往"非黑即白"的"一元思维"，打破了西方经典创新管理理论的单一技术生命周期的基本假设，以及建立和维护稳定平衡的核心命题，充分体现了资源异质性中的互补性、多元管理、组织双元性，包容又跨界协同的新型生态创新思想。中国特色C理论秉承与过度强调异质性、独占性和排他性的传统管理理论所不同的创新理念，构建兼具"民族性"和"世界性"的创新体系。

　　下一步，C 理论将帮助中国企业更好地面对全球竞争格局的深刻变革，引领中国企业在全球竞争前沿的"无人区"不断成长，在"追赶"中"超越"，在"超越"中造就中国真正的世界领袖级企业。C 理论也将引领更多其他新兴经济体中的后发企业，正确认识并抓住和把握下一个范式兴起的重大机会窗口，实现长期可持续发展，推动"超越追赶"模式在更加广泛的领域实现价值，为世界管理理论做出来自中国的贡献。

大海中航行

吴晓波：这段时间，我们对中控的发展有了一个整体的了解。中控和
中控人给我们的印象是踏实、坚韧，认准了一件事情有价值
之后，能静下心来持续投入，把这件事情做到最好。比如对
DCS 产品 ECS-700 的打磨、SIS 产品的研发，可以说真的是
十年磨一剑。您希望读者能从这本书的阅读中收获什么？

褚　健：我希望这本书能实事求是地讲讲中控是怎样的一家公司。
我们没有多么伟大，在企业发展的过程，我们遇到了很多
困难，很多次想放弃，但最后都坚持下来了，最终那些看
似不可能的事情也都做成了。这是中控人的精神。我们坚
持自主创新，在没有见过 DCS 实物的情况下，我们硬着头
皮坚持自己研发 DCS。我们取得 EPA 的国际标准，这是中
控真正从 0 到 1 做出来的。开始技术问题解决不了，差点
放弃，但放弃不是中控人的习惯，不符合中控的精神，我
们坚持了下来，用了近 10 年，才开发出来。申请国际标
准，又是一个艰难的历程。取得国际标准后，要打造生态，
又花了将近 10 年。EPA 技术到现在我们已经坚持了 20 多年
了，还在坚持，这两年才取得一些应用上的突破，再过两年，
EPA 的生态应该能建起来了。所以我想告诉读者，中国人是
能做成事儿的，要坚持。只要认准了方向，就要坚持下去，
坚持才能成功，坚持就有希望。这就好比大海中航行，只
要目标坚定，方向正确，就一定能到达目的地。中控从早期

在游泳池游泳，再到钱塘江游泳，如今，我们已经驶入杭州湾，在时代的大浪潮中航行，靠的正是不懈的坚持。

吴晓波：关于书名，我们想了很多，最后大家一致认为"跨越鸿沟"比较能代表中控。首先，从科研到产业是有鸿沟的，这个鸿沟可以说是世界级的难题，而中控走出了一条独特的路径，可以说走出了一个中国模式。其次，中控一直在做看似"不可能"的事，而且都做成了。从每一个"不可能"到"可能"，都是跨越了一个鸿沟。比如，中控跨越了"中国人做不出 DCS"的鸿沟，跨越了工业控制到城市基础设施控制的鸿沟，跨越了千万吨炼油装置控制系统的鸿沟，跨越了百万吨乙烯装置控制系统的鸿沟，跨越了工业操作系统的鸿沟，跨越了 EPA 的鸿沟，跨越了国际标准的鸿沟，跨越了国际化的鸿沟，跨越了资本市场的鸿沟……您本人也跨越了从学者企业家的鸿沟……中控跨越了无数个鸿沟，把一个个不可能变成了可能。

褚　健：“跨越鸿沟”很好，但我觉得我们目前还没有完全做到，未来还有很多鸿沟需要不断跨越。我们这几年布局了很多，都还在进行中。以前除了 EPA 是从 0 到 1，更多的我们还是在跟随。近几年，我们布局了一些创新的业务，一些真正从 0 到 1 创新的业务，目前取得了一些成绩，但还不明显。再过几年，应该就更清晰了。

吴晓波：在我们看来，中控已经跨越了一些鸿沟，其中最大的，是“中国人做不出 DCS”的鸿沟，和“科研到产业”的鸿沟。未来，我们也很期待中控跨越更多的鸿沟。

1. 曹炜 . 我们对民族自动化工业充满信心——中控自动化有限公司专访 [J]. 世界仪表与自动化，2000.

2. 江成 . 积蓄优势振兴民族工控行业——中控"以人为本"实现立体发展 [N]. 上海经济报，2001-10-17.

3. 彭正银 . 网络治理理论探析 [J]. 中国软科学，2002，000（003）：50-54.

4. 郑宗 . 美国为什么只有一个硅谷——128 公路高科技园区衰败的原因及启示 [J]. 世界经济，2002，2.

5. [美] 艾尔弗雷德·D. 钱德勒 . 战略与结构：美国工商企业成长的若干篇章 [M]. 昆明：云南人民出版社，2002.

6. 吴晓波 . 全球化制造与二次创新：赢得后发优势 [M]. 北京：机械工业出版社，2006.

7. 丁德全 . 产学研关系的历史发展 [N]. 承德石油高等专科学校学报，2006，8（增刊）.

8. 夏雪 . "国际标准俱乐部"里的中国面孔 [J]. 中国机电工业，2008 年第 3 期 .

9. 林荣瑞 . 管理技术 [M]. 厦门：厦门大学出版社，2009.

10. [美] 彼得·圣吉 . 第五项修炼：学习型组织的艺术与实践 [M]. 北京：

中信出版集团，2009.

11. ［美］罗伯特·鲁宾.在不确定的世界［M］.成都：成都时代出版社，2011.

12. 顾春.人民网浙江频道，2011 年 1 月 20 日，《金建祥：让科技创新推动浙江发展》.

13. 司建楠.中控，领军我国自动化产业［N］.中国工业报，2011-5-10.

14. 董美玲.“斯坦福 – 硅谷”高校企业协同发展模式研究［J］.科技管理研究，2011，18.

15. 裘晓景.创智慧：印象中控 20 年［M］.杭州：浙江人民出版社，2013.

16. 稻盛和夫.领导者的资质［M］.北京：机械工业出版社，2014.

17. ［美］布莱恩的弗森，［美］麦卡.第二次机器革命［M］.北京：中信出版集团，2014.

18. 吴晓波，［德］约翰·彼得·穆尔曼，黄灿，郭斌.华为管理变革［M］.北京：中信出版集团，2017.

19. 中国工控网，2017 年 12 月 11 日，《中控的 supOS，褚健的烈火情怀——工控专访中控科技集团创始人褚健先生》.

20. 陈劲.管理的未来［M］.北京：企业管理出版社，2019.

21. 贺诗.中控科技集团创始人褚健：科技和经济间的“架桥工人”［J］.经济网 – 中国经济周刊，2019-12-30.

22. 先进制造业网，2020 年 6 月 3 日，《提出 10 余年，两化融合发展到了哪个阶段？》.

23. 吴晓波，杜健，李思涵.非线性成长：吉利之路［M］.北京：中信出版集团，2021.

24. 杨尊伟.美国大学科技园发展的影响因素与成功经验——“128 公路”

和"硅谷"案例研究［J］.中国高校科技，2021年4月.

25. 杨国安.组织能力的杨三角：企业持续成功的秘诀［M］.北京：机械工业出版社，2021.

26. 李晓华，柯罗马.跨越死亡之谷：以大学风险投资激活科技成果转化系统为例［J］.清华管理评论，2021，9.

27. 吴晓波，杜健，李思涵.非线性成长：吉利之路［M］.北京：中信出版集团，2021.

28. 吴晓波，徐光国，张武杰.激活组织：华为奋进的密码［M］.北京：中信出版集团，2021.

29. ［希］克里斯·阿吉里斯，唐纳德·舍恩.组织学习［M］.慈玉鹏，译.天津：天津科学技术出版社，2021.

30. 郭斌，随机行走的文字（微信公众号），2022年5月18日，《创新者之旅｜实验室技术在商业化过程中要越过多少道"坎"？》.

31. 蔡剑，朱岩.数字经济的开放式创新模式［J］.清华管理评论，2021.

32. 马陈杰，澎湃湃客：港大ICB，2022年1月24日，《创新创业：价值的反思与要素》.

33. 魏际刚，光明网，2022年5月27日，《从战略高度保障产业链供应链安全》.

34. 吴晓波，方刚.超越追赶：中国创新之路［M］.北京：中信出版集团，2023.

35. 吴晓波，于东海，许伟，陈川.华为质量零距离［M］.北京：中信出版集团，2023.

36. 中控技术，2023年4月，《浙江中控技术股份有限公司2022年年度报告》.

37. 刘泽晶，2022 年 11 月，《冉冉升起的全球"智造"龙头》，工业软件系列专题（五）：中控技术研报，华西证券.

38. 冯胜，2023 年 6 月，《沙特阿美订单如期落地，国际化战略顺利推进》，中控技术（688777）研报 / 机械设备，中泰证券.

39. 唐月，2023 年 6 月，《2023 年重点关注国际化、数字化、多元生态融合的落地》，中控技术（688777）公司深度分析，中原证券.

拥抱不确定的广阔未来

后疫情时代，全球各个国家和地区的经济形势都迎来了新的机遇和挑战；俄乌冲突的持续和巴以冲突的升温，给国际形势带来新的不确定性；气候变化持续影响全球可持续发展；新能源、新能源汽车产业格局发生新的变化；数字经济和科技创新持续推动全球经济增长；第三届"一带一路"国际合作高峰论坛更是掀开了全球经济发展的新篇章……

中控经过前期30年的发展，已经逐步站稳脚跟，成为国内行业的引领者，并迈出国际化的新步伐。面对百年未有之大变局，中控30年构建的体系、积累的管理经验是否能抵挡更大的风浪？褚健等一代企业家又该以怎样的姿态，拥抱充满不确定性的广阔未来？

一代人的梦想

岁月催人老，当笔者见到褚健时，那个曾经意气风发的青年，脸上已经有了一些沧桑，头发也开始泛白，这是岁月留给他的——

是印记，也是礼物。

创业初期，怀揣一颗产业报国的赤子之心，褚健和一群志同道合的青年们，在"中国人做不出 DCS"的质疑声中，毅然决然地选择了做中国人自己的 DCS。打破国外企业的市场垄断，振兴民族工业自动化，是第一代中控人共同的梦想。

创业早期，中控面临资金不足、没有场地、没搞过产品、没有市场开拓经验、没有企业管理经验等一系列困难。回想起那段时间，金建祥充满了感慨："创业初期，没有足够的钱注册公司，只能借；没有办公室，只能借。浙江大学石化大楼三楼的两间教室，是中控最初的办公地。几套桌椅，几台 386 电脑，就是全部家当了。但是对于一个初创的公司，这已经是相当奢侈的了。"

从此，十几个人没日没夜地扎进那两间陋室，为他们心中神圣的梦想忙碌起来。这是中国自动化寒冷的冬天，但是对于这群年轻人来说，这是一个温暖的春天。"我们什么都没有，我们什么都会有的。"褚健以"画饼充饥"的方式鼓励着这些年轻人。

如今，中控三十而立，而当初那一群年轻人，有的已经退休，有的接近退休。回想过去的 30 年，一幕一幕，历历在目。而当初许下的愿望，也都一个一个地逐渐实现了。如今，他们可以自豪地说，"青春无悔，梦想变成了现实"，"中国能有今天，我们这代人付出了努力，做出了贡献"。

30 年国内，30 年国际

创业的前 30 年，中控的发展主要是聚焦国内市场。靠着一种精神、一种力量、一种情怀、一种文化、一个品牌、一种经营理念和一系列产品，中控在国内市场站稳了脚跟。截至 2023 年底，中控 DCS 产品连续 13 年稳居国内销量第一的宝座。在中控技术董事长兼总裁崔山看来，中控过去的成功，主要来源于三个因素：文化、专注、创新创业，其中持续创新是中控实现从跟跑到领跑巨大跨越的关键。如今，中控将迎来下一个 30 年。第一个 30 年，中控深耕国内市场，不仅成为国内流程工业控制领域的引领者，在智慧城市领域也取得了很大成绩。下一个 30 年，中控将在继续深耕国内智慧工业、智慧城市市场的同时，走向国际化，实现从国内一流到国际一流的更大跨越。

当初崔山决定加入中控时，褚健交给他一个任务，要实现中控的三化：规范化、现代化、国际化。如今，崔山已经从褚健手里接下了流程工业控制的接力棒。未来的 30 年，他的目标是带领中控成为国际一流企业，实现规范化、现代化、国际化。从国内一流到国际一流，中控还有很长的路要走。

加码工业智能，拥抱无限可能

从流程工业到离散工业，从智慧工业到智慧城市，从智慧教育到智慧实验室，褚健的控制王国从第一款 DCS 开始，产品越来越多，已经长成多根成长曲线。未来，相信还会有更多的曲线长出来。如今，褚健可以自豪地说：中国能有今天，我们这代人做出了巨大贡献。

功夫不负有心人！当初，褚健只想做好中国人自己的 DCS，打破国外的垄断。没承想，一路坚持下来，竟然打造了一个跨越多个领域的控制产业。这是属于一代中控人的控制产业。

时间在流逝，中控人探索的脚步未曾有片刻停歇。在本书撰写的一年多时间中，中控在业务和技术领域又有了很多新的探索，PA+BA（生产过程自动化＋企业运营自动化）、工业 AI、智能机器人、智慧实验室、行业大模型……作为拥有扎实工业数据基础的数字化解决方案提供商，中控持续探索工业 AI 与流程工业领域的融合与应用。工业智能技术的加速发展，给中控的未来带来了无限想象空间。

放在历史的长河中看，中控的成长，是中国一代企业的缩影。李书福想造一款中国人人都买得起的汽车，成就了一个吉利汽车王国；任正非想开发一款自己的交换机，成就了如今 5G 国际引领企业。

面对百年未有之大变局，面向不确定的未来，中控的下一个 30 年，中国制造的下一个 30 年，值得期待。